米騒動・大戦後デモクラシー百周年論集 総集編

「米騒動」は労働者主導で一九一七年春から
井上らの『研究』が一八年夏の街頭騒擾に限ったのは誤り

米騒動・大戦後デモクラシー研究会
井本三夫 編

井本三夫先生遺稿集刊行委員会

集広舎

井本三夫先生遺稿集
『米騒動・大戦後デモクラシー百周年論集 総集編』刊行委員会 趣意書

去る2024年４月10日に，近代米騒動史研究を牽引されてきた井本三夫さんが享年93歳でご逝去されました。井本三夫さんは1930年に富山市四方（旧四方町）で生まれ，京都大学で素粒子論・宇宙進化論を専攻，理学博士を取得し，茨城大学理学部教授を勤めながら，日本近代史への造詣を深めました。

井本三夫さんは1980年に50歳で茨城大学教授を辞し，日本海沿海における米騒動の調査を始め，「自由民権百周年―各地の動向－３－富山県の自由民権期研究」（『歴史評論』375, 1981年），「日本近代米騒動の複合性と朝鮮・中国における連動」（『歴史評論』400，1988年）を発表し，『北前の記憶』（桂書房，1998年），『図説 米騒動と民主主義の発展』（井本三夫監修，歴史教育者協議会編，民衆社，2004年），『水橋町（富山県）の米騒動』（桂書房，2010年），『蟹工船から見た日本近代史』（新日本出版社，2010年），『米騒動という大正デモクラシーの市民戦線：始まりは富山県でなかった』（現代思潮新社，2018年）などの著作を精力的に世に問い，2019年以降，『米騒動・大戦後デモクラシー百周年論集』（集広舎，共編著）ⅠⅡⅣ，及び同論集Ⅲにあたる『世界の食糧騒擾と日本の米騒動研究』（同，2022年）を上梓しました。

共同代表の一人である堀地明は，1988年の大学院後期博士課程院生時代に，「日本近代米騒動の複合性と朝鮮・中国における連動」を通じてお名前を知り，ご面識を持ったのは，『歴史評論』の催事案内に掲載された京都での米騒動史研究会でした。それ以後，米騒動史研究会に参加し，上京する度にお茶の水駅周辺で井本さんにお目にかかり，世界史における食糧問題や富山における米騒動などについてお話しを拝聴しました。お茶の水のイタリアンレストランで食事をした際に，井本さんはイタリア人スタッフにイタリア語で話しかけられており，詳しくお聞きしたところ，もともとは理学部出身の物理学研究者で，イタリアで原子力関係のお仕事に従事されていたこと，茨城大学理学部を辞して，以前より志していた米騒動史研究を始められたこと，世に言われるように魚津の米騒動が1918年富山米騒動の始まりではないなど，ご経歴やその後にご高著にまとめられるお話しが多かったと記憶しています。いつお目にかかっても，米騒動研究の大切さを語られる井本さんの情熱には，ただただ感服したものです。

『米騒動・大戦後デモクラシー百周年論集』Ⅰ～Ⅳは，井本三夫さんが主催していた米騒動史研究会が1918年大正米騒動100周年を記念し，2017年以降に北九州・大阪・東京・静岡・東北で開催した研究集会の成果です。井本三夫さんは，『米騒動・大戦後デモクラシー百周年論集 総集編』のご自身の分担執筆原稿と４名の執筆者の原稿を出版社に入稿し，校正が始まった矢先にご逝去され，『百周年論集 総集編』が遺稿となりました。2024年４月以降，『百周年論集 総集編』は制作が中断しています。

『百周年論集 総集編』の副題には，《「米騒動」は労働者主導で1917年春から 井上らの『研究』が18年夏の街頭騒擾に限ったのは誤り》と記され，井本三夫さんの長年にわたる米騒動史研究の核心的見解が凝縮されています。『総集編』は片山潜以来の米騒動の定議に再検討を加え，大正米騒動の時期区分を行い，日本国内47都道府県の米騒動を俯瞰し，米騒動から東アジアの近代民族自立運動を再考する論考が収録されており，遺稿の出版は米騒動史研究のみならず，近代東アジア史研究を前進させる意義を有しています。

井本三夫さんが米騒動史研究に注がれたご遺志を受け継ぎ，遺稿を書籍として世に送り出すために，『米騒動・大戦後デモクラシー百周年論集 総集編』刊行委員会を設立し，出版資金のご寄付を募ります。刊行委員会は３名の共同代表と刊行委員会の委員により運営されます。〈以下略〉

2024年10月25日
『米騒動・大戦後デモクラシー百周年論集 総集編』刊行委員会（委員名簿は奥付に掲載）

はじめに

米騒動には近世・明治期にもあるので、ここで主題とする大正中期（第一次大戦末）の有名なそれは、括弧つきで「米騒動」と記すことにする。この『米騒動・大戦後デモクラシー百周年論集』（以下では『論集』と略）は、すでに四巻発刊したので、この総集編を以てまとめの巻としたい。多くの方々の協力を得て成果を上げてきたが、漏れていた事などを補いつつ、成果を出来る限り明確・簡潔なものにまとめたい。最も基本的なことは、「米騒動」は一九一七（大正六）年六月前後から二〇年春まで一貫する（広い意味の）労働者の闘い（賃上げ騒擾と居住区消費者運動）が主導したのであって、それが街頭騒擾化した一八年夏秋の街頭騒擾しか見ていない井上清・渡辺徹編『米騒動の研究』（以下では井上ら『研究』と略）の誤りを指摘することである。

方法としては米価騰貴だけでなく賃金上昇との比を見なければならず、前者を後者で割った実質米価騰貴で見なければ、勤労者の置かれていた状況を客観的に知ることは出来ない。その実質米価上昇率は一九一七年春から二〇年春まで一貫する長大な台の上に、シベリア出兵開始期である一八年夏を中心とする奔騰が上乗せされた、二階建てになっている。しかしその一八年夏にはまだ少数の先発隊しか行っておらず、しかもシベリア出兵の米は全部、陸続きの植民地朝鮮の米を運んできたので、内地では兵士たちが食べるはずだったその分余裕が出た程だった。したがってシベリア出兵による騰貴というのは、「それッ今度は戦争！」という純粋に投機的なもので、すでに一七年春以来の騰貴があったればこそ生じた二次的なものだったのである。したがって第一次的原因だった一七年春から二〇年春まで一貫する長大な騰貴が何ゆえ生じたかを説明することで、「米騒動」とは何だったかが判ることになる。

この立場から全道府県の「米騒動」を書き直すことが、本論集の課題であった。本巻でまとめる諸論稿はこの『論集』I～Ⅳと、二〇一八年の拙著『米騒動という大正デモクラシーの市民戦線――始まりは富山県でなかった』(以下では『米騒動という大正デモクラシーの市民戦線』と略)と共に、井本三夫監修・歴史教育者協議会編『図説 米騒動と民主主義の発展』(二〇〇四年刊)を含む。その執筆過程で一八年夏に富山県から始まったとされてきたことの誤りに気づいていたが、高校教育の参考書であることを考慮し教育現場に混乱を持ち込まぬよう、「米騒動」には一七年から前段階があったという表現(同書七六頁)に止めた。そのような限界はあるが、一八年夏秋に関する限り全道府県について最新の資料で書かれているので、多くを引用させて頂くことにする。

引用新聞の略名は通常用いられているものであるが、必要の場合は拙著『米騒動という大正デモクラシーの市民戦線』の八頁に掲げた凡例をご覧頂けるようお願いしたい。

二〇二四年三月

井本三夫

目次

第二章　各道府県の「米騒動」期　63

総論　「米騒動」とは何だったのか

片山潜の指摘と井上清らの定義の誤り

第1節　「上からの近代化」のため、米騒動にも二重構造

一般に食糧価格を下げることと賃金（労働力の価格）を上げることとは、食糧騰貴という一つの現象に対して同じ意味を持つ二つの方法である。したがって日本近世の米価高騰期にも、賃上げ型の米騒動と値下げ型の米騒動が併存していた。

鉱山・塩田のような採集労働や仲仕・中馬など運輸・交通関係など、つまり野外の集団労働では古い現物給与の習慣と絡んで賃上げ型で行われていた。生野鉱山の一七三八（元文三）年・一八一九（文政二）年、佐渡相川金銀山の一七三九（元文四）年・一七七五（安永四）年、羽後（秋田県）院内銀山の一八六四（元治元）年、播磨（兵庫県）赤穂塩田の一八二九（文政一二）年などで、一八二〇（文政三）年の伊予波止浜塩田・安芸竹原塩田、一八三八・九年（天保八年・九年）の羽後尾去沢銅山などがそれである。金沢の金箔職人や信州飯田の元結い職人などのように同職者が集住する場合には、その賃上げ争議が街頭の値下げ運動に合流し、それを指導する例もあった。

しかし石高制だった幕藩体制期では、幕藩財政と扶持米の換金率を上げるという領主層の利害が優先したから、米価の「相場」を高く保つ役割を負わされた各藩特権商人を相手とする値下げ型の街頭騒擾が主流で

あり、米騒動という言葉の下で賃上げ型を想起することは困難であった。

ところがこの街頭型・賃上げ型の比重が逆転する事態が、唐突にやって来た。明治維新という名の「上からの近代化」である。それによって米価に困るような貧困層は、太平洋側や北九州の工業地帯・大都市では、(広い意味の)労働者として工場など諸企業に組み込まれていったので、米騒動の形態も賃上げと居住区での消費者運動による、近代型に替わったのである。しかし工業化されていない地方や、歴史性の強い被差別部落のような層では、米騒動も近世来の街頭型・値下げ型が残り続けていた。

つまり「上からの近代化」による社会構造の二重性が、米騒動にも(賃上げと居住区での消費者運動の)近代型と(近世来の街頭・値下げの)近世型の、二重構造をつくり出していたのである。

工鉱業など労働者の場合、彼らは平素から一緒に働いているので、米価が騰り出すとすぐ(労組の無い所でも)集団で押しかけて行って、米価に見合った賃金を要求できたから、「米騒動」は一九一七年六月頃から賃上げ型で始まっていた。それに比べ街頭騒擾の方は予告して人を集めることから始めねばならない非日常性のため、またその間に収穫期が入って一度値が下がるために、米価が極値に達する次の端境期になってやっと行動できる。したがって賃上げ騒擾が始まって十ヶ月前後も後れて、やっと街頭騒擾が始まる。

ところが米騒動といえば街頭のものという近世来の思い込みがあったので、一九一七年夏に賃上げ型で始まっていた第一次大戦末米騒動も一八年夏に米移出地帯の富山湾岸で積出し反対で起るまで、「米騒動」と呼ばれずにいたのである。

第2節　片山潜の指摘

しかしその一九一七年から始まり、つまり「米騒動」の近代的主要面の方を当初から指摘していた人物がいた。片山潜である。青年期のアメリカでの苦学以来日本でも常に労働者のなかにいた片山は、大逆事件などのあと亡命を余儀なくされ、一四年に再度アメリカに渡ってからも、『東洋経済新報』『日本及び日本人』『産業日本』『新日本』など、可能な限りの新聞・雑誌を取り寄せて日本について多くの論文を書いている。一七年夏に「日本の労働運動」を『国際社会主義評論』に連載し、それを単行本で出す一八年七月九日に書いた序文には、日本の「昨年における無数のストライキ」は「生活必需品の価格はずんずん上がったこと」に対するもので、日本は「わたしの生涯に一度もなかった」画期的な時期にある（岩波文庫版三〇四頁）と規定している。「米騒動」が一七年か

■表1　職業別にみたストライキ件数と参加人員

職業別＼年次	1916（大正5）	1917（〃6）	1918（〃7）		1919（〃8）	
坑夫	11件	52件	66件	(23,758)人	33件	(10,916)人
紡績製糸職工	6	34	32	(7,760)	47	(5,191)
染織職工	8	23	24	(2,266)	31	(2,140)
機械金属製造職工	20	53	50	(4,513)	87	(12,333)
造船職工	2	11	9	(6,940)	6	(4,792)
窯業職工	18	32	23	(1,368)	21	(1,602)
化学工業職工	3	31	36	(4,818)	45	(3,731)
木工および木挽	8	25	26	(1,821)	34	(2,939)
諸人夫および沖仕	12	42	58	(3,724)	54	(4,988)
塩田稼人夫	1	28	15	(3,818)	11	(1,442)
船員および船夫	3	10	16	(1,077)	13	(1,147)
その他	16	57	62	(4,594)	115	(11,916)
合計	108	398	417	(66,457)	497	(63,137)

（内務省警保局『大正十年労働運動の概況』による）

■図１A　ストライキの月別統計
（破線は件数変化，棒グラフは参加人数）

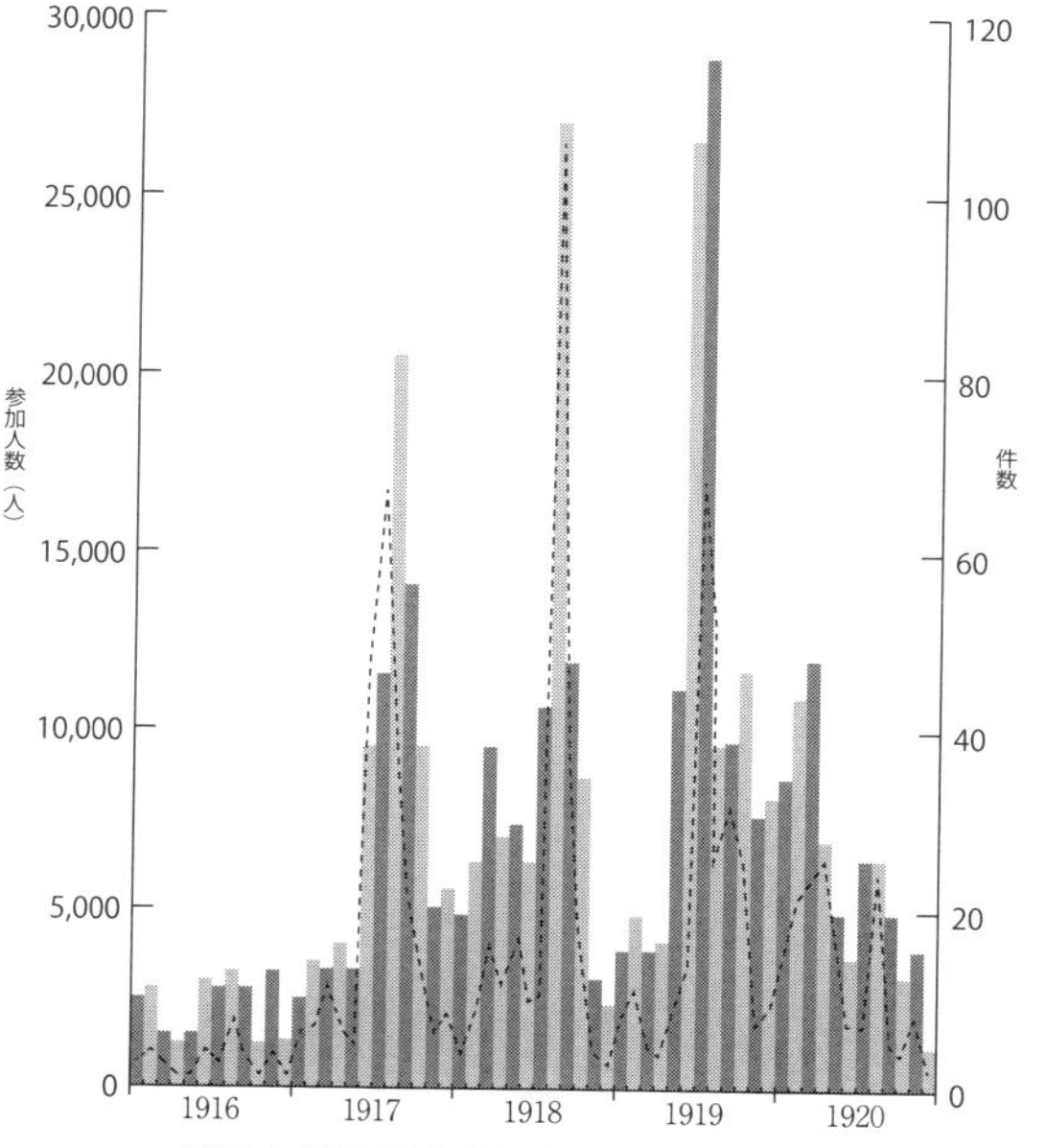

（『日本労働運動史量』10巻，520頁の数値による）

■図１B　労働争議と労働組合組織状況

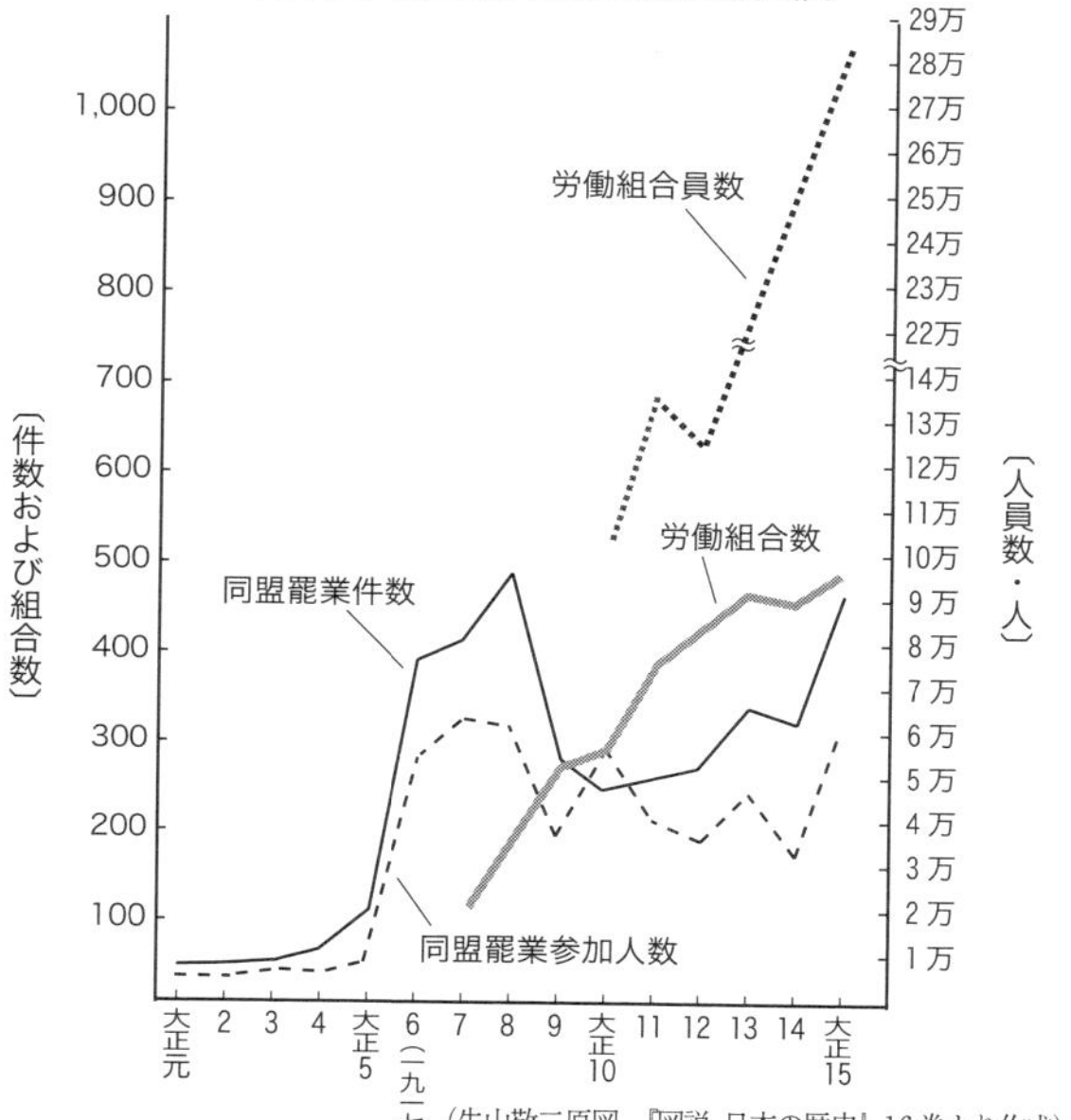

（牛山敬二原図。『図説 日本の歴史』16巻より作成）

ら、労働者のストライキ急増（図1A・B、表1）で始まっていたことを指摘しているのである。

片山は続いて一八年八月二五日の『ニュウヨーク・コール』紙にも「米騒動」を紹介し、一二月にも『クラス・ストラグル』誌二一五号に「一日本人の見た最近の米騒動」を書くが、後者では街頭騒擾の全国化と共に異常な速さで急増するストライキについて詳細に記し、「日本帝国の三分の二」を覆った「この蜂起」が労働者階級の主導によるものであることを強調し、インテリゲンツィアの行動や北海道までの拡大にも言及しているが、富山県の移出反対などには全く触れていない。「米騒動」における労働者の主導性についてのこの強調は、彼がモスクワへ移ってからの論文でも一貫しており、三一年の論文では「参加者の九〇％を」労働者が占め「都市労働者によって統制され」ていると指摘し、死の三三年に書かれた論文では、その頃は大原社会問題研究所（大原社研と略）で細川嘉六たちが蒐集した資料も片山のもとに届いていたので、富山県西水橋町などという言葉も混ざるが、「日本の天皇制権力をゆり動かしたこの大運動の参加者は、その大多数が労働者であった」と明記している。片山が日本に帰れて自ら資料蒐集から行っていたならば、彼が在米中から指摘していたように、日本の「米騒動」は一八年夏でなく一七年六月前後から労働者主導で始まっていたものであることが、初めから定説になっていたであろう。

第3節　細川の資料蒐集の起点、井上の「米騒動」定義の誤り

(1) 細川嘉六が資料蒐集の起点を誤る

細川嘉六が欧州視察から二六年に帰国し、勤めていた大原社会問題研究所で「米騒動」資料の蒐集を提起した際、モスクワで会った片山潜の勧めもあってと言っているが、「わたしもその必要を感じていたので」[1]と言い加えていたところに、片山の指摘より一年もおそい一八年夏を資料蒐集の起点にした理由が顕れている。当時細川のいた関西で大手新聞が富山湾東岸の「女一揆」からと書いていたからとも云えようが、まさにその地域が彼の故郷であり、彼が少年期から見て来たその現象こそ「津止め」騒ぎの名残り、つまり上記二重構造のうちの近世来の遺制だったのである。

しかし細川がその一八年夏の富山湾東岸を「米騒動」資料蒐集の起点に選んだことは、一七年から始まっ

ていたという片山潜の指摘を別にしても誤りである。一般に日用必需品の値が投機的につり上げられ、騒擾が始まるのは大消費（移入）地帯がさきで、米価はその典型であるから、米産地で移出地帯を起点に調査したのでは、大消費（移入）地帯でさきに起っていた事件をみな見落としてしまっているからである。

(2) 長谷川博が片山の指摘を継承

京都大学の河上肇のもとで学び非合法の『赤旗』編集員をも務めた長谷川博は、一九二八年の三・一五弾圧からの出獄後は、片山潜・「米騒動」の研究も行っていた。戦後は「民主主義科学者協会」（民科）の設立や、同歴史部会の『歴史評論』創刊に指導的役割を果たし、その五一年三月号に書いた論文で、第一次大戦末一七年から物価高騰でストライキが急増すること（図1A・B、表1）を強調しているのは、片山の指摘を継承していたのであろう。

長谷川は、大原社研を戦後接収した法政大学の社会学部教授になっていたので、そこにあった細川らの「米騒動」資料への批判を含めて、「米騒動」研究の古典ともいうべき重要な論文を五七年に発表している[2]。その冒頭で長谷川は、「米騒動をどのように扱っているかはその史書の科学性を知る一つのめど」になると喝破し、「人民の闘争は、米騒動の途中からではなく、終始プロレタリアートの階級闘争によって規定されている。……米騒動の発端の段階でプロレタリアートの主要な闘争形態はストライキであっ」て、「街頭闘争が起こるのは第二段階である」と指摘している。「米騒動」の第一段階は片山が指摘したように一七年からであって、細川が大原社研資料で起点とした一八年夏は第二段階に外ならないと、批判しているのである。

(3)「街頭騒擾だけが本来の米騒動」とする井上ら「研究」の誤り

京大人文科学研究所の井上清たちが法政大の大原社研資料を借り出し、一九六〇年前後に書いた『研究』は、一八年夏秋だけに限った細川たちの限界を修正しなかったばかりか、「街頭騒擾だけが本来の米騒動で、労働争議はそうでない。街頭騒擾の影響で生じた争議を二次的に含めるだけ」だと、明言している。京都を中心に部落問題など歴史的性格の強い地域の街頭騒擾に注目していたためであろうが、片山が指摘していた基本的事実、一七年から始まって労働者の主導性が一貫していたことに気付いていなかったのである。

井上らの『研究』はこの基本的な誤りにも拘わらず、五〇近い全道府県を扱っているため全五巻となり、その外観によって権威化され半世紀も支配的であったが、各道府県に当てられている頁数は少い。以下では、この井上ら『研究』の記述を各道府県について修正・補充することを行いたい。

第4節 「米騒動」とは何だったのか

(1) 第一次大戦末米価騰貴の二階建て構造

第一次大戦後半には世界的に幾つもの事件が重なって起っていた。後れて参戦した米国が連合国支援に軍隊を集結させたところ、(その地の「野鳥から」と謂われる)ヴィールスが拡がって米軍輸送船で欧州戦線上陸し、ユーラシア大陸全体・日本にも拡がって〝スペイン風邪〟と呼ばれていた。日本の実質米価(米価上昇率を賃金上昇率で割ったもの)は図2に見るように、一九一六年後期から上がり始め、一七年(大正六年)春から急騰して一九二〇年前半まで一貫する長大な台の上に、一八年後半(シベリア出兵開始期)のピーク

■図2　実質米価の変動と米騒動の構造

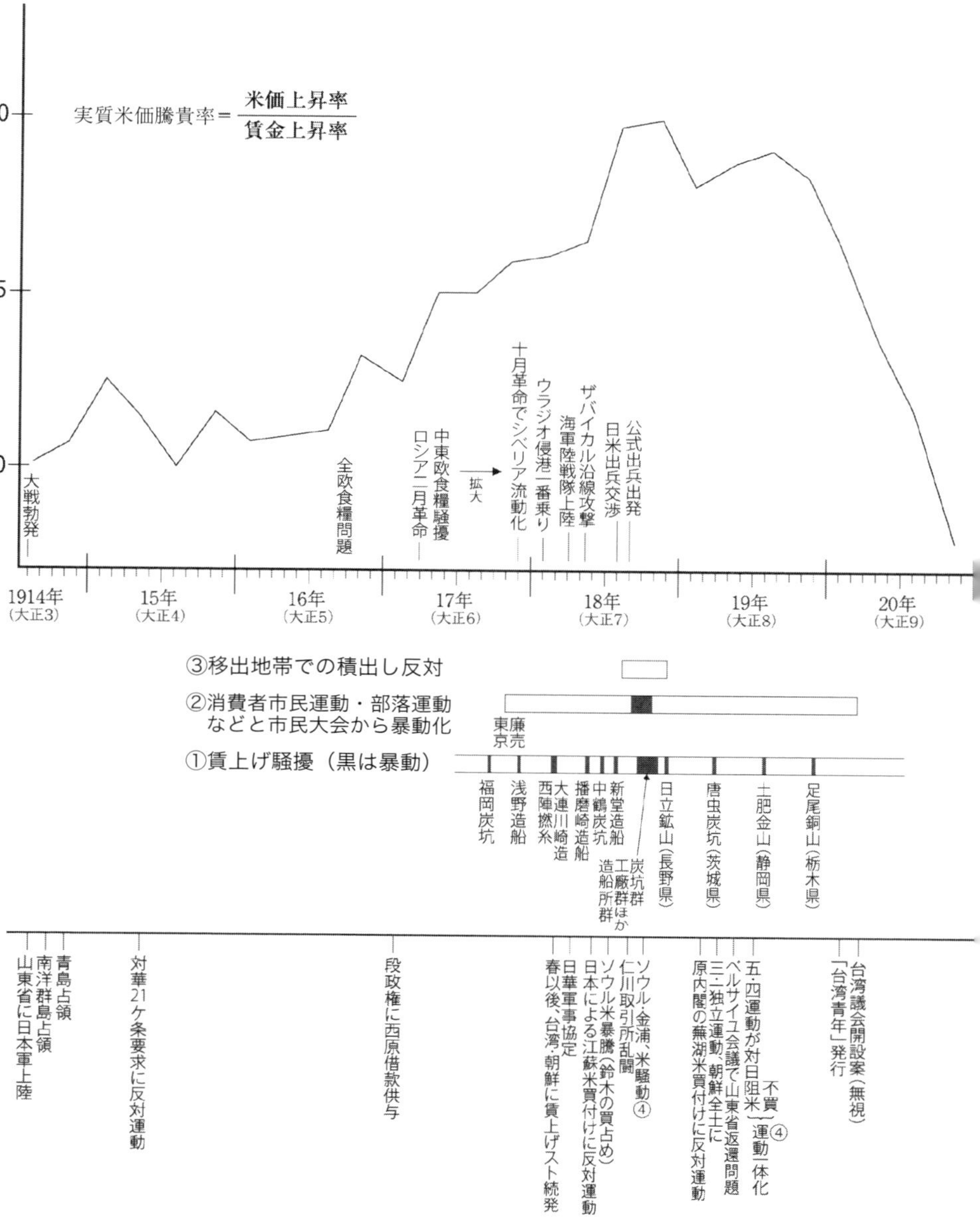

を上載せした二階建てになっている。

しかし出兵開始といっても一八年夏には未だ少数の先発隊が行っただけで、その何十・何百倍の兵力が送られた日清・日露戦時には米価騰貴など起こっていない。しかもシベリア出兵用の米は全部、地続きの植民地朝鮮から運ばれていたので、日本本土では「出征」兵士が食べる筈だった分だけ余裕が出来たほどだったのである。したがってこの米価騰貴の二階部分は、「それ、今度は戦争！」という純粋に投機的に生じたもので、既に一七年から騰貴していたからこそ生じた、二次的騰貴だったのである。

では一七年春から二〇年春まで一貫する、長大な一次騰貴の原因はなんだったのであろう。世界の生産力の中心だった欧州列強の本土が主戦場になって、食糧・物資の輸入国に転じた上に、彼等が支配していた世界市場から手を抜いたので、米国・日本に未曽有の貿易黒字が生じ（後発近代化国にも民族資本が成立して一九世紀以来の欧米による外圧が最大限後退していた。日本資本主義は大成長し未曽有の貿易黒字[3]が生じていたので、内外の需要に応じるべく拡大再投資で拡大再生産することにも、米を輸入することにも活かせる筈だった。ところがそれが出来なかった理由が、日本にはあったのである。

(2) 一七年以来の長大な物価騰貴の原因

日本は「上からの近代化」で産業革命が移植だったから、製造機・鉄材を英米などからの輸入に依って来ていた。ところが戦時でそれが輸入できなく成ったので、設備投資材が不足して[4]、未曽有の貿易黒字が金余りに転じ（一八年の貨幣流通量は一五億四三〇〇万円で、開戦時一四年の二・六五倍にも膨張し）、投機横行で物価騰貴が生じたのである。そしてその際、騰貴が最も激しかったのが米だったのは、地主層が取り上げた小作米を出来るだけ高く売れるよう、政府に輸入関税を懸けさせていたからである。地主層は小作農から封建貢租に近い収穫の半分にも達する小作料を、しかも現物の米で取ることを許されていた。小作料を現物で取るということは米の値上がり分がすべて地主の手に落ちることを意味する。このような前近代的収奪のため生産者農民は貧困化して農業生産力は伸びず、一八九〇年代中頃から日本は慢性的な米輸入国に転落していたのである。

(3)「米騒動」とは何だったのか

製造機を輸入に頼り続けていた産業革命の移植性も、収穫の半分に近い高額小作料を現物の米で取り上げる前近代的地主制も、市民革命を経ずに「上からの近代化」で済ましてきた故の旧構造に他ならない。欧州戦による外圧の最大限後退で生じた未曽有の貿易黒字が、その旧構造と矛盾して生じたのが上記の米価暴騰だったのである。したがってそれと闘った「米騒動」は、「上からの近代化」を補完する「下からの」近代化、後れ馳せの市民戦期に他ならなかったのである。

「米騒動」の以上のような本質的認識に達する研究史は、『論集Ⅲ　世界の食糧騒擾と日本の米騒動研究』にまとめられており、「米騒動」と「維新」の限界性とのこの関係については『論集』Ⅰの巻頭論文に詳述されている。

第5節　労働者・農民の闘いと街頭騒擾の、分布の異なり

米価・ストライキが一七（大正六）年から急増するのに平行して、消費者組合数も表2のように同年から

■表2　産業組合法施行から新興消費組合出現までの市街地購買組合年度別設立数（解散組合を含まず）

年次	産業組合中央会「市街地購買組合調査」第2回（1929年）の場合		物価	
	設立数	累年存在組合	東京卸売指数*	米価**
				円
明治34			46.9	12.34
35			47.4	12.67
36			50.4	14.43
37	1	1	53.0	13.22
38	0	1	56.9	12.84
39	1	2	58.6	14.68
40	6	8	63.2	16.42
41	6	14	60.9	15.98
42	4	18	58.1	13.19
43	1	19	58.8	13.27
44	0	19	61.0	17.34
45（大1）	1	20	64.6	20.69
大正2	3	23	64.7	21.44
3	2	25	61.8	16.15
4	1	26	62.5	13.06
5	1	27	75.6	13.66
6	6	33	95.1	19.80
7	11	44	124.6	32.51
8	12	56	152.6	45.89

＊東京卸売指数は昭9～11平均＝100。楫西光速ほか『日本における資本主義の発達年表』による。
＊＊米価150kg当り。同上による。
（山本秋『日本生活協同組合運動史』日本評論社，1982年，94頁より一部改変）

増加している。また米価高騰で生産者農民も自己の労働の価値に目覚めるので、全国小作争議件数も一七年秋から増え、一八年秋には前年の八倍に跳ね上がって、以後も表3のように増え続ける。そしてそれらは図2の欄外下部に①②で図示さているように、発展し続けて労働運動・農民運動・部落運動などになって行く。しかし米移出地帯の街頭騒擾は③でしめされているように、一八年夏秋に限られていて、以後永久に現れなくなる。近世来の「津止め」騒動の名残りに過ぎなかったからである。

但しそれを『高岡新報』社

■表３　小作争議年次別表

地方別＼年次別	1917年	1918年	1919年	1920年	1921年	1922年	1923年	1924年	1925年
北海道	–	–	–	4	7	15	8	6	6
青　森	–	–	–	–	–	–	–	–	–
岩　手	–	–	–	–	–	1	–	–	3
宮　城	–	1	–	–	–	1	–	2	–
秋　田	–	–	–	–	–	2	10	13	6
山　形	–	–	–	–	–	2	6	8	10
福　島	–	1	–	4	–	1	–	7	–
茨　城	–	–	1	–	8	8	3	1	2
栃　木	–	–	3	8	22	8	–	13	10
群　馬	–	–	3	8	23	18	11	13	19
埼　玉	–	1	–	7	74	57	36	48	68
千　葉	1	1	3	7	1	6	13	5	8
東　京	–	–	–	21	15	8	40	10	18
神奈川	–	–	4	15	46	15	88	21	57
新　潟	3	–	2	2	25	40	20	21	69
富　山	2	2	–	3	4	2	13	8	23
石　川	1	–	2	5	2	5	7	13	11
福　井	2	2	2	3	27	26	31	17	19
山　梨	–	–	9	12	18	41	45	49	43
長　野	–	–	1	6	4	15	13	22	13
岐　阜	24	55	120	69	47	6	7	11	250
静　岡	–	4	5	5	93	35	21	6	10
愛　知	27	25	34	29	278	160	140	78	90
三　重	2	1	3	8	27	27	36	37	166
滋　賀	–	4	3	1	–	2	57	18	22
京　都	1	–	2	3	1	16	37	76	99
大　阪	1	3	9	47	242	111	306	348	258
兵　庫	5	8	73	67	415	335	472	263	231
奈　良	4	25	8	3	7	7	15	20	43
和歌山	1	5	1	1	101	66	47	18	53
鳥　取	2	3	1	5	10	–	11	21	62
島　根	–	–	2	3	5	3	9	24	67
岡　山	–	56	11	22	32	100	55	18	55
広　島	–	4	6	5	15	61	38	19	11
山　口	1	2	–	1	8	4	4	4	19
徳　島	–	3	–	3	26	66	26	26	56
香　川	1	2	5	4	10	59	61	86	52
愛　媛	6	–	–	2	22	34	35	42	13
高　知	–	3	–	2	1	–	2	7	4
福　岡	–	18	10	14	22	55	115	81	227
佐　賀	–	18	–	1	17	16	12	13	5
長　崎	–	2	1	1	–	2	2	2	2
熊　本	1	–	1	3	16	107	45	21	13
大　分	–	7	–	1	2	9	7	8	2
宮　崎	–	–	–	2	5	23	12	4	9
鹿児島	–	–	1	1	2	3	–	4	1
沖　縄	–	–	–	–	–	–	–	–	–
計	85	256	326	408	1,680	1,578	1,917	1,532	2,206

（農商務省農務局『小作調停年報』第２次〔昭和２年〕による）

■図 3
「米騒動」第一期労働争議分布
（1917年 7 月～1918年 6 月）

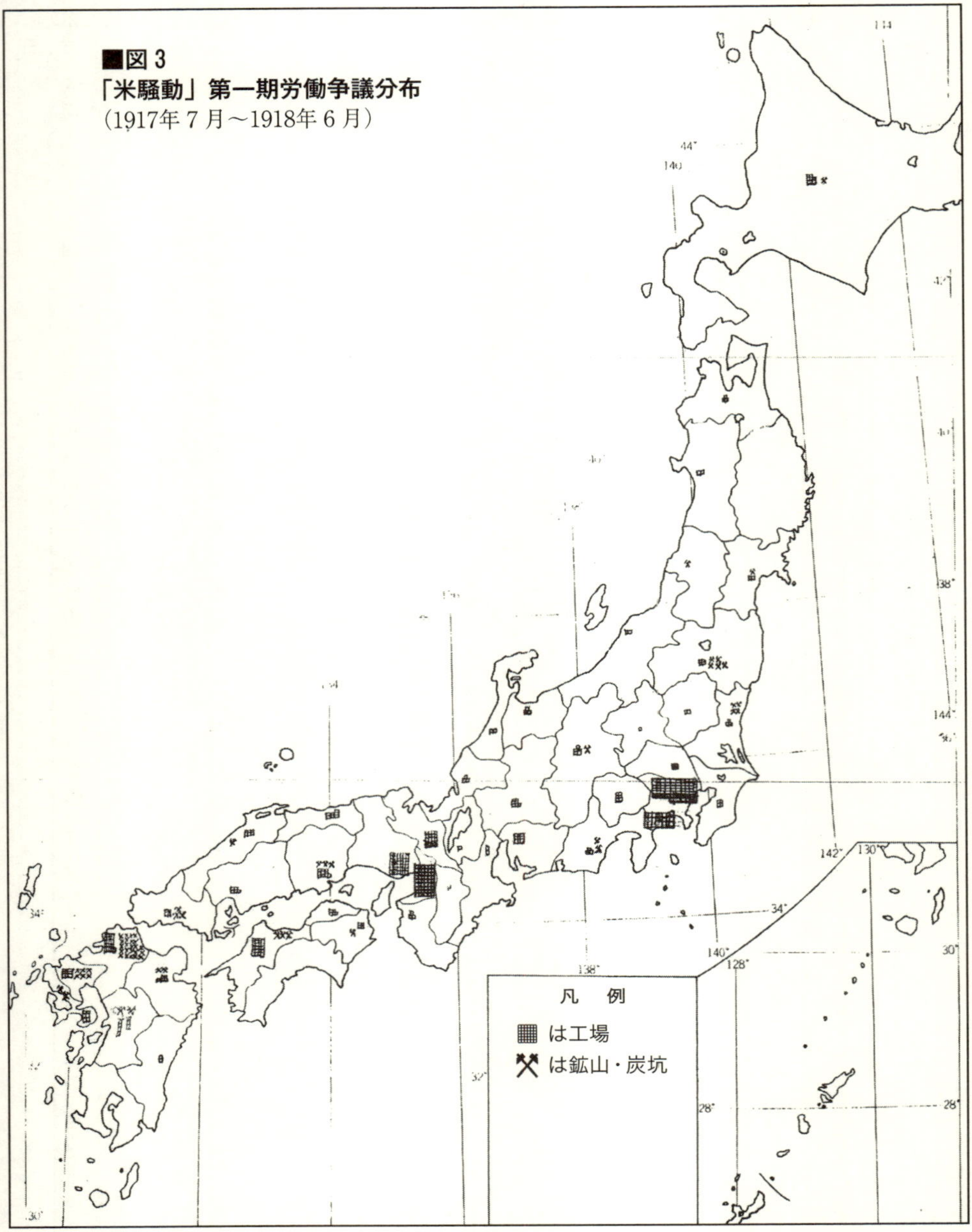

■図 4
1918年街頭騒擾の分布

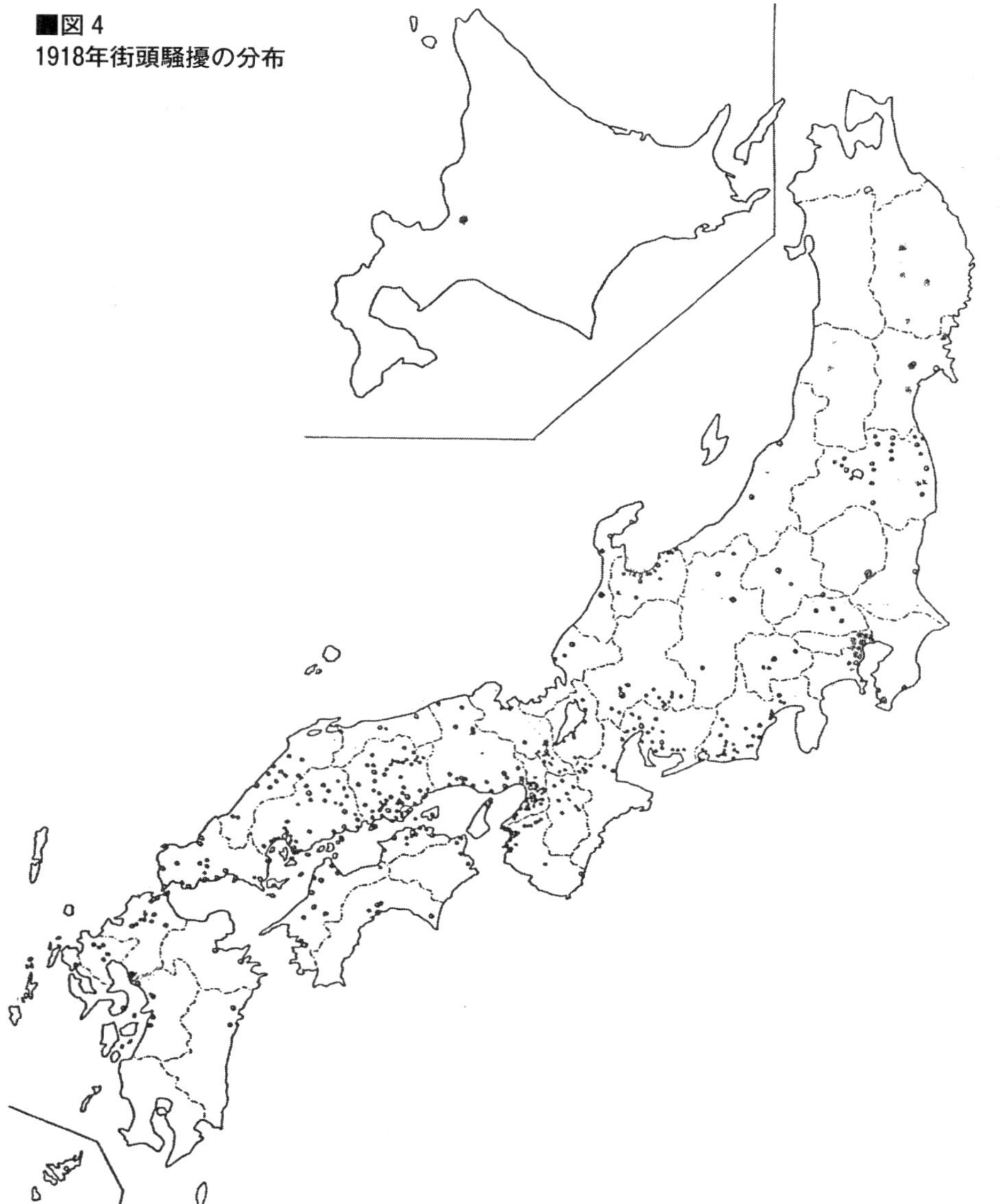

の電話で聞いた関西の大手新聞が、「富山の女一揆」を書き立てたので、被差別部落をはじめ貧民地域に伝わって、関西に偏った図4のような街頭騒擾分布を生ずることになった。一七年以来一貫して「米騒動」を主導して来た労働争議が、京浜・阪神・北九州を中心に図3のように分布しているのと対照的である。

【註】

（1）細川嘉六「米騒動研究の先覚――片山潜の思い出」『細川嘉六著作集　第一巻』理論社一九七三年

（2）長谷川博「第六章　米騒動」『日本資本主義入門　第Ⅲ巻』有沢ほか編、日本評論社一九五七年）

（3）石井寛治「貿易と海運」（大石嘉一郎編『日本帝国主義史　1』東大出版会一九八五年、一一七～一一九頁）。第一は貿易・海運・商事関係で、貿易外経常収支も受取り超過だったが、四分の三は海運関係（主に運賃）だったので日本の海運は世界第三位に跳ね上がった。一七年下半期払込資本の平均利潤率は造船一六六％・海運一六一％・鉱業一二〇％・綿糸紡績九八％・機械車両七八％で、日本は日露戦後の慢性不況の債務国から債権国へ、資本輸出国へ一挙に転換した。巨額の外貨獲得で金融緩和が生じ、独占資本主義の本格化で産業構造の高度化が進んで就業構造が変り、一四年から一九年までに第二次・第三次産業就業者が二五六万人増し、農林業就業者は一八八万人減った。

（4）この設備投資材不足ついては、石井寛治・内田星美らの論稿を引用しつつ、井本『米騒動という名の大正デモクラシーの市民戦線』の三二頁に詳述されている。

第一章 「米騒動」の三時期と各期の特徴

図2を見つつ「米騒動」期を、実質米価の最高期とその前・後で三期に分けよう。第一期は米価が急騰を始める一七年春から一八年前半（六月）まで、第二期は一八年後半（七月以後）、第三期は一九年と二〇年春までである。図2の実質米価の折れ線下には欧・露・シベリアの情勢が、欄外最下部には中朝・南アジアのそれが書き込まれている。各期が国際的に如何なる時期だったか、見ることができよう。

第1節　第一期（一七年春～一八年前半）の一般状況

一七年春には「騰りっ放しの物価」に「青い顔の増え」、革命のロシアと共通（読売2・3、2・9）と、「ドン底生活」が連載（大毎2・20～28）される。端境期《はざかいき》に入ると「米価の革命」という言葉が叫ばれ、「一升二十四銭台を突破」（又新5・25）、生活困難者が東京六一％、大阪の七〇％に達している。(1) 図5を見ると、一八年四月に外米（東南ア米など）の輸入が急増する前に、一七年から先ず植民地米（台湾米・朝鮮米）の移入が増しているのが判る。台湾米のピークが七月と一一月の両方に有るのは、亜熱帯で二期作だからである。

■図５　月別米穀輸移入量

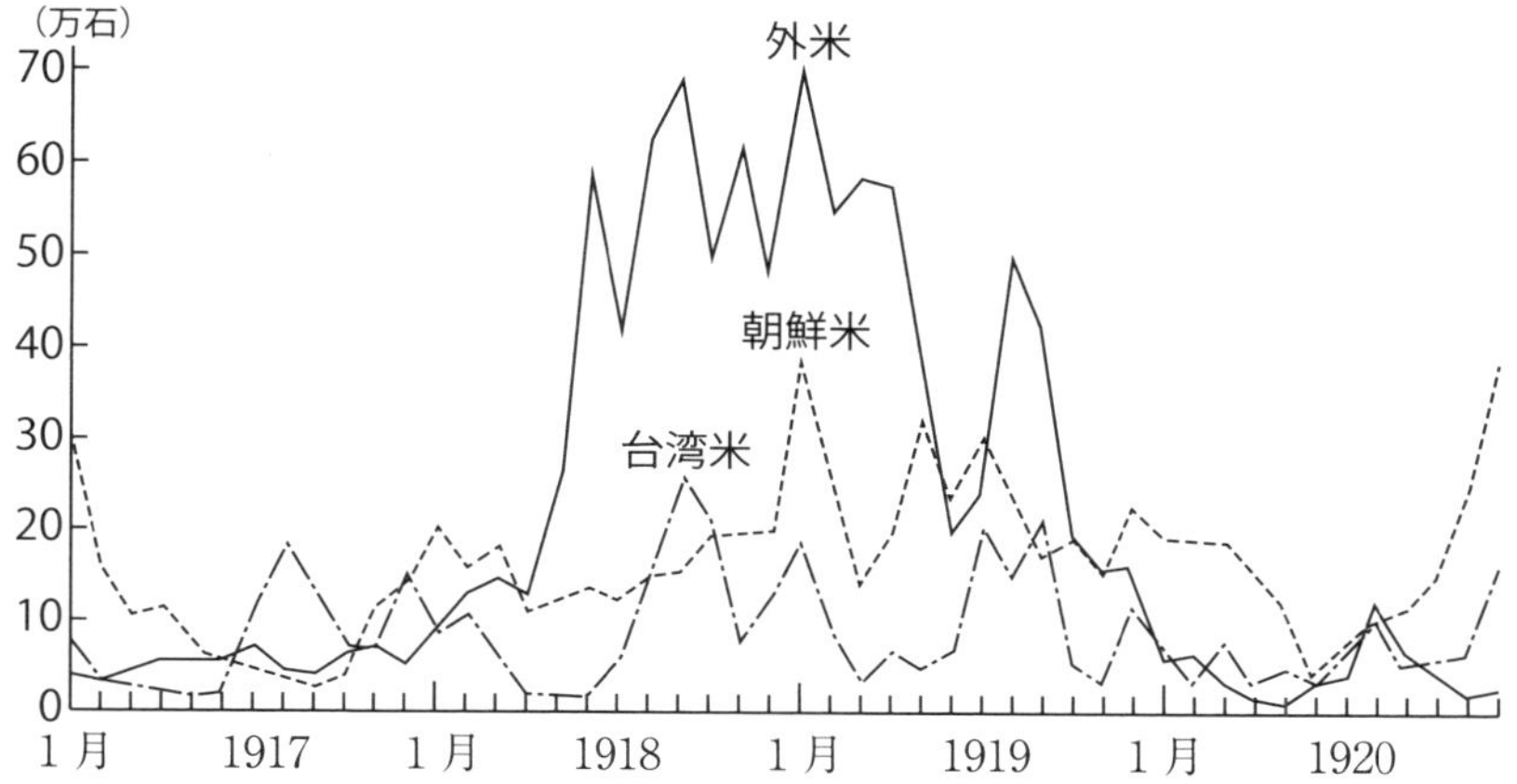

資料出典：農林省米穀部『米穀要覧』(1933年版)。大豆生田稔『近代日本の食糧政策』ミネルヴァ書房, 1993年, 171頁より転載。

（1）賃上げ型「米騒動」の始まり、暴動・打毀し・放火も七件

内務省調査の統計によると一七年の労働争議総件数は一六年の四倍、参加人員で七倍に跳ね上がっている。以下では労働争議の記録・件数比較は、特に明記しない限り青木虹二『日本労働運動史年表　第一巻』新生社（一九六八年、青木年表と略）による。『論集Ⅰ』二八頁の表に見るように政府統計ではもっと多いが、総数だけで日付け・場所・内容などが区別されていないので、それらが明記されている青木年表によらざるを得ない。

暴動化は一七年八月二三日の筑豊の福岡炭鉱争議での放火・襲撃（『論集Ⅱ』一一〇頁に詳述）に始まり、一一月一四・一五日の（神奈川県鶴見の）浅野造船所（『米騒動という名の大正デモクラシーの市民戦線』八六頁に詳述）、一八年一月末の京都西陣の打毀し（同書九二頁に詳述）と大連川崎造船所の格闘（同書九四頁）、四月二六日の播磨造船所（同書一〇一頁）、五月二〇〜二五日の筑豊中鶴炭鉱（同書一〇六頁）、六月二二日の新堂造船所（大阪市西区）の放火（大朝6・23）と、第一期内だけで七

件も起こっている。

以上の一七年春以来の全ての事実は各期の新聞にも掲載されていたものである。それにも拘わらず一八年八月の『高岡新報』社からの電話を機に、関西の大手新聞が「富山の女一揆」で広め始めると、その時初めて「米騒動」が始まったかのように、各紙が書き立てるようになった。これは「米騒動」という言葉を街頭型だけに使う近世末の習慣から生じた矛盾である。

その矛盾から生じた誤りの最たるものは富山県の便乗派ジャーナリスト、金沢敏子の「細川嘉六ふるさと研究会」が二〇一六年に出した『米騒動とジャーナリズム』（梧桐書院）である。「米騒動」は一九一八年八月に同県東部から始ったことにされており、上記のように一七年春以来全国で賃上げ型で始まっていて暴動化していたこと、富山県内でも一八年一月以来賃上げ型で始っていたことが、全く記されていない。この書に対する全体的な批判は、『米騒動という名の大正デモクラシーの市民戦線』の三四六頁に記されている。

(2) 戦時エネルギー・ブームによる炭坑事故が米価騰貴に重なる

表1の職業別ストライキ統計で一七年の件数が最も多いのは「機械金属製造職工」であるが、含まれる職種が多いので、職種別では坑夫のストライキが最も多く一七年には前年の四・七倍になっており、一八年には件数・参加人員ともトップになっている（これは主に炭鉱夫で、工事などの坑夫は「諸人夫および仲仕」に入っているのであろう）。炭坑・造船所は軍需の輸出ブームによる労働強化が、物価騰貴の上に重なっていたので、殊に激しかったのである。

撫順炭坑（満鉄経営）は一七年一月一一日に大爆発して九一七人（大部分が中国人）を蒸し殺しにし、二月一九日には北海道空地郡上歌志内炭坑でも一六名を惨死させている。地下で労働条件が悪いところへ戦時エネルギー需要で濫掘するため、ガス爆発などが多いのである。雇用関係も前近代的で、「納屋頭」に賃金の上前を刎ねられる上に、米など日用品を会社の売店以外で買えないように賃金を会社の「金券」で渡されていた所が多い。会社に口銭をとられ外米を混入されて、消費面でまで収奪されていたのである。したがって争議が一七年中に関門・北九州で八回（山口県宇部一回・福岡県四回、佐賀県二回、長崎県一回）、常磐炭田五回（茨城県二回・福島県三回）も起こり、米価の騰がる端境期七～九月に集中している。九州では一六年に友愛会の分会が結成され、長崎県香焼村（二月）・小倉（七月）・八幡（一〇月）・水俣（一二月）にその支部ができ、参加人員は佐賀県の三菱芳谷炭坑が最大で二五〇〇人に達していた。

(3) 戦時造船ブームによる労働強化が米価騰貴と重なる

大戦勃発とともに船腹不足が生じた。欧州の主戦国が兵員輸送などに船舶を徴用したうえ、英海軍によって海上封鎖されて全植民地を失ったドイツが、「無制限潜水艦作戦」を一七年二月に宣言したからである。一定水路以外の全船舶は中立国か否かの区別なくUボート（潜水艦）で襲撃するので、毎月八〇～一〇〇万トンを撃沈しており、日本も日本郵船だけで四隻、それ以外でも多くが撃沈された。

また主戦国の欧州諸国が支配して来た世界市場から手を抜いたので、米日に未曽有の輸出ブームが生じて、不定期配船のみならず定期航路も大幅拡大し、「社外船」（日本郵船以外の船）と侮られて来た山下汽船なども定期航路を開いた。運賃・傭船料・船価は開戦後四カ月から連日高騰して一八年五月には開戦時の二二倍に達し、戦前外国から多数傭船していた日本に逆に貸与要請が来るようになり、貸与料の外貨が船主の汽船会社に流れ込んだ。

従って造船業には注文が殺到し、船舶輸入国だった日本が一躍輸出国に急変して、造船所数が大戦前の二〇前後から一六年には四〇に、一七年には三三五に跳ね上がり、[2] 生産額も一四年に比べ一九年には二三倍に、造船労働者数は一三年末の二万六千人から、一八年一〇月には二〇万七千人へと八倍に跳ね上がっていた。

このような未曽有の海運・造船ブームだったから、海運業者で造船所を資本支配するもの新設する者が多く、セメントで財をなした浅野総一郎が日清戦末に興した東洋汽船会社が、神奈川県鶴見町の沖を埋め立て一六年に横浜造船所を創設し、浅野造船所と改称して六千余の労働者を擁した。新興財閥といわれた神戸の総合商社「鈴木商店」も帝国汽船会社の創立を準備しつつ、兵庫県赤穂郡相生町（現市）で播磨造船所を経営して、船ごと穀物を連合国に売り込む荒稼ぎで、穀物輸出と労働強化の双方で恨みを買っていた。

そのため造船所争議が一七年に、東京の石川島造船所で三度（一月二四日・九月八日・九月二二日）、神戸と長崎の三菱造船所では六月に、大阪鉄工所の因島造船所でも七月にあって、何れも数千人の大ストライキであった。この年の全国造船所争議件数は一六回で前年の五・五倍、うち一二回までが六月以後の端境期に集中していた。最初に暴動化したのは前記の浅野造船所の一七年一一月で（『論集Ⅱ』一八五頁に詳述）、次が一八年一月下旬の大連川崎造船所の格闘（『米騒動という名の大正デモクラシーの市民戦線』九四頁）、四月二六日に播磨造船所（同書一〇一頁）、六月二二日に新堂造船所（大阪市西区）の放火（大朝18、6・23）と続く。

(4) 賃上げ型「米騒動」の分布

争議件数の月別・府県別分布を表4Aで見ると、第一期（一七年六月～一八年六月）の総件数は大阪が最大で東京・神奈川・兵庫の順に多く、造船・鉄工・製鋼関係が主であるが、それに次ぐ福岡県は炭坑・造船所・製錬所、愛媛は鉱山・塩田・造船、続く岡山・長崎も造船所で、北では常磐炭田のある福島県がやや目立つ。一件での争議参加人員では長崎の三菱造船所や室蘭の日本製鋼所が三千人、鐘紡や富士紡績も二千人に達する。

組織化も活発で、一二年八月に結成された友愛会などの拡大が目覚ましい。

一七年一月　友愛会の東京連合会結成
　四月六日　東京で友愛会五周年大会。四月末の会員数二万二九〇人
　五月六日　友愛会の神戸連合会、同一九日に大阪連合会が結成
　一〇月一五日　友愛会の東京印刷工組合が結成
　一二月三日　京都で労学会設立委員会が開かれる。
一八年初め　京都で西陣職工組合が結成（月日不詳）
　三月一日　友愛会の紡績労働組合が結成される。
　四月三日　大阪で友愛会創立六周年大会（支部数一二〇、会員三万人）

(5)「米騒動」の女性先駆は工女たち

「米騒動」は一七年から賃上げ争議で始まったので、女性も「米騒動」で最も先駆的だったのは女性労働者であった。炭坑では夫婦で入坑するのが普通だったから、開発の早かった筑豊などでは女性のスト参加も生じていた。また表1に見るように一七年の争議件数が坑夫と並んで多いのは紡績製糸職工で、その七割以上が未婚女子で、八～九割を女性で占めていた。したがって明治以来日本の外貨獲得のための犠牲にされ、女工哀史で知られる彼女らこそが、「米騒動」でも最も先駆的だったのである(同じ一七年のロシア「二月革命」でも、最初の動きを作ったのも工女たちのデモであった)。『論集Ⅱ』の二六二～八頁に女工の争議記録を表

特徴的な争擾部門	地域計
炭坑・製鋼・漁具製造・郵船人夫・駅員	
駅・連絡船関係人夫・製材所	
土崎港人夫	
鉱山	
炭坑・鉱山・絹糸紡績	常磐 13
炭坑・鉱山・製糸・郵便配達	
醤油・製糸・電鉄	
鉄道工場・レンガ製造	
製鋼・鉄工・工廠・重軽工業一般・造船・紡績・印刷	京浜 51
造船・船員・製鋼・火薬・紡績・電器・紡績・セメント	
製糸	東海 12
紡績	
陶器・毛織物・毛糸	
西陣撚糸・金箔・石工・畳工・煙管工・市電・電鉄・人夫	京阪神
造船・鉄工・紡績・織物・友禅・製皮・船夫・人夫・車夫・巡査・吏員・看手	54
造船・鉄工・マッチ製造・酒樽工・仲仕・塩田・船夫・郵便局・電話局・電鉄・中国人ペンキ塗り	
造船・鉱山・紡績・織物・駅仲仕・運送夫	
造船・船夫	
炭坑・関門連絡船員・郵便集配人・塩田稼ぎ	
造船	
鉱山関係・製錬所・塩田・造船・瓦工・製紙	
塩田	
塩田・紡績	
炭坑・造船・工廠・製錬所・製銅所・朝鮮人夫・仲仕・ガラス工場・築港	
炭坑・唐津人夫	
造船・鉄工・炭坑・電気軌道	
炭坑・窒素肥料工	
駅仲仕	
郵便集配・林業	

■表4A 「米騒動」第一期の労働争擾（青木年表に記載のもの）

地方	道府県＼年月	1917年 4	5	6	7	8	9	10	11	12	1918年 1	2	3	4	5	6	計
	北海道		1			1	2						1		1		6
東北 13	青森				1	1		1									3
	岩手																
	秋田			1													1
	宮城																
	山形				1												1
	福島				3	1					1			1			6
関東 72	茨城				1	3											4
	栃木	1															1
	群馬																
	千葉					1				1							2
	埼玉					1											1
	東京			2	3	8	3	2		1		2	1		1		23
	神奈川				1	4	1	3	2	1		2		2	1	1	18
中部 24	山梨					1			1						1		3
	長野					1											1
	静岡					1										1	2
	愛知			1	1		1										3
	岐阜				2	1				1	1	1	1				7
	新潟					1											1
	富山										1						1
	石川													1			1
	福井					1											1
近畿 80	滋賀																
	三重																
	和歌山				1												1
	奈良																
	京都				1	3	1				2						7
	大阪	1		1	8	3	1	1			4	5	1	1	2	1	29
	兵庫	1	1		2			2		2		3	3			2	16
中国 25	岡山			2	1		1		1				2		1	1	9
	広島			1	2												3
	鳥取																
	島根				1	1											2
	山口		2			1	1										4
四国	高知			2													2
	愛媛			1	2		2	2		1	1	1			1	3	14
	香川					1				1							2
	徳島					1						1	1		1		4
九州	福岡		2		4	3						1			1	1	12
	佐賀				1		1										2
	長崎			1			2									1	4
	熊本																
	大分						1										1
	宮崎								1						1		2
	鹿児島																
	沖縄						1										1
	計	3	6	12	36	39	19	11	5	8	10	16	10	5	11	11	201

（1917年6月〜12月）130　（1918年1月〜6月）63

にしてあるが、一六年から争議件数が前年の三倍に、一七年には更に一六年の四倍に急増している。一六年六月に友愛会でも婦人部の設置を発意して、八月に季刊雑誌『友愛婦人』が創刊され、一七年四月の友愛会創立五周年大会で女性を正会員に含めた。

瀬戸内（兵庫県赤穂郡・徳島県・香川県・愛媛県・山口県）では、製塩女工（寄子《よせこ》・釜子）の争議が多かった。

(6) 消費者運動と公設市場・公営食堂

仲介業者によって値が吊り上げられるのを防ぐため、消費者運動も一七年から広がる。物価が「二年間に二倍半、当局は何故黙過している」（国民17、7・10、11）と言われて、農商務省は八月三〇日に日本近代最初の経済統制である物価調節令（米・鉄・綿布などの買占め売惜しみを規制）を発し、九月一日には農商務相・内相の名で米・鉄などの買売に条件を課すことが出来る「暴利取締令」（農商務省令第20号）を追加した。

九月三〇日から翌日にかけ暴風雨が東海側を襲って河川が氾濫し、収穫期にもかかわらず米価が跳ね上がったから、東京市では早くも米の廉売が行われ、各地に公設市場・公営食堂を開かせる運動が始まった。「米価の調節は外米輸入に限る、何故に政府は速やかに実行せぬか」（万朝18、1・29）、「関税を撤廃して外国米を輸入せよ」（国民18、2・14）との声に、政府も漸く外米の再輸出を禁止し、外米管理令の名で（指定商社に）輸入させる法令を一八年四月二五日に出した（五月七日実施）。各都市での消費者運動は『米騒動という名の大正デモクラシーの市民戦線』の九五〜九七頁に纏められている。

(7) 小作争議も急増

米価の急騰は小作農民も自己の労働の価値に目覚めさせたから、全国小作争議件数も一六年の一〇件から一七年の八五件に跳ね上がった。表3に見るように岐阜県・愛知県が一七年に目立っているのは、近世来の「込米」・「口米」・「入レ枡」と謂われる（運搬・貯蔵の際の減量を見こして小作に米を余分に加えさせる）旧慣が遺っていて、地主との対立が激しかったためという。関西・東海では廃止されてしまっていたこの種の旧慣への反発が争議への導火線となる例は、「地主王国」といわれた新潟県の北蒲原郡中条郷の「三米事件」などでも見られる。

(8) 植民地朝鮮へのしわ寄せ

政府が前記の「外米管理令」の名で輸入を増やした際、輸入指定商に選ばれた鈴木商店は、朝鮮は「現在でも四〇万石は出せようが、代りに満州粟や外米を輸入してやればもっと出せよう」と進言したので、一八年五月末に二〇万石の買い付け命令が出て、農商務省の片山外米管理部長も「朝鮮人は如何なる食物にても食し得べき人種」（大阪朝日18、6・20）などと蔑視発言する。政府補給金によるこの鈴木商店による買占めで、ソウル（京城）の米価は七月中旬に大暴騰した。植民地民衆の反抗を怖れる朝鮮の商工会議所・商工団体の陳情で、総督府が中止を要求したので政府も中止を命じたが、一九日にはまだ買い続けていたので、仁川取引所で大乱闘が起こって立会い停止になった。憤激が高まって、仁川商業会議所を先頭に買占め中止・買占め米移送中止の運動が起きそうになったので、総督府も移送に便宜をはかることを拒否し、買占めは七月二〇日に一二万石までで止まった。しかし六月末に一石二四円だった朝鮮米価は七月二〇日には三二円に跳ね上り、平素は内地米より五〜六円低いのに差が無くなってしまった。「朝鮮開闢以来の新記録を示し、人心恟々」（京都日出18、7・23）だが、その朝鮮米が八月五日から東京では一升三七銭で、大阪ではそれより少し安く売られた。

第三期																			
1919年														1920年					
1	2	3	4	5	6	7	8	9	10	11	12	計		1	2	3	4	19年からの計	
	1					3	1	1	6	2		14		1	2	1		18	
						1	1			1		3						3	
							1			4	1	6				1		7	
					2	2	2		2	1		9						9	
1						1			1		1	4						4	
					1	3		3	1	1		9	17			1		10	
		1				1	1		1	2	2	8						8	
							2	1	3	1		7						7	東
							2					2						2	
1												1				1		2	日
						3			2	2		7						7	
6	6	1		3	12	72	26	4	26	17	10	183	243	11	6	13	4	217	本
1	1	1			2	17	11	5	11	8	3	60		4	2	2	3	72	
					2	3			4	3	1	13						13	469
1				1		1	2	1				6						6	
				1		3	1	2			2	9	48	1	2	1		13	
					7	4	4	8	11	4	1	39			1			40	
						1	2	1	1			5						5	
1							1		1			3			1			4	
1						1	1	1	1			5				1		6	
		1				3	1	1			1	7				1		8	
						1	2		1			4						4	
									1			1			1			2	
				1				1	1			3						3	
1	1					3	1	3	1			10						10	
											1	1						1	
	2		1	1	1	4	8	4	5	1		25		4	2	2		33	
	1			1	3	19	17	9	44	4	4	91	180	2	7	4		104	
1				1	1	21	11	9	17	2	1	64		3	3		3	73	
						3	2		5	2		12						12	
1				1		2	3	2	5	1	1	17						17	
	1					1	1	1				4						4	西
								1			1	2						2	
1						3	2			1		7			1			8	日
1			1	1	2	14	12	5	14	10	6	66		5	2			73	本
						2					1	3	93					4	
				1			3	3	2	3		12		2				14	445
		1				2			1			4						44	
									2			2						2	
						1			1			2						2	
							1	1				2						2	
2	1	2		1	1	3	2	2	10		1	25		1	3	3	3	35	
							3	1	2			6		1				7	
	1					1	2		1		1	6		1			1	2	
									1			1						2	
										2		2							
19	15	7	2	13	34	199	130	70	185	72	39			37	33	31	13		
90						695						785		114				899	

■表４Ｂ　「米騒動」第二, 第三期の労働争擾の分布（青木年表に記載のもの）

道府県			第二期													
		年月	1918年後半													
			7			8			9			10	11	12	7～12月の計	
北海道				1					1			1			3	
東北	青森															
	岩手															
	秋田															
	宮城									1		1			2	
	山形															
	常磐	福島	1			1			1		1				4	6
関東		茨城				1			1						2	
	栃木					2									2	
	群馬					1									1	
	千葉				1										1	
	埼玉					1	1								2	
	京浜	東京			5	6	2		2	2				1	18	27
		神奈川			1	6	1					1			9	
中部	山梨					1									1	
	長野				1		1			1				1	4	
	東海	静岡				1		1							2	
		愛知														
	岐阜							1							1	
	新潟															
	富山					1									1	
	石川															
	福井						1	1							2	
近畿	滋賀					1									1	
	三重												1		1	
	和歌山															
	奈良											1			1	
	京阪神	京都	1	1		1						2	2		7	
		大阪			1	9	6	1	1		2	1	2	1	24	50
		兵庫		10		4	3	1	1						19	
中国	岡山					1	2		2	1					6	
	広島						1								1	
	鳥取					5	1		1						7	
	島根				1	1	1	1							4	
	関門	山口	1				3	1							5	
九州	北九州	福岡			3		2	2	11	4	2	1			25	
		佐賀						6	1						7	45
		長崎	2										1		3	
		熊本				2		1	2						5	
	大分															
	宮崎															
四国	高知															
	瀬戸内	愛媛				1	1					1	1	1	5	
		香川			1	1										
	徳島															
鹿児島																
沖縄																
計			5	12	14	48	26	16	24	9	5	9	7	4	東日本 44	
			179												西日本 120	

第2節　第二期（一八年後半）の一般状況

日米共同のシベリア出兵開始のため米価が投機的・上載せ的に奔騰したので、街頭騒擾が加わったこと、賃上げ騒擾が（殊に派遣軍乗船地帯である関門・北九州で）激化したことがこの期の特徴である。

(1) 街頭騒擾

これには大別して三種のものが混じっている。一つは米移出地帯の積出し反対運動、二つめは部落差別や地方に残る共同体的要因によるもの、三つめは既に第一期から始まっていた消費者運動が市民大会などで街頭化したものである。

(イ)米移出地帯の積出し反対

北方向け米移出地帯だった北陸の「津止め」騒ぎ＝米積出し反対が富山湾東岸に残っていたのを、昔それを経験した主筆のいる『高岡新報』社が電話で、関西大手新聞に通報を繰り返したので、「越中の女一揆」宣伝が八月初めから全国に広められることになった。漁業地帯で、男は沖へ出ているか北方漁場出稼ぎで、陸《おか》の事は女任せだったからに過ぎない。北前船は汽船・鉄道の発達ですたれ、北海道・樺太通い・北洋（千島・カムチャツカ）漁場稼ぎになって残っていたので、そこへ米を積出していたのである。図2の下欄に③と書いてあるものである。能登半島・佐渡にも富山湾東部のような積出し地域が残っていた。表5Aは米の人口当たりの生産率を記しているので、それが大きいのは移出地帯で、少なくないのが移入地帯とわかる。大正期を見ると最大の移出地帯は北陸で、東北・中国地方がそれにつぎ、北海道・関東・近畿が移入地域と

■表5A　人口当りの米生産率

	明治			大正	昭和
	19～23	29～33	39～43	5～9	8～12
北海道	0.11	0.11	0.41	0.43	0.91
東北	1.29	1.34	1.33	1.43	1.51
関東	0.72	0.75	0.61	0.72	0.61
北陸	1.47	1.45	1.56	1.63	2.01
東山	0.90	0.95	0.88	0.88	0.98
東海	0.99	1.01	1.00	0.93	0.87
近畿	1.14	1.00	1.01	0.88	0.68
中国	1.02	1.06	1.17	1.20	1.28
四国	0.68	0.75	0.92	0.90	0.98
九州	1.02	1.08	1.13	1.06	1.12
東日本	1.04	1.02	0.96	1.00	1.02
西日本	0.96	0.97	1.05	0.99	0.97

※但し，〔全国米生産／全人口〕を1.00とおく。
東日本は東海以上。

判る。表5Bを見るとそれが県別に判る。最大の米移出県は新潟県で、富山県・山形県・宮城県・岡山県の順でそれに続くが、新潟県の移出先が東京・長野で、山形県・宮城県も東京であるのに比して、富山県はもっぱら北海道（そこから北方漁場などへも再配分）に送られていたことが判る。岡山県・広島県などの内陸でも移出反対騒ぎが起

■表5B　米騒動前後における米の主要移出入　（単位：万石／年）

主要移入圏＼移出県	宮城	山形	新潟	富山	石川	福井	岡山	香川	植民地 朝鮮	植民地 台湾
北海道	0.5	7.0	23.8	64.0		1.4			半分以上が大阪へ。運賃低のために関西での消費が多い	東京、愛知、福岡、兵庫、広島等大都市で平均的に消費
東京	34.8	57.9	40.0	8.0	3.3	5.2		0.6		
神奈川	1.5	2.1	6.3	3.6		0.8				
群馬			8.8							
長野			32.5							
静岡						5.2				
愛知					8.9	3.0	0.4			
京都						4.4	7.1			
大阪				2.7		4.7	2.5	13.0		
			2.5		8.7					
兵庫				1.8		0.8	22.6	6.8		
和歌山							2.1	7.4		
移出総量	49.0	69.9	125.1	88.9	18.5	27.6	41.8	30.9	143.1	84.7

※但し，山形は大正5～9年の，富山及び朝鮮・台湾は大正3～7年の，香川は大正1～5年の，他は大正5～8年の期間の平均。

こったのは、川下しで瀬戸内へ出して、阪神の大消費地帯へ送られていたからである。

(ロ)歴史的性格（被差別部落や地方の共同体的性格）のもの

図2の下欄に②と書いてあるものに入っているが、関西に多い被差別部落騒の貧困層、京都・金沢市・信州飯田の元結職人など伝統工芸職人の集団、地方の若者組などが消防団でホースを米屋に向けたり神輿を担いで暴れ込んだり。

(ハ)第一期から始まっていた居住区消費者運動の市民大会などの街頭化も、図2の下欄に②と書いてあるものに入っている。大都市や工業地帯の街頭騒擾はこれが中心で、不安定雇用の労働者（日雇い・仲仕など）は固定集団でないので賃上げ争議が難しいから、これに加わっていることが多い。

(2) 賃上げ争議の激化と組織化

表4B争議件数を県別にみるとに第二期には福岡県が最も多く、第一期と違って大阪府や京浜を超えているのは、シベリヤ出兵乗船地域の炭鉱・製鉄地帯で労働強化が物価騰貴と重なっていたためと思われる。他にやや多いのが（福島県・茨城県に跨る）常磐炭田地帯と（塩田・鉱山のある）愛媛県であることは第一期と同じである。

労働団体の組織化もすすむ結成も進んだ。

八月　東京石川島造船所で労働団体啓正会が結成される。

一〇月一〇日に友愛会の東京鉄工組合友愛会が創立

一〇月　友愛会の京都連合会が結成される。

一二月二四日、大阪商船司厨員七百人が商船同志会を結成

月不詳　京都の金箔職人が職工団を結成

(3) 在日朝鮮人の騒動参加と朝鮮の米価騰貴

街頭騒擾には在日朝鮮人も一部加わっており、酷使される朝鮮人労働者の抵抗（例えば東朝8・16）の記録が残っている。朝鮮では一九一〇年からの「土地調査事業」と称して農民の土地の大半を奪ったので、満州・日本へ流民となったが、技術もなく言語・習慣も違うから日本では殆ど日雇い労働にしか就けず、四八％が土工で、しかも賃金は日本人の半分だったから米価奔騰とともに騒擾に加わった。例①神戸の街頭騒擾では八月一二、三日夜に「注目すべき多数鮮人」（又新日報）が見られた。仲仕集団の朝鮮人土工等で地方裁判所報告では七名が検挙されている。例②造船所は輸出ブームで、大阪鉄工所因島工場（広島県）には朝鮮人労働者が三三三名いたが、内七〇余名が八月二五日夜に米穀商に押しかけようとし五人が引致された（信夫清三郎『大正政治史』第二巻六四〇頁）。例③同月一六日の門司市の「権蔵仲仕」の蜂起で、東仲町の米穀店から貯蔵米千数百俵、東神倉庫からは二百俵の米が群衆によって。運び出されたが、多数の朝鮮人労働者が加わっていた（信夫、前掲書六四一〜二頁）。例④宇部炭坑には八月一八日に山口歩兵第四〇連隊から五中隊六百人が派遣され、発砲して一三名が死亡したが一名の朝鮮人が含まれており、指揮官が「白い服をねらえ」と命令したのが記憶されている。被起訴者一覧三七八名中にも三名の朝鮮人が含まれていた（井上ら『研究』）。一般に被起訴者で見ると朝鮮人は阪神・瀬戸内の工業地帯と関門・北九州に多く、人夫・炭坑夫つまり不熟練重労働不遇層で、出身地は釜山中心に慶尚南道・全羅南道など半島南半に偏っている。北半からは満州・間島などへ行ったのであろう。

植民地朝鮮では三重の原因で米価が暴騰した。第一に、日本は米価が騰がると外米を買う前に（ジャポニカ種で味が内地米と同じなので）朝鮮米を買う。第二に、明治以来朝鮮を日本米価調節用の買い付け地にして来た。第三に、日本がシベリア出兵の軍用米は全て植民地朝鮮から調達した。したがって一六～七年頃には一升一九銭前後だった朝鮮米価が、一八年五・六月に一升二六銭台、七月中旬には三〇銭を超え八月には四〇・五〇銭に達した。それによる朝鮮での街頭騒擾については第三章で詳述する。

（4）軍隊による殺りくとデタラメ裁判

シベリア出兵軍の乗船地帯だった広島～北九州では、乗船待ちの兵士らを戦時化するためか、無用の銃撃・銃剣使用が行われたと思われる例が多く、全国の死者三十余名の大半がこの時期のこの地域である。松尾尊兊作成の軍隊の出動地・兵員数のリスト表7で出兵地数の最も多いのが福岡県で、出兵延人数（出兵人数に滞在日数を掛けたもの）の多さは福岡県・山口県・大阪府・広島県・兵庫県・和歌山県・東京府・福島県・宮城県の順になっている。

司法省は街頭騒擾が拡がったばかりの八月一〇日、法務局長名で騒擾罪適用に触れ、一八日の大臣・次官・法務局長・検事総長らの協議で「厳罰主義」の方針を確認した。引致者は設備の限界を超えてすし詰めにされた処が多く（兵庫県三田村では脚気で死亡者を出し）、引致・検挙の時点から人権が無視された。警官はチョーク・インク・朱肉などで着衣に印しを付ける以外は、声や演説内容を覚える程度だったから、取調べは「自白」強要が中心で「殴打され、天野巡査部長に、自白せぬと足の骨を折るぞと脅迫され、同派出所内にて相手の被告が細縄にて縛られ、鉄棒にて頻りに殴打され居るを目撃したれば、自分も驚いて心にもなきことを」言わされた（東京日日静岡版11・29）。「刑事が、米騒動に付いては吾々も同情して居るから行ったと言うても罪に落とすような事はない。行ったと言えと言う故、馬鹿なことを言ったのです」（大阪府喜連村の公判記録で長野久吉）。警察・検事による取調べ過程で自殺したもの四名、「死亡」とだけ判明しているもの一名、留置場の悪さで「病死」の者一名で、弁護士なしに公判に立たされた被告、弁護士からの現場検証や証人尋問の申請が全部却下された者が多い。

取調べの過程では、民衆が被差別部落民に対してもつ偏見・差別が利用され、部落民に罪をなすりつける誘導尋問が各地で見られ、裁判の席でも偏見が煽られた。そのため人口では二％に過ぎない部落民が表６に見るように検事刑事処分者の一〇％を超え、死刑にされたのは証拠も無かった被差別部落民二名だけであった。

二万五千名以上の検挙者のうち八二五三名が検事処分で、七七八六名が起訴された。全国に渉ってこのように多人数が一斉に殆ど同一罪名で裁判に付せられたことは、日本史上にない事で、第一審では無期懲役一二名、一〇年以上の有期刑が五九名を数えた。

■表６　米騒動被検事処分者中の被差別部落民の割合

地方裁判所名	検事処分の人員	処分人員のうち被差別部落民	
東　京	299（人）	（人）	（％）
横　浜	40		
水　戸	40		
静　岡	314		
甲　府	23	1	4.3
長　野	31		
新　潟	60		
京　都	301	137	45.5
大　阪	521	19	3.6
奈　良	65	16	24.6
神　戸	546	55	10.1
大　津	35	24	68.6
和歌山	565	176	31.2
徳　島	18		
高　知	3		
高　松	70		
名古屋	556		
安濃津	459	174	37.9
岐　阜	143	9	6.3
福　井	99（人）	（人）	（％）
金　沢	7		
富　山	1		
広　島	560	96	17.1
山　口	698		
松　江	332	6	1.8
松　山	252	8	2.3
岡　山	517	161	31.1
長　崎	45		
佐　賀	298	4	1.3
福　岡	717	1	0.1
大　分	6		
熊　本	309		
鹿児島	3		
宮　崎	38		
仙　台	132		
福　島	48		
札　幌	34		
合　計	8,185	887	10.8

（注）黒川みどり「米騒動と水平運動の形成――三重県の場合」，藤野豊・徳永高志・黒川みどり共著『米騒動と被差別部落』雄山閣出版，1988年，195頁より転載。

■表7　府県別・出兵市町村数・兵力数一覧表

府県名	出兵地点				出兵延人数
	市	町	村	計	
北海道	0	0	0	0	0
青森	0	0	0	0	0
岩手	0	0	0	0	0
宮城	1	0	0	1	2,321
秋田	0	0	0	0	0
山形	0	0	0	0	0
福島	2	0	0	2	2,685
茨城	0	0	0	0	0
栃木	0	0	0	0	0
群馬	0	0	0	0	0
埼玉	0	0	0	0	0
千葉	0	0	0	0	0
東京	1	0	0	1	3,856
神奈川	0	0	0	0	0
新潟	2	1	0	3	2,074
富山	0	0	0	0	0
石川	0	0	0	0	0
福井	1	0	0	1	1,542
山梨	1	0	0	1	1,530
長野	1	0	0	1	100
岐阜	0	1	0	1	50
静岡	2	13 (2)	1	16 (2)	1,656
愛知	2	1	0	3	1,683
三重	1	0	0	1	1,030
滋賀	0	0	0	0	0
京都	1	4 (1)	0	5 (1)	1,617
大阪	2	6	3	11	9,884
兵庫	3	2	0	5	8,120
奈良	1	0	0	1	76
和歌山	1	7	3	11	5,155
鳥取	0	0	0	0	0
島根	0	1	0	1	121
岡山	1	0	0	1	1,548
広島	3	12	1	16	8,516
山口	1 (1)	1	3 (1)	5 (2)	14,469
徳島	0	0	0	0	0
香川	0	0	0	0	0
愛媛	1	0	0	1	300
高知	1	0	0	1	36
福岡	6 (4)	10 (6)	11 (3)	27 (13)	30,049
佐賀	0	0	4	4	1,650
長崎	0	0	0	0	0
熊本	0	0	1	1	890
大分	0	1	0	1	760
宮崎	0	0	0	0	0
鹿児島	0	0	0	0	0
沖縄	0	0	0	0	0
総計	35 (5)	60 (9)	27 (4)	122 (18)	101,718

備考：(　) は騒動未発地点。富山県の場合は出動命令が出ていたが，待機中に中止。(松尾尊兊論文「米騒動鎮圧の出兵規模」『大正デモクラシー期の政治と社会』みすず書房，2014年所収より引用)

(5) 寺内内閣の崩壊と「初の政党内閣」

騒動で米価が下がったと国民が思うことを恐れる政府は、早くも八月二四日には廉売の打ち切りを指令する小賢しさで、そのため米価は再び上昇した。殊に米移出地帯の北陸・岡山県などでは新米買いが九月下旬に入ったので、移出反対運動が一〇月まで尾を引いた。

「米騒擾」の激化・全国化で寺内内閣は総辞職が予想されたが、「元老」の山縣が寺内に不満を並べている間、政友会総裁の原敬は郷里の盛岡で（同会の東北大会・宴会も延期して）政権が転がり込むのを待っていた。困窮者救済金を盛岡市長から求められると即座に寄付したが、政友会幹部からの要請にも拘わらず上京を遅らせていたのは、政界・ジャーナリズムの渦中に入れば国民に同情的な発言をせねばならず、そうなると山縣が次期首相に推して呉れなく成るからであろう。寺内の辞意が確からしいとの情報を得ると上京したが、山縣がもう一度と首相を頼んだ西園寺公望にその気が無いのを知ると、自分を山縣に推挙してくれるよう西園寺に懇談した。最大の激化期だった炭坑暴動の連鎖に止めを刺されたように、寺内内閣は九月二一日に総辞職し、二九日に原敬内閣が誕生した。

陸・海相以外は政友会員で固めた「初の政党内閣」で、それを可能にしたのは原自身が言っているように「米騒動」に他ならないが、政党嫌いの山縣にも他に道が無くなったからである。しかし長州閥で抑えられなくなったから方法を替えただけで、原内閣は民衆を代表するものではなかった。原と政友会は既に、大正政変中に国民を裏切って海軍・三菱閥の山本内閣の与党になったように、すぐ後に見るように普通選挙制度（普選と略）を遅らせ、森戸事件のような思想弾圧をまで行うのである。

(6)「白虹」事件への反撃と民主主義団体の急増

八月二五日に大阪で開かれた第二回関西記者大会を報じた『大阪朝日』夕刊の、寺内内閣批判に「白虹日を貫けり」という言葉があったのを、『史記』で国に乱が起こる予兆とされた言葉だから「皇室の尊厳を冒涜し政体を変改」しようとする者と、寺内内閣が言いがかりをつけ、発行禁止に値すると検察と結んで脅しをかけた。それに乗って右翼の「浪人会」が『大阪朝日』の村山社長を大阪の中之島公園の石灯籠に縛り付けて暴行脅迫し、村山が辞任して、主筆の鳥居素川とその執筆グループ長谷川如是閑・大山郁夫らが広い発言の場を求めて退社する事件が起こった。吉野作造はこの右翼暴力団の脅迫・暴行事件に対し『中央公論』誌上に批判を載せ、「浪人会」との立会講演会を一一月二三日に東京神田の南明倶楽部《くらぶ》で行った。吉野を守れと集まった二千人の学生・労働者を前に、堂々と暴力を批判して「浪人会」を論破したので、背後にあった政府の企みはうち破られ、民主主義の流れが堰を切ったように拡がった。

そしてこの月ドイツ帝政が崩壊して休戦条約に調印し大戦が終結する中で、知識人による啓蒙団体「黎明会」や、学生による新人会から第一高等学校社会思想研究会まで多くの学生団体が次々生まれた。新人会は東大法学部弁論部の宮崎竜介らが吉野作造・麻生久らの援助の下に結成したもので、機関紙『デモクラシー』と「ヴ・ナロード」（民衆の中へ）のモットーで学生社会科学連合会を主導し、多くの社会運動家を生み出すことになる。民人同盟は新人会の二月半後に早稲田の学生らが大山郁夫らを顧問につくり、法政大学にも扶信会が、慶応大学や明治大学にも同様な会が生まれた。京都では同九月に友愛会京都支部が河上肇を顧問に作った労学会が、関西の学生・労働者に先駆的な役割を果たす。

吉野自身が一二月二三日に創立した黎明会は、福田徳三・佐々木惣一・大山郁夫・新渡戸稲造・森戸辰夫・穂積重遠・与謝野晶子・三宅雪嶺・阿部次郎・大河内正敏（理化学研究所三代目所長）・朝永三十郎（哲学者で後のノーベル賞物理学者朝永振一郎の父）など、学者・思想家・ジャーナリスト三一名で構成され、毎月開かれるその講演会はいつも満員で、その講演集名「黎明」は流行語となった。

(7) 農民の「米騒動」参加と小作争議急増

農民は米を作っていても、少ししか手に残らない貧農・小作農は物価騰貴で生活できないから不満で、街頭騒擾に参加するが幾つかのタイプがある。(イ)自分の村では騒動を起こしにくいから青年などが近隣騒動に参加する出張型。例えば山梨県の甲府市内に住む大地主若尾家を焼き討ちした騒動で、三番目に重い懲役五年を課せられた者は近隣の里垣村の農民だったし、三〇キロ離れた村でも若尾家焼討ちに行こうと人を集めていた者がいる。(ロ)都市農民の騒動参加：都市周辺部にも田畑が残っていて地主も農民もいた（殊に地主は便利な市内や農村との境に居を構えている者が多かった）から、襲ったのも都市周辺部の農民が多かった。(ハ)農民でも次三男などは近隣都市の労働者として通う者が多く、都市での争議・騒動を見聞きしているから、帰宅すると農村でもそれを拡げる。(ニ)小作争議中の者が日稼ぎ者たちと一緒に、地主に貸し米や寄附を要求する騒動で、岡山県船穂村や奈良県法隆寺村に見られ、後者には暉峻衆三・金原左門たちの共同研究がある。(3)大阪府下喜連村でもこの際懲らしめておこうと地主宅を襲撃する例が一四挙げられているが、(4)埼玉県でも見られる（『図説　米騒動と民主主義の発展』四四二頁に坂本昇が詳述）。

そして当然ながら小作争議自身も急増する。表3に見るように一八年秋の全国小作争議件数は一七年の三倍に跳ね上がる。この期の街頭騒擾の多かった岡山・奈良・福岡・佐賀など西日本の諸県では、小作争議も二〇年頃までに飛躍的に増え、兵庫・大阪・広島・東京・神奈川・山梨などでも増えている。物価騰貴で自小作の中農クラスまで肥料代に困って小作争議を起こし、一九一二～一六年に全国で三七しかなかった小作組合が、一七～二〇年で三五二と一〇倍近くに増えた。「上からの近代化」に残されていた農業にも、「下からの」近代化が始まったのである。

第3節　第三期（一九年・二〇年春前）の国際化と大戦後デモクラシー

(1)　ヴェルサイユ平和条約と朝鮮・中国の日本批判

この期を国際的に特色づけるものは、講和会議が一九年一月一八日からパリで開かれる一方、朝鮮・中国がそれぞれ三・一独立運動、五・四運動を起こして日本を批判していることである。それについては第三章で詳述するが、朝鮮に三・一独立運動が起こって政府が血の弾圧を行ったとき、日本でそれを公然と批判した唯一の大衆集会は、吉野作造が主催する黎明会（第六回講演会）だけであった。

敗戦国ドイツには苛酷な条約草案が提示され（動揺したドイツ国内では内閣が更迭されるが）字句修正だけで通過し、六月二八日に調印が嘗て普仏戦勝後にドイツ帝国の成立を宣言したヴェルサイユ宮殿で行われた。ドイツは海外植民地の全てと本土の一〇％以上を失いオーストリアとの合併も禁止された。又このヴェルサイユ条約は第一編が国際連盟規約であったことが特色である。主戦国だった国々には平和・戦争廃棄・民主主義の要求が高まり、植民地・従属国では徴兵で戦争に駆り出された代償意識もあって、自主・独立の要求が世界的に高まった。

(2)　運動組織の飛躍的発展

友愛会神戸連合会機関紙『新神戸』第4号で連合会主務の久留弘三は、「民衆は彼《か》の暴動によって自己の力の偉大なことを発見せること、富豪階級は案外臆病にして腰の弱きことを知った」と「米騒動」を回想している。まさにそれによって労働者も自らの力を自覚したし、世界の物価は一八年一一月の停戦で下がったわけではなく、図2の実質米価でも一九年に夏には再び騰がっているから、争議の全国件数は内務省調査によれば二三八八件に達し、内四九七件がスト・サボなど実力行使を伴っている。表4B掲載の範囲でも七八五件で一八年（表4A・Bに見るように二四二件）の三・二倍に跳ね上がっている。同盟罷業参加人員は図1A・Bのように最高値に達し、労組数・組合員数は図1Bに見るように急増の一途に至り、友愛会は協調主義を脱して大日本労働総同盟友愛会と改名し、労働者の団結による闘い以外の道はないと宣言した。以上については『図説　米騒動と民主主義の発展』四八四頁の逢坂英明執筆の「労働運動の発展とメーデーの始まり」に詳述されている。

同書五三〇頁（渡引禮執筆）には、「米騒動の直系の子としての」消費者運動の発展が、友愛系・総同盟系、家庭購買組合系、神戸消費組合、共働社・関東消費組合系に分けて詳述されている。消費者組合が一九年（大正八年）にも急増していることは表2にも見られるが、小作争議も一九年・二〇年と増え続け、二一（大正一〇）年からは更に前年の四倍に跳ね上がっているのが表3・図6に見られる。戦後恐慌のなかで二〇年以後米価も下落したので、地主層は小作米の取り立てを増そうとするが、小作達も「米騒動」前とは変わってしまっ

■図6　小作争議件数

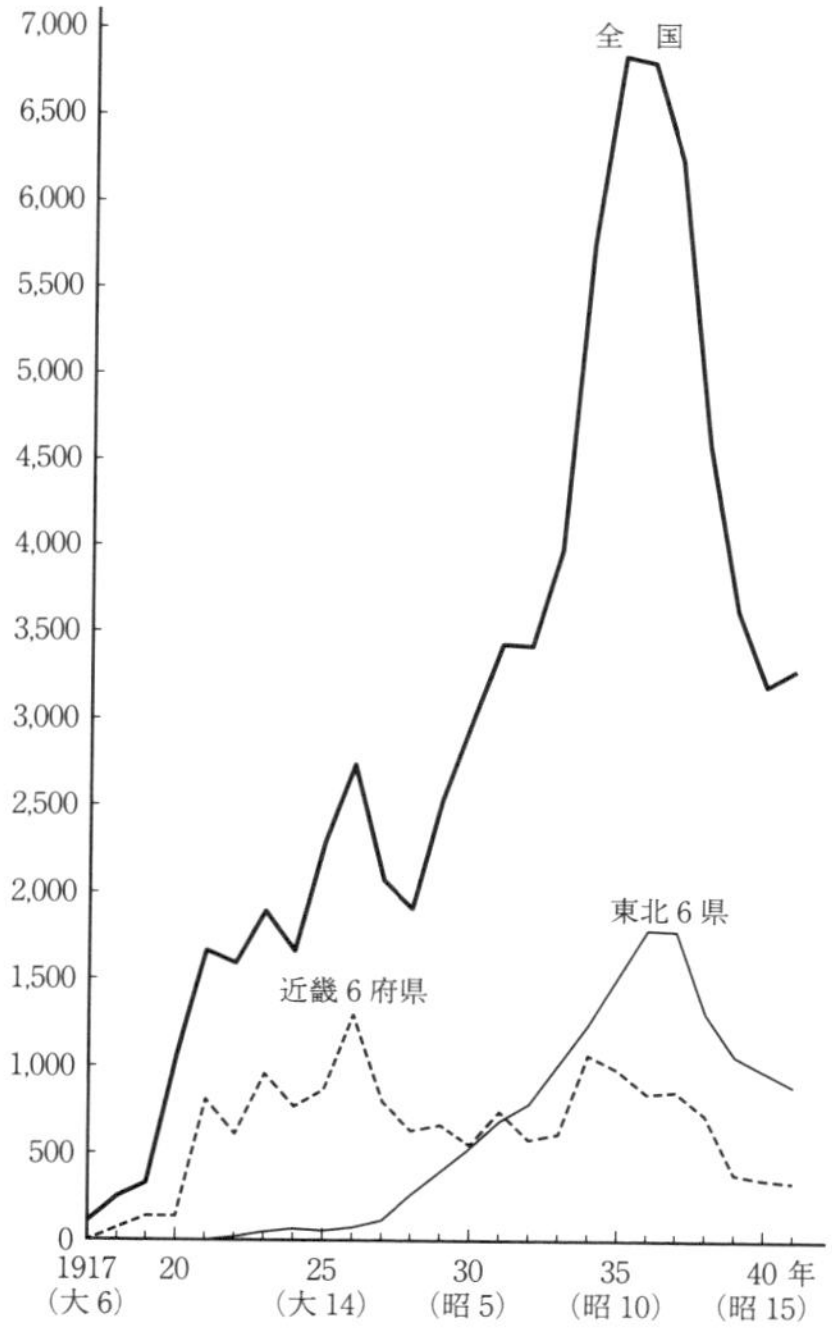

（暉峻衆三編『日本農業100年のあゆみ』有斐閣, 1996年, 128頁より）

ていたのである。

（3）民主主義・文化運動の出版・研究所が次々誕生

「米騒動」による社会的関心の高まりのなかで、一九年一月に河上肇の『社会問題研究』が書かれ、二月には大山郁夫・長谷川如是閑の雑誌『我等』が創刊され、堺利彦・山川均たちも以前からの『新社会』のほかに、四月から『社会主義研究』でマルクス主義の紹介を始めた。同月『改造』、六月には『解放』も創刊され、以前からの『太陽』『中央公論』などと共に社会・労働問題・社会主義の論文・解説で新しい民主主義的世代を育成する。

『太陽』誌上で「母性保護論争」が行われたのは一八年であるが、与謝野晶子は（『婦人公論』誌上で）依頼主義だと批判して女権主義を唱えた。独占資本主義が確立したこの時期の日本では長時間労働・深夜労働で、母性破壊や乳児死亡率が問題化しており、山川菊栄の社会主義志向の論議でまとめられた。一九年一一月の「新婦人協会」の設立、ロシア革命の影響を受けた赤瀾会や婦人参政権運動の発展については、『図説米騒動と民主主義の発展』五二六頁の「女性運動の高揚」（石月静江執筆）に纏められている。

倉敷紡績社長の大原孫三郎の出資で、社会科学では日本最初の民間研究所「大原社会問題研究所」（大阪市天王寺）が創立されたのは一九年二月である。友愛会顧問でもある高野岩三郎東大教授を初代所長、櫛田民蔵・森戸辰男・久留間鮫造・笠信太郎らを所員に、大学研究室では調査費などで難しかった労働・社会問題が研究される。細川嘉六がそこで「米騒動」資料の蒐集を主導したのは、二六年からのことである。

(4) 普選運動再開と原敬内閣

一九年一月一八日に行われた黎明会の第一回講演会を機に、普通選挙期成同盟会も活動を再開した。一八八九(明治二二)年に帝国憲法と同時に公布された衆議院議員選挙法では、選挙人資格は二五歳以上で直接国税一五円以上を納める男子に限られており、それを満たす四五万人は当時の人口の一%強に過ぎず、被選挙人資格は更にそのうちの三〇歳以上だけだった。当初は原則として小選挙区制だったが、日清戦後の一九〇〇(明治三三)年に全県一区の大選挙区と都市独立区に変わり、納税資格も一〇円に下げられたが有権者数は倍になっただけであった。普通選挙(普選)運動は、このような納税額や財産などで制限されることのない平等の選挙権を要求するものである。

その主張は明治前期の民権運動の中でも馬場辰猪や中江兆民によって行われ、一八九七(明治三〇)年には長野県松本に普通選挙規制同盟会が設立され、九九年には東京にもできて日露戦前に一定の盛り上がりを見せ、日露戦後はやや沈滞したが一九一一(明治四四)年の第二七議会で普選法案が衆議院を通過した。第二次桂内閣は危険思想視し貴族院で一蹴したが、大正に入ると『東洋経済新報』『第三帝国』などの雑誌が普選論を唱え、大戦期には吉野ら民本主義の呼びかけもあって再び盛り返しつつあった。

「米騒動」第二期の一八年一〇月六日、富山県の米移出反対運動が最も激しかった滑川町で普通選挙期成同盟会が作られた(5)。東京では一九年一月に普選期成同盟会が再開され、新人会など十数校の学生で組織された全国学生同盟会の三千人が、二月一一日に日比谷で大会を開いて議会へデモ行進し、京都でも同月五千人の普選期成労働者大会が開かれた。三月一日には日比谷で期成同盟会が五万人集会、大阪でも友愛会大阪連合会が市内各所で演説会を開き、労働問題の解決と普選を要求した。同一〇日に東京で開かれた友愛会臨時総集会も、労働者の四大権利として生存権・団結権・ストライキ権とともに参政権を掲げたから、普選運動は鹿児島・広島・呉・松本・前橋・盛岡・小樽などにも拡がった。

けれども憲政会・国民党は同年中には普選運動に踏み切れず、国民党に至っては普選主張の代議士六名を除名までした。旧中間層が足場のこれらの政党の関心は、野党とはいえ参政権より「政党政治」の確立にあった。原敬の政友会内閣は五月の議会で、選挙人資格を三円納税に（有権者が人口の五％程度、小地主・上層自作農まで）下げることで普選要求をかわし、憲政会や国民党の後れを利用して選挙法を小選挙区制にもどした。大きな政党が有利になるので、それで政友会の足場を固めておこうとの布石であった。

一九年暮れには普通選挙期成関西労働連盟が、二〇年一月は全国普通選挙連合会が、二月には普選期成・治安警察法撤廃の関東労働連盟が結成され、東京では二月だけで数万人規模の集会が三度も開かれたので、憲政会は独立生計者に限って、国民党は無条件で普選案を議会に上程した。しかし原首相は、政友会議員にも諮らずに議会を抜き打ち解散して総選挙に臨み、先に通しておいた小選挙区制のお蔭で政友会を圧勝させ、第四三特別議会で普選案を否決してしまった。

第４節　部落解放運動と全国水平社の誕生

⑴　部落問題も「上からの近代化」の遺物

維新政府は明治四（一八七一）年一月の兵役調査の際は部落民を一般平民と同様に扱いながら、四月に戸籍編成法を頒布したときには「穢多戸籍」として賤民扱いしている。また八月二三日に華族・士族・平民の通婚は許可したが、部落民だけはこの措置から外している。こうした後の同月二八日に身分上の近代化としてエタ・非人の解放令を出し、形式的には華族・士族・平民の構成に統合したが、歴然たる家筋差別が残されて、実質的に旧身分から解放されなかった(6)。

当時「穢多」は二八万余、非人は二万三千余、そのほか皮作りなどの賤民が八万余人、計三八万三千人余とされている。「穢多」なるが故に入会権や水利権を奪われていた部落民のなかには、平民同等の立場になった以上はと復権を図る者、村の祭礼や村政への参加を要求する者も現れたが、長年の身分差別の慣行の打破は容易でなかった。部落解放反対の大規模な一揆が、不平士族の煽動も加わって西日本各地で起こった。発令直後の一〇月に播磨・但馬、一二月に土佐の土佐郡、五年一月に備中英賀郡・備前津高郡、六年五月に美作東北条郡、同六月に筑前嘉穂郡、同七月に丹波何鹿郡、備後御調郡・奴可郡、同八月に備後三上郡・恵蘇郡などで続発した。

政府は地方行政機関に指示して告諭を出し意義の徹底を図ったが、解放令発布直後の明治四年一一月に岩倉・大久保ら政府首脳は、大挙欧米視察に出発して十数カ月も留守にし、タテマエに終始した実質的放置であった。五年に調製された壬申戸籍には、「穢多」と書かれていなくとも「もと穢多」とか「新平民」と書いているし、職業や旦那寺の記載の仕方で一見して判った。しかも旧支配者層が一時賜金や金録公債を交付され、士族授産などでも国家補償されていたのと対照的に、部落民は平民編入で皮革業特権や減免措置を失ったのに何等の行政補償をも施されなかった。その上に兵役・教育など新たな義務が課せられたので益々貧困になり、差別はいっこう減らなかった。それに対する明治期からの闘いの例を見ておこう。

(2) 芸備地方での先駆

日清戦争時の広島大本営の開設、呉の軍港化、続く義和団戦争から日露戦争への経過は広島県を、軍事工場の騒音が響き煤煙が立ち込める工業地に変えた。都市下層社会が急膨張し、商品流通の活発化で農村でも階層分解が進行して税金滞納者が増え、被差別部落の存在が露呈して来た。中江兆民の仏学塾に学んで兆民主催の『東雲《しののめ》新聞』の記者だった前田貞次郎（号は三遊）は、『芸備日日新聞』の主筆を二十年勤め、労働問題・普選問題など働く大衆の生活問題、殊に部落問題に尽力した。他方、ひどい差別を受けつつも最高の学識をもち著書・論文を発表していた三好伊平次（岡山県和気郡泉村坂本部落）は、青年会を組織して一九〇二（明治三五）年、日本における部落差別克服の最初の自主組織「備作平民会」を発足させた。前田が『芸備日日新聞』（明治三六年三月二四日号）にそれを紹介激励したことで、励まし援助し合う「心友」としての関係が生れ、中国地方一帯の差別克服を牽引する「芸備平民会」が生れた。日露戦後・大正デモクラシー期には全国的規模での組織化が進み、広島市の「福島町一致協会」の結成が有名になった。広島県水平社結成（一九二二年二月）までの発展状況は天野卓郎の論文にまとめられている。(7)

（3）炭鉱での最も苛烈な状況

北九州などの炭鉱では部落民の坑夫が多かったが、福岡県の地元の被差別部落民については別に論稿が見られるので、(8)地元出身に限らぬ一般の「炭鉱者《もん》」の場合を見よう。坑夫一般が他府県からの喰いつめ者・流れ者と見られていた上に、「エタ坑夫」は更にそれに従属するものとされ、二重の差別の下にあった。永末十四雄(9)は、部落民は長いあいだ炭鉱労働の基幹から外され坑外運搬・選鉱・雑業が仕事で、機械化が進むとそれの後れた中小炭坑に移るほか無かったと指摘している。「炭鉱という所は閉鎖的な社会です。その閉鎖的な社会のなかに、さらに閉鎖的な集団を作ります。それが炭鉱の常でした。部落の人たちだけの納屋を作る、俗に『エタ納屋』と呼ばれたのがそれです。さらに風呂までも区別して『エタ風呂』と呼ばせました。……

堂々たる大炭鉱がそういう制度を作っていたのです」。炭坑の労働情況を七百点近く描いて世界文化遺産に登録された、山本作兵衛の絵記録も麻生上三緒炭鉱についてのノートの中で、「特種風呂」と呼ばれた「エタ風呂」について書いている。一般の「坑夫のは二坪位で、特殊風呂は半坪であったが、何れも男女混浴であるばかりか、その風呂水が坑内水であるから汚い事、味噌汁のネマッタ様な水であった……大正の下期頃水平社運動によって廃止され、住宅も区別されぬようになった」（山本作兵衛）。

（4）大戦・「米騒動」期の部落

第一次大戦下では部落民の動きが早くから見られる。未曽有の輸出景気で人心が緩み、連合国の一員としてドイツ軍国主義と戦っているという名分もあって、自由主義的な気分が生じて来ていたからであろう。和歌山県では、一九〇九年九月から県庁・地元警察の指導で「部落改善」を始めてはいたが、一五（大正四）年に結婚差別に反対し、香川県でも部落出身教師への差別に対し抗議行動が起る。岡山県でも一六年に吉田村での差別迫害に対して税不払、賀茂村では軍隊の民宿差別に対し役場に抗議して、兵庫県でもそれらへの支援が拡がった。九州でも『博多毎日新聞』の差別記事に福岡市の部落民が襲撃事件を起こす等、意識の高まりが拡がっていた。

一七年になると東京で三月に貧民台帳が出来て警察がそれを管理し、全国向けにも六月に救済事業調査会が出来て、内務省が七月三日に部落調査を行った。京都市東三条部落では一七年に松原警察署の指導で改善同盟一心会を結成し、その下で青年会・婦人会・軍人会などを組織して風俗や生活環境の改善に乗り出していた。[10] 被差別部落民は都市でも農村でも、最も過酷な条件に置かれた勤労層だったから、「米騒動」で最も果敢に戦った層の一つが部落民だったことは当然であったが、一般勤労者との分断を策する差別的弾圧・差別的裁判は苛烈を極めた。

（5）差別裁判

取調べの過程で民衆が被差別部落民に対してもっている偏見・差別が利用され、部落民に罪をなすりつける仕方の誘導尋問が各地で見られ、裁判の席でも偏見が煽られた。表6に見るように人口では二％に過ぎない部落民が、検事刑事処分者の一〇％を超え、第一審では無期懲役一二名、一〇年以上の有期刑が五九名を数え、証拠も無く被差別部落民二名が死刑にされた（『図説　米騒動と民主主義の発展』三四一頁、池田孝雄執筆）。

（6）人間に光あれ、全国水平社の創立

このような重なる差別と闘って来た人たちによって二二年（大正一一年）三月三日、全国水平社が京都市で創立された。三千余人がその宣言に「皆な声をのみ面をふせ、歔欷《きょき》の声四方に起こる……天地も震動せんばかりの大拍手となった」。人間の尊厳の主張こそが水平社の立場であった（詳細は『図説　米騒動と民主主義の発展』五二二頁、尾川昌法の稿を参照）。

【註】

（1）山辺健太郎「一九一八年の米騒動について」『前衛』一九五八年一二月
（2）村上勝彦「造船業」、前掲・大石編『日本帝国主義史　1』第五章第一節
（3）暉峻衆三編著『地主制と米騒動』東京大学出版会、一九五八年

（4）吉村励「関西の米騒動」『大阪市立大学経済学雑誌』34巻5・6号、一九五六年
（5）斎藤弥一郎『富山県社会運動史』同書刊行会一九六一年、五三〜七七頁
（6）岡本弥『明治解放令の研究』近代文芸資料復刻叢書第七集、世界文庫、一九七四年
（7）天野卓郎「差別撤廃運動――広島県の場合」『地方デモクラシーと戦争』金原左門編、文一総合出版、一九七八年
（8）例えば松崎武俊「福岡の場合」『歴史公論』特集「近代の被差別部落」一九七八年一一月
（9）永末十四雄「筑豊を中心とした資本主義の発達と部落問題」『部落解放史ふくおか』第一五号、一九七九年三月
（10）馬原鉄雄「米騒動と同情融和政策」『部落』二六巻一号、一九七四年一月

第二章　各道府県の「米騒動」期

第1節　北海道・北方領土の「米騒動」期

アイヌのものだった筈の北海道の土地は、明治三〇年の「国有未開地処分法」と称する法制で最高一五〇万坪（五〇〇町歩）、牧場目的は二五〇万坪（会社・団体にはその倍）までを貸下げられ、成功検査を経て無償で付与され二〇年間免税と成った。和人による強奪、植民地化そのものである。その結果大正九年には。全耕地の二五％の肥沃な土地が華族・政商・高級官僚ら特権階級に握られ、多数の移民が小作入植した。資金力のない一般入植民の土地も「仕込み商人」や高利貸しの手中に収まり、新たな在村地主と小作農場を転々とする小作民の増加で、自作農比は明治二九年の六〇％から大正末には三〇％に落ちていた。

これに対する小作争議は小規模・散発的で、農民運動の組織化は遅かったが、第一次大戦後（大正一〇年）の上川地方の神楽村御料地の争議が始まりで、日本農民組合（日農）も応援に入り、大正一二年には小作人七〇六戸に四七〇七町歩の無償払い下げを実現した。大正一四年九月に東旭川村に日農支部が誕生して上川地方に拡大し、同一〇月に日農北海道連合会が結成されて、水田小作農場の多い上川・空知地方を中心に一九二七（昭和二）年には四〇支部、組合員三千人を超え、年間争議件数も四一件に急増した。小林多喜二の「不在地主」のモデルに成った富良野の磯野農場争議がそれで、小樽合同労組なども支援に加わっている。同年の小樽港湾争議では小樽合同労組の全面的支援と共に、日農北海道連合会が飯米や資金援助を行うなど、労農提携も展開された。

以上については『図説　米騒動と民主主義の発展』四六七頁に白戸仁康の詳論がある。

北海道の工業は一九一一（明治四四）年の四六四工場・職工数一三〇一一人から、一八（大正七）年の二九七二工場・五万人へ、七年間に数倍に成っていた。財閥系資本の進出も著しく、道内主要鉱区を独占していた北海道炭礦汽船（北炭）や日本製鋼所（日鋼）は三井系だった。労働者組織も日鋼のある室蘭から始まって函館・札幌・夕張などに拡がり、友愛会支部が生まれた室蘭には労働会館も出来ていた。大戦期の輸出ブームによる労働強化に物価騰貴が重なる一七年初めから造船所・鉄鋼所・炭坑の賃上げ争議が目立ち、労動条件が地下で前近代的な炭鉱では、二月一九日に空地郡上歌志内炭坑で一六名を惨死させている。ロシア革命の報と同紙面（『朝日』3・19）に並ぶ室蘭の「日本製鋼三千名の大罷業」は、三月一四〜二一日にわたり三割賃上げ等を要求したが、会社側は交渉を拒否して待遇の一部改善を一方的に発表し、警察が検挙した友愛会室蘭支部長など二二名を解雇した。

「米騒動」第一期の争議は表4Aに見るように一七年後半に三件、一八年前半に二件で、炭鉱・製鋼に漁具製造業や郵船人夫・駅員も加わっている。第二期（一八年後半）には本州からの街頭騒擾波及を恐れて米廉売や篤志家寄付の米麦「割引券」の配布が行われたが、表4Bに見るように賃上げ争議が三件起こり、九月六日に始まった沼貝鉱山では暴動化した（『図説　米騒動と民主主義の発展』四六二頁に白戸仁康の詳報がある）。第二期の全国騒擾が大きく影響して、第三期一九年の労働争議は表4Bに見るように急増し、一四件に達する。四五〇〇人の労働者を擁する日鋼室蘭では一〇月に前回（一七年三月）を上回る大争議となって、函館ドックや小樽鉄工場にも波及した。メーデーも小規模ながら二〇年に夕張で始まり、二六年に本格化して小樽・函館で行進し、札幌・室蘭・旭川で記念集会を開いた。

千島の国後島では日露戦末の一九〇五年七月に街頭米騒動が見られた。財閥系などの汽船会社に荷を奪われた北陸などの「北前業」者などが、手持ちの帆船を活かして漁場師になり千島やカムチャツカに通っていたが、戦時などで食用の米の輸送が途絶えると騒ぎになるのである。

第2節　青森県の「米騒動」期

第一期の労働争議件数は表4Aによると、一七年七・八・一〇月に青森駅連絡中継貨物積卸人夫、青函連絡船仲仕・艀人夫、小林区署製材所製材工の賃上げストがあるが、表4Bによと第二期（一八年後半）にはなく、第三期の一九年には七・八・一一月に師範学校青年訓導の同盟休校、青森運送会社艀人夫のスト、青森駅各運送店蔵方人夫の賃上げストが起こっている。本州北端の交通・運輸の要衝として当然であろう。師範学校青年訓導の同盟休校については『図説　米騒動と民主主義の発展』四五八頁に岩本勉が詳述している。

第3節　『論集Ⅱ』掲載　佐藤守「秋田の鉱山と土崎の米騒動・大戦後デモクラシー」期の要旨

秋田市では日露戦直後の一九〇五（明治三八）年九月一六日に、東京・横浜・神戸などでの講和条件暴動に呼応して数千人が集まる県民大会があった。そして「大正政変」期の一三（大正二）年一月二五日にも、秋田市青年会主催で閥族打破・憲政擁護・参政権拡張の県民大会に一五〇〇人が集まり、翌一四年には全国反税運動に秋田市青年会が呼応し、土崎・能代・横手・本荘等にも呼びかけて、営業税全廃・消費税減廃の県民大会を一月二七日に行っている。東北北部の秋田がこのように社会的に活発なのは、鉱山業の隆盛がその一因ではないかと思われる。小坂・花岡・尾去沢・吉野など鉱山の周辺では、煙害排除の住民運動が一九〇八年一〇月七日・一二月二三日以来、九年一月、一〇年八月、一二年七月、一三年一・八・一〇月、一五年八月、一六年一二月と繰返されてきた。

「米騒動」期の労働争議を見ると、第Ⅰ期には表４Ａに見るように一七年六月に土崎港の人夫争議があり、表４Ｂに見るように第Ⅱ期には無いが第Ⅲ期に九回も起こっている。大舘病院看護婦、土崎町精米所搗夫・港仲仕が二回、小坂鉱山鉱夫五千人、同鉱山採鉱課鉱夫、花岡鉱山鉱夫、能代町木材運搬夫、秋田市靴工、秋田鉱油会社油田職工で、土崎港・鉱山・油田での活発さが目立つ。「種まく人」の創刊や「秋田労働社」の設立など、大戦後デモクラシー期にも先駆的である。

第４節　岩手県の「米騒動」期

表４によると「米騒動」第一・第二期には労働争議が見られないが、名須川溢男の調査によって第二期の一八年夏には色々の行動があったことが判ってきた。『図説　米騒動と民主主義の発展』四四九〜四五一頁の宮手毅のまとめによると、「盛岡・花巻・一関・遠野などでは市民大会が再三企画され、米商への要求行動や

示威行動がおこなわれ」、八月の盛岡では大工・左官や職工が賃上げを要求し、学校公務員も賃上げ交渉を行っていたが、「官憲・警察側や消防組等の厳重な警戒と、交渉・調整などによって……暴動にはならなかった」らしい。第三期には一九年二月に盛岡の大工組合結成、七月には三陸汽船会社や福田鉄工場などの争議があり、一一月には大日本鉱山労働組合が結成されている。

第三期の争議については表4Bにも七件（一九年八月に一件、一一月に四件、一二月・二〇年三月に一件ずつ）が記載されている。杜氏《とうじ》、釜石鉱山鉱夫六千人、日本拓殖興行岩泉工場職工、盛岡市四印刷工場職工百人、大槌電灯会社職工一五人、田中鉱業釜石鉱山鉱夫七千人、大ヶ生金山（紫波郡）鉱夫一二〇人で、鉱夫の主導性がうかがわれる。

第5節　山形県の「米騒動」期

労働争議は表4Aにあるように、第一期一七年七月に中野股鉱山の鉱夫ストライキが起こっているが、第二・第三期には記録がない。しかし最も米価が騰がった第二期の一八年八月一九日に、出羽三山の神社宿がある手向《とうげ》村（現・羽黒町）で起こっている。県全体としては米移出県で余裕があっても、山地の門前町は農業が無く米は買ってくる物だから全国屈指の米値だったという。参詣人案内所で酒を飲んでいるうちに、此処でもやろうということになり、「二十日午後七時黄金堂に集まれと」書いた六枚を村内の塀に張り出したところ、半鐘を鳴らす者も現れて騒然となった。但しこの事件が新聞に出た形跡はない。報道管制が敷かれて地主・豪商の寄付で廉売が行われ、地主王国の体面を守ったようである。

しかしその豪商の先祖、本間光丘を祭る神社のための募金が半強制されるに至って、さすがに（地元紙以外の）全新聞と（旧制山形高等学校などの）学生を先頭に反対運動が起こった。そして小作争議最小県だったのが、昭和五年には全国一の多発県にまで上がるのである。

以上についての詳細は多田真敏によって『図説　米騒動と民主主義』四四五頁に記され、この県の米商地主制に対する、興味深い闘いの推移を知ることができる。

第6節　石巻など宮城県北についての資料

石巻を河口港に持つ北上川流域は古来歴史的な地域と聞いていたので、歴史教育者協議会石巻市支部の石垣好春さんに紹介して頂き、文献・情報を頂くことが出来た。それを編者（井本）の責任でまとめ、石垣さんたちに依る本番を待つ準備としたい。

(1) 一九一八年八月の石巻「米騒動」

頂いた『河北新報』大正七年八月一九日（図7A）で見ると、石巻では予告の貼紙が町内に現れ、一六日晩に不動堂の鐘が鳴らされて、千名以上が佐々木米店に押しかけ一升二五銭の声明を出させた。鴇《とき》田米店（図7B）をも襲って一升二〇銭の声明を出させ、拘引されている十数名を釈放しようと警察署に乱入を図って五十余名が拘引されたとある。同市史編纂委員会による一九九八年三月刊の『石巻の歴史』第二巻（近代）三八二〜六頁にも、一九九四年刊の第十巻（資料編4　近・現代）の資料一一九番を引用してより詳しく書

■図７Ａ　1918年８月の石巻「米騒動」（『河北新報』大正７年８月19日）

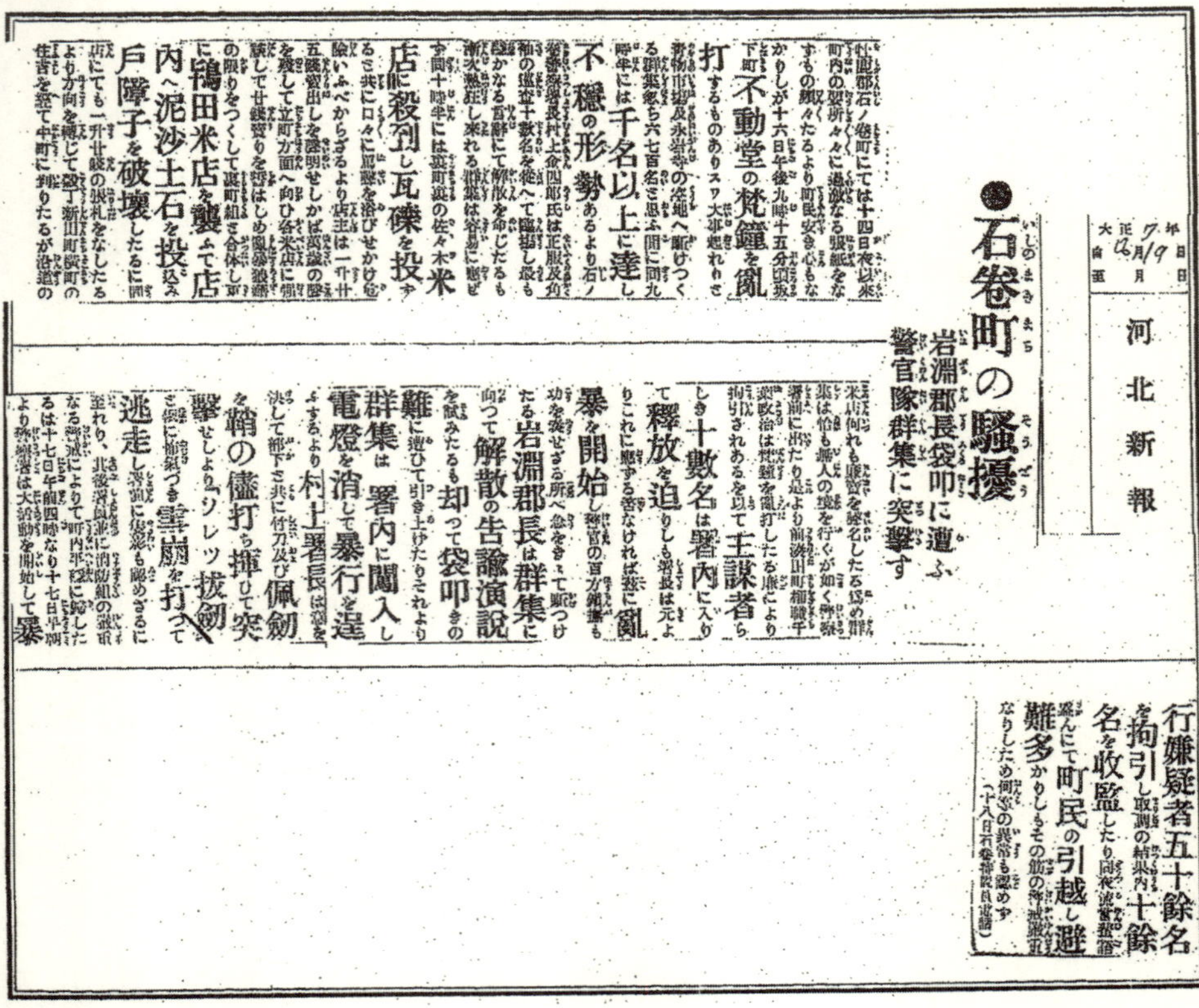

河北新報　大正7年8月19日

●石巻町《いしのまきまち》の騒擾《そうぜう》

岩淵郡長袋叩に遭ふ　警官隊群集に突撃す

牡鹿郡石ノ巻町にては十四日夜以来町内の要所々々に過激なる張紙をなすもの頻々たるより町民安き心もなかりしが十六日午後九時十五分頃坂下町不動堂の梵鐘を亂打するものありスワ大事起れりさと郡物市場及永岩寺の空地へ駈けつくる群集忽ち六七百名と思ふ間に同九時半には千名以上に達し不穏の形勢あるより石ノ巻警察署長村上金四郎氏は正服及角袖の巡査十數名を從へて臨場し最も穏かなる言辭にて解散を命じたるも漸次熱狂し来れる群集は容易に應ぜず同十時半には裏町裏の佐々木米店に殺到し瓦礫を投ずると共に口々に罵聲を浴びせかけ危険いふべからざるより店主は一升廿五錢賣出しを聲明せしかば萬歳の聲を發して立町方面へ向ひ各米店に強談して廿錢賣りを誓はしめ亂暴狼藉の限りをつくして裏町組と合体し更に鴇田米店を襲ふて店内へ泥沙土石を投込み戸障子を破壊したるに同店にても一升廿錢の張札をなしたるより方向を轉じて蛎丁新田町横町の住吉を經て中町に押寄りたるが沿道の米店何れも廉賣を聲名したる爲め群集は恰も無人の境を行くが如く警察署前に出たり是より前鐵田町柳町千葉政治は梵鐘を亂打したる廉により拘引されあるを以て主謀者らしき十數名は署内に入り釋放を迫りしも署長は元より之れに應ずる筈なければ茲に亂暴を開始し警官の百方鎮撫も功を奏せざる所へ急を聞きて駆つけたる岩淵郡長は群集に向つて解散の告諭演説を試みたるも却って袋叩きの難に遭ひて引き上げたりそれより群集は署内に闖入し電燈を消して暴行を逞ふするより村上署長は意を決して部下と共に付刀及び佩劍を鞘の儘打ち揮ひて突撃せしより「ソレツ拔劍」と俄に怖氣づき雪崩を打つて逃走し漸く鎮静に復し影も認めざるに至れり、北後署員並に消防組の盡瓦なる警戒によりて町内平穏に歸したるは十七日午前四時なり十七日早朝より警察署は大活動を開始して暴行嫌疑者五十餘名を拘引し取調の結果内十餘名を收監したり同夜流言蜚語盛んにて町民の引越し避難多かりしもその筋の警戒厳重なりしため何等の異常も認めず（十八日石巻特派員電話）

■図７Ｂ　鴇田米店

かれている。それによると貼紙は八月一二日夜からで、石巻町役場の掲示板をはじめ要所々々に張られ、一八歳から三五歳までの男子がいっせいに立ち上がって、二万の町民のために犠牲になる覚悟で米穀店を焼き払うべしとあった。石巻では米価が仙台より高く一二日に白米一升が四五銭したが、この焼打ちビラが出て米穀店が値下げし仙台と同じ三九銭に下がったという。資産家の中には八〇〇円を提供して四〇〇戸に二円ずつ救済金を与える行動を起こした者もあったという。

仙台地裁石巻支部の「予審終結決定書」などによると、一九～三四歳の店員・(ブリキ)職人・石盤職工・とび職の五人が合議して、貼紙・仲間勧誘・鐘鳴らしをした。一六日午後九時に小学校校庭に集まり、まず裏町裏(中央二)の米穀店を攻撃して一升二五銭を承諾させ、次いで立町・穀町や山下、蛇田の清水町、横町・旭町・住吉町・門脇町の米穀店に一升二〇銭を約束させた。夜半一二時ころ石巻警察署に押し寄せ、鐘を鳴らして拘留されている二一歳の桶職人の釈放を要求して、警察署のガラス一八七枚を破壊するほどの攻撃が行われた。米穀商・金融業者・酒造業者など八〇軒ほどが一五・一六日に押しかけられて、第二師団(仙台)から兵士が派遣され、一八日～二四日にも午後一〇時以後日の出までの禁足令が出されていた。三九名が起訴されたが、最多が二〇歳代の二一名で、次が一八・一九歳の七名、三〇代・四〇代が五人ずつ、五〇代が一人である。職業的には石盤つくりの職工五名・葉鉄(ブリキ)職工二名など職工が一一名、建具職三名・大工二名など職人が一〇名、小商人六名、日雇い・とび職が五名、船舶労働者が二名で、本籍地では石巻が二〇名、周辺村落三名の他に県内が一一名、岩手県二名、福島県一名、茨城県も一名も居て港町らしい人口流入が見られる。地裁判決では懲役二年半一名・二年四名が最も重く、多いのは懲役六カ月八名、罰金二〇円七名、懲役八カ月五名である。

遠田郡の涌谷町、本吉郡の柳津町にも小規模ながら街頭騒動が起こっていた。

以上は一八年夏の街頭騒擾だけについて書いたが、一七年春〜二〇年春の「米騒動」期全体にわたる、労働者の賃上げ騒擾・居住区消費者運動は、この宮城県北ではどうなっていたかも見ておく必要がある。労働争議は一七年には無いが、一八年九月に石巻町近郊で（一九〇九年に組合を形成していた）井内の石材工が、一九年一月には栗原郡軍細倉村にある鉱山の朝鮮人工夫が争議を起こしている。また北上川流域の小作争議増加も調べてみるべきであろう。米価高で自己の労働の価値に目覚めた、生産者農民の動向に興味がある。

(2) 石巻の大正期と布施辰治

一九一二（大正元）年に労働団体友愛会を設立した鈴木文治は栗原郡金成村出身で、民本主義で大正デモクラシーをリードした吉野作造も古川町出身というが、「米騒動」弁護をはじめ全国的に不朽の弁護活動を行った布施辰治も石巻出身と知って驚いた。その五千点もの史資料が石巻博物館に収蔵されているという。

貼紙騒ぎが起こっていたと同じ一八年八月一四日夜の石巻で、布施は政談演説会を行っておりその原稿も現存しているというから、布施自身が「米騒動」のなかでどのように成長したか興味深い。同年一二月一一日の東京地裁での弁論と一九年七月四日の東京控訴院での弁論のうち、(被告ごとの各論部分を省略し）総論部分を一冊にまとめた『生きんがために――米騒動事件の弁論公開』(布施辰治法律事務所一九一九年）が公刊されており、生活難の原因をないがしろにして来た政府の責任を追及し、普通選挙法の必要を強調している。書名には「法廷より社会へ」という言葉も付されており、布施は同名の雑誌を翌二〇年六月から刊行して「自己革命の告白」を載せている。四〇歳を迎える布施の新生の年でもあったのである。

石垣さんから教えて頂いた大石進『弁護士　布施辰治』(西田書店二〇一〇年）で布施自身の述懐をみると、それまで市民派と目されていた弁護士たちを、無産市民派ないし社会派と有資産市民派に峻別するきっかけと成ったのが「米騒動」弁護で、「弱者の正義を求める心」（「治安維持法違反事件記録抄本」）を自らの心とした布施は、それが階級的たらざるを得ないことに気づき、自由法曹団への道を歩んで布施自身が投獄されることも生じる。

森正『評伝　布施辰治』（二〇一四年）によると、「生きべくんば民衆と共に、死すべくんば民衆のために」と布施は、関東大震災後には救援物資の配布から始めて朝鮮人や大杉栄などの虐殺の究明に、キリスト教諸団体とも連携して廃娼運動や婦人参政権にも力を尽くし、在日朝鮮人たちからも公娼廃止運動の人々からも深い感謝の念を捧げられている。個々の被告人に寄り添う布施の姿勢は、東京拘置所の典獄（所長）の信頼・支援を受け、在監の死刑事件容疑者一〇人中七人が布施に弁護を依頼し、死刑囚弁護士といわれる由縁となった。その人道主義と死刑廃止論は、九〇人以上の死刑囚を見送った悲痛、その遺体を引き取って法要を営んで来た体験に裏打ちされているのである。

(3)「大正デモクラシーと鴇《とき》田兄弟」

この題名で石垣さんの奥さん就子さんが『宮城の歴史教育』9号（二〇〇〇年）に書いた論文を読ませて頂けたので、沢山のことを勉強できた。

北上川の河口港で要衝だった石巻には、藩政時代から三都の豪商を含む多くの商人が店を構え、明治二六（一八九三）年に米穀取引所が発起人二一名によって設立されたが、その中に監査役・理事として鴇田兵次郎の名があり、石巻米商組合の取締役を務めている。明治四五年の石巻町政調査会代表の中にも鴇田《ときた》利吉の名があり、一等地だった立町に広大な敷地の居を構える鴇田商店（図7B）は米穀商のみならず、外米・ドイツ食塩などを東北地方に一手販売する多額納税者だった。明治四一年に石巻で移入品の第一を占めていた外米は、それを安価に売り込むことによって農家に生産した日本米を吐き出させる役割をしていた。一八年八月の石巻「米騒動」では、鴇田米穀店も外米を二二銭で廉売している。

この騒動で首謀者の一人として捕らえられて獄死した阿部貞雄は一八歳であったが、鴇田利吉の長男英太郎、次男雄二郎も同じ年頃であった。英太郎（一八九九年生まれ）は早大商学部に入ったが慶応の文科に入り直し、在学中に映画の俳優に出たことから大正活映という会社の文芸顧問をしていた谷崎純一郎を知って、谷崎作品のシナリオ化から始めて劇作家となった。築地小劇場を創始した小山内薫に評価されて『劇と評論』誌の編集を共にし、東京国民講堂で公演の劇や日本放送協会（ＮＨＫの前身）東京放送のラジオドラマなどを発表し、谷崎から「珍しい天才」といわれ岡本綺堂に「将来が楽しみ」と言われたが、胃癌のため三〇歳で世を去った。小山内が激賞した戯作集『現代生活考』は、資産階級の遺産をめぐる葛藤の中で没落する息子・娘、実直な家令夫妻、国策を謳って軍部と結託する輩の頽廃的享楽と、労働者の生活・社会主義志向を対照して時代の全体像を示し、その息子・娘の再起の努力に労働者がアドヴァイスして、社会の向かう方向を問うスケールの大きな作品である。

鴇田利吉の次男雄二郎（一九〇一年生まれ）の方は中国に遊学し、更に渡米してコロンビア大学に留学した。その後キリスト教の洗礼を受け、兵役で仙台の歩兵第四連隊に入ったが上官が「天皇を神とする」ので宣誓を拒否したため、抗命罪で一四〇日間営倉に入れられていた。二三（大正一二）年一月の各紙で大きく取り上げられ、師団司令部・参謀本部を経て摂政裕仁（後の昭和天皇）に上奏されたところ、本人の意見を聞きたいとのことで上申書を書かされた。「このように真剣な真理問題を徴兵忌避などに利用する愚か者がないとも限らないので、予防のため私を死刑にして下さい。真理のため死んでも私の勝利だし、私がこの国を愛していることも解ってもらえるでしょう」という要旨だったためか、「殺してはならん」と摂政の答えだったので、骨膜炎で兵として役立たないことにされ、釈放された。雄二郎は布施辰治に勝利の電報を打った。親身になって相談に乗ってくれていたからだったが、内村鑑三の影響を受けた有島武郎も「よく決心した」と涙を浮かべて激励してくれていたという。雄二郎はその後も特高警察に付きまとわれて思うほど布教は出来なかったが、内村鑑三の弟子の無教会主義者と親交を持ち、独立伝道の立場で八三歳の生涯を貫いた。

資産家の出自で恵まれていたとはいえ、兄弟いずれの生き方も大正デモクラシーを体現した立派なものである。

第7節　大正期「仙台米騒動」後の住民運動（一九二〇年代初期まで）

中川正人

はじめに

大正期は、「仙台米騒動」期以前の地元新聞『河北新報』が欠落しているために、確認できないことが多く、宮城県全域にわたって研究・調査への取り組みが少なく、他の資料の探求・調査も不十分で、地域住民に関する具体的な事例や解明は明確でない。

本稿の作成に当たって、先行の調査・研究に基づき、これまで採り上げていない地域の課題について、サークルの仲間（宮城県歴史教育者協議会）とともに、若干の掘り起こしと解明を試みた。地域には正しく伝えられていない、さまざまな住民の有り様が存在している。異論として排除・否定されてきた実態に目を背けず、具体的な実像を探りたい。

「〝地域〟は生きている。政治・経済・社会文化が中央志向によって魂を失うところに民主主義の危機的状況が到来する。広汎な勤労民衆が政治的市民的自由の覚醒に支えられて、地域のなかで民主主義的傾向をいかに強めていったか、さらに地域住民の多様な生活要求がどのように発展していったか」（天野卓郎『大正デモクラシーと民衆運動』）と、「地域」の重要性を提言されたのは、一九八三年のことである。この指摘に学びながら、仙台地方における住民運動の特徴を解明したいと考える。

本稿では、大正期・一九二〇年代初期までの「仙台市の住民運動」で、確認できた一端を論述した。悉皆調査ではなく、年月と資料を具体的に明記しない記述は、基本的に『河北新報』、『仙台市史　通史編7　近代2』（仙台市史編さん委員会編　二〇〇九）、『日本労働年鑑（大正各年度版）』（大原社会問題研究所）を引用している。

一、大正期「仙台米騒動」後の労働運動

「仙台米騒動」は「暴動」でなく、多くの市民が支持していた「集団による実力行使」である。「米騒動」参加市民は、明確な目的を実現するために行動している。自らの意思と判断によって集まった市民は、無名の指導者を生み出し、自律的な一定の秩序と統制の下に行動し、集団の力で粘り強く行動すれば、正しい要求は相手を説得し、実現できるという認識を有していたことが特徴であった。多くの市民がそれに共感・同意して、行動をともにしている。重要なことは、目的をもって取り組む行動に市民が直接参加し、集団の中で考慮・検討・実行し、一定の結論が決定した後に公示している。参加市民の要求・行動は、問題の全面的な解決ではなかったが、相手に一定の譲歩をさせ、その一部を実現している。組織も統一的な指導部を持たない市民は、こうした運動の経験に乏しかったが、市内各地で一斉に行動に立ちあがり、自らの力で具体的な生活問題を乗り切ろうとしたことの政治的・社会的意義は極めて大きかった。

したがって、裁判の過程で、参加者は自らの正しい要求と意思に基づく行動であると主張し、不当な起訴や取り調べでは、事実誤認に屈せず、具体的に反論をしている。「仙台米騒動」は、自らと生活難に追い詰められた人々も救済しようと考える市民集団による、社会的経済的な公正の要求と実現を目指す行動であった。そのため、米騒動の放火事件直後に開催された市民向け演説会で、政友会代議士澤來太郎が「米騒動は、生きんがための人道的な行動」「真実の暴動というべきではない」「米価調節運動と称すべきもの」「市役所への貧民救助資金の寄付を予約した者は、公衆の面前で応諾した以上は、速やか

に履行すべし」と主張したことは、市民の米騒動観を代弁していた(1)。

一方、齋藤県警察部長は、「騒動の際に於ける約束を履行すべき義務は、道徳上法律上無論あるべき筈なく、多数の暴民に襲はれ恐怖の余り無理に書かせられたる寄附は、義務の履行あるべからざるなり。その約束を履行・勧告することは犯罪の結果を遂行するもの、相手は暴民にして、且つ襲撃により無法の手段を以て約束を強制する強制者は、暴民なり、公衆は約束・履行を喜ばず」(『河北新報』大正七・八・二四)と、公表した。

その後、「仙台米騒動」時に表明した澤來太郎の米騒動観は、彼が治安警察法第九条で検挙されて取り調べの対象になると、「騒動を見て、深慮に堪えず、聴衆には米騒動を人道上より説き、動機は諒とすべきも、手段方法の謬れるを痛感した。暴動の鎮静も吾輩に負う所が頗る多い。群衆の鎮圧を敢行した」と変化し、自説を大きく修正・変質させた(2)。「仙台米騒動」の本質を考える時、彼の米騒動観の変化は、地域市民に強烈な影響を与えたと考える。権力は、「非暴力」の抵抗や目的の実現をめざす住民の行動を「暴力」と名指すことで、その正当性を剥奪する。しかし、「相手に対する暴力を伴わない示威行動」は、それ以前から仙台地域その他に存在しており、多くの市民は、過去から継承・体験している具体的な事例を通して、一つの行動形式として肯定・確認していた。

「米騒動」の体験を踏まえて、仙台市民の一部は、自分たちの生活を苦しめ、脅かしているものが何かということを自覚し、自ら連帯する威力に一段と自信をもつようになっていた。米騒動を契機に、自分たちの生活を維持し向上させるために検討をはじめ、具体的な目標を探り、組織化を目指し、要求達成の取り組みを始める。望んだのは、まず「生活安定の実現」であった。こうした経験に乏しかった市民は、職場や日常生活の場を拠点に、紆余曲折しながら取り組んでゆく。

（1）「仙台米騒動」直後・一九一八（大正七）年の労働争議

「仙台米騒動」直後の一九一八（大正七）年一〇月東京絹毛株式会社仙台工場、名取郡長町（現仙台市）の東北板紙株式会社、一二月岩井酒造店などで、労働者が賃金値上げ要求と同盟罷業を行い、仙台警察署が出張・鎮撫・調停している。これらの事件は、①労働者（職工・店員）の同盟罷業と、②賃金値上げ要求が基本で、③職場で集会・論議・要求決定・示威行動し、④要求を提示し、労働者の代表が交渉している。しかし、⑤経営者は労資紛争が存在することを秘密にし、公には否定した。⑥仙台警察署への通報はなく、警察による鎮撫・調停は「風説・噂」で実施し、⑦経営者は労働者の要求・行動を表面的に黙認し、争議は即決している。当時の労働争議の特徴である。(3)

散発的な労資紛争ではあるが、労働者の行動には、「仙台米騒動」で示された市民の自覚と団結心が確認できる。「騒げば何とかなる」という実感だけでなく、ある種の確信をもって行動に呼応し参加している。企業内の小規模な労働者の取り組みでは、外部組織や人物からの直接的な働きかけは認められない。仙台市内は、少数の大工場を除くと二〇人前後から一〇〇人規模の工場と中小企業の職場が集中し、労働者は低賃金と長時間労働の条件下にあった。物価高騰と生活不安で賃金値上げを要求し、経営者の強圧的態度や暴力的な管理に対する「職場労働者の集団的な抗議と要求行動」であった。確認されている件数は少ないが、当時の社会状況を考えると、労働者の取り組みは深刻で、強い決意によって敢行されていた。

「職工待遇案に就き機先を制した」と新聞報道された仙台の工場や企業は、労働者から経済要求が出る前に賃金値上げを実行し、労賃は平均一五割値上げしている。一九一九（大正八）年七月の仙台商業会議所調査によると、生活必需品七〇種（中等品）の卸売値段は、「欧州戦乱勃発前の大正三年六月と戦争終結後の大正八年六月の比較で平均三〇割の騰貴で、生活の困難さは争われぬ事実」といわれ、新聞紙上では、市民の生活苦を訴える様子が、連日のように報じられていた。当時の工場法は、一五人以上の職工を使用するもの・事業の性質が危険なもの・衛生上有害の虞あるものにのみ適用され、工業で多数を占めていた五人や一〇人の職工を使用する仙台の工場は、工場法の適用を受けていなかった。

「米騒動」一周年が近づいた一九一九（大正八）年七月、政府は万一を考慮して、川村警保局長が「暴動防止の根本の問題は生活の救済にある」と談話するが、一二月には「同盟罷業は労働者の権利だとか合法的行為だという訳にはいかない」と明言している。経営者や管理者は、労働者の行動に対して、できるだけ高圧的手段を避け、県・市・警察はともに、「説諭」で要望に応じる姿勢を示し、「同情の念」で懐柔的な説得をしている。しかし、警戒警備・取締り・実態調査を厳重に行い、高圧的手段をとる場合もあり、各職場では労働者の団結意識を認めず、先頭に立って働きかける者を解雇した。争議事件として表面化しないために、実態を把握できない。

(2) 俸給生活者の請願運動と一九一九・一九二〇年の労働争議

賃金値上げ要求などの労働争議件数は多くなかったが、その影響をうけるものが多かった。当時、俸給生活者つまり「月給取り」の俸給増加率は、他の労働者の賃金増加率に比べて低かった。官公吏や従業員たちは職務怠慢（怠業）を行っているが、勝ち得るものは殆ど無く、建議を含めた請願を行ない始める。請願運動は、「生活費不足の事実と具体的な解決」を社会問題化して、公表する行動であった。

一九一九（大正八）年、仙台市や税務局・専売局・逓信局・貯金局・鉄道管理局などの労働者は、賃金値上げ要求や労働条件の改善運動を行った。四月に、仙台逓信局雇員の課長排斥運動、七月に教員研究会「真正会」が指導する仙台市小学校教員が、五割以上の増給決議と市への請願運動を起こした。とくに、真正会の取り組みと変化を、警察は危険視して弾圧し、教員の組合化は実現しなかった。

七月と一〇月、市役所と電気水道両部の下級吏員七〇余名が二割増俸、八割の臨時手当給与を要求し、罷業の恐れがあった。一〇月には仙台為替貯金局吏員が執務時間短縮・休日日給と増給要求を請願している(4)。

請願運動は、翌一九二〇(大正九)年にも続けられた。四月東京専売本局で増給運動が開始され、仙台専売支局へも飛檄があり、判任官事務員全員七六名が集合した仙台支局増俸請願大会は、大蔵大臣へ六カ条の請願(本俸三〇割の特別手当支給、住宅手当支給、旅費増額、昇給年額など)を議決した。職場集会への出席・討議・議決や、決議文への一人一人の署名・捺印は、参加者自身の存在と意思を表示する初経験で、不安や期待など、複雑な思いや考えを抱いた行動であった。多数の労働者が真剣に取り組み・支持した請願運動は、これまで軽視され、十分に把握されていないが、「労働者の団結」を示し、「米騒動」の影響を受けた参加者が身につけた認識に基づく、新しいスタイルであった。同月仙台税務監督局と仙台税務署の判任官以下の下級官吏も、大蔵大臣あてに増俸陳情を決議し、署名・捺印のうえで、局長に提出し請願している(5)。

請願運動の時期にも労働争議は存在した。同年二月仙台税務監督局巡視三名が同盟欠勤して解雇され、三月市電気部工夫二〇〇余名が市長に俸給値上げ(七割五分の手当を本俸に加入)を要求し、発電所のモーターを切り送電を停止させている。翌年(大正一〇)三月仙台郵便局集配人が、逓信局犯罪係の取調べを人権蹂躙だと問題視して、怠業状態になり、一九二二(大正一一)年一月末、仙台鉄道局は、上司排斥運動の推進者五名に他県転勤を命じたが、抵抗され一時撤回している。当時、官公企業体に、現業労働者委員会が設けられていた。しかし、米原仙管局長が「世間では、委員会を現業員の労働組合と判断して居るやうだが、この機関は幹部と現業の意思の疎通を計るのが最大の目的」と語るように、現業労働者委員会は職場の具体的な問題に対処できなかった。[6]

一方、民間企業労働者は、一九一九（大正八）年八月ダンベン機織工場職工の賃金値上げ要求や、東京絹毛紡績会社仙台工場職工の賃金三割値上げ要求があり、要求拒否に対して転職や同盟罷業の計画があった。一二月初旬、片倉組仙台製糸場女子職工一〇〇〇余名の賃金値上げ要求があり、値上げが実施された。片倉組仙台製糸場は「女工は増給を要求したが、直ちに解決した」と公表した。「労資双方の円満解決」は、この時期の労働争議で企業者が示す特徴である。同月東北館の製糸女子職工五名も賃上げ要求をしている。[7]これらの「同盟罷業」に対して、「仙台米騒動」を経験している仙台警察署長は、「ストライキを防止すべく敏腕の角袖を要所々々に配置し、視察・警戒を怠らず、公安に害ありと認めた時は、警察は干渉すべきなり」（『河北新報』大正八・八・二七）との姿勢を崩さなかった。

仙台酒造組合は、同年八月から組合公休日を実施し、呉服組合も公休日を発表して店員の優遇策を講じるが、「店員側は時代の推移と共に思想が相当進化して居る。店員側では店主側の措置に飽きたらず、巧に怠業をなし、業務に支障を来しつつあった」と報じられた。同盟罷業と異なる「同盟怠業」は評価されていないが、「怠業（サボタージュ）」の成功は、実力行使の有効性を労働者に確信させていた。[8]

「今年になってから無暗に起つた同盟罷業やら怠業やら、結束した店員、労働者稀には官吏等の団体が力強い輿論の声援を得て、資本家に拮抗して各種の要求を意の儘に断行せしめた。少くとも斯うした度々に店員並に労働者の利益が一歩より一歩と向上されて来て居ることは争われぬ事実である」（『河北新報』大正八・一一・七）の記載は、客観的で、市民間では一般的に受け入れられていた。

（3）職人・労働者組合の独立と営業者組合との争議

地縁的・血縁的な雇用関係から脱却した職人・小企業労働者も結集し、小規模な団結をみせていく。その要組織は、職種別の横断的な存在が多かった。その要求は、ほとんどが賃金引き上げに集中しており、生活難・困窮の問題がいかに切実であったかを物語っている。一般に協調主義的なものが占めているが、具体的な労働条件で行動する場合が多く、職人・労働者による組合化を目指す動きもあった。

一九一九（大正八）年仙台畳業組合を組織する営業者に対して、労働賃金値上げを要求する畳業職人の同盟罷業が現れた。物価が高騰し、一日の収入一円五〇銭内外では、職人は一家を養っていけないと訴えたが、営業者（親方）は値上げを認めず、組合規則を盾に「値上げを迫るなら働いて貰わなくても宜しい」と返答した。一二月職人たちは協議し、職人を完全に無視したものと考え、職工同盟会を組織した。仙台畳業組合は職工同盟会と和解し、㋑畳業組合を牛耳る六人組を解散させ、㋺職人の同盟会加入を承認し、㋩同盟会の職工を使用すること、㋥同盟会が定めた給料を職工に支払うこと、を確認した。畳業職人の職工同盟会は、一種の労働組合的な組織であった。[9]

一九二〇（大正九）年一月仙台染織工会が生まれた。賃金値上げと不公平を除去するために、仙台染織会社ほか染織工場の職工六七名が集まり、会長・幹事・評議員を選出した。工場主は加入職工を脱退させ、応じない者を解雇した。仙台最初の労働組合結成と報道されたが、その後、双方は妥協し、仙台染織工会は目的を業務の奨励と親睦に替え、大きく変質し、組合化は不可能であった。[10]

同年三月株式が大暴落して戦後恐慌に突入し、生活と失業の不安に、職人・労働者の要求運動が激化した。四月仙台履物商組合と職人の仙台履物工業組合（三〇余名）の間で、賃金値上げ紛争が起き、履物工業組合に属する職人の同盟罷業となった。職人の二割増給要求に対して、五分増給の返答が原因であった。八月中旬市内北山一帯の各瓦製造所が一斉に休窯状態になり、瓦焼職工七〇余名全員が同盟休業し、賃金値上げを要求している。同業的な組織を結成せずに、争議を起こした例である。[11]

『河北新報』（大正八・八・一五）によれば、仙台の人力車挽子（車夫）は九八〇名、所属外を加えて約一〇〇〇名で、労働時間は朝七時から夜八時頃まで、一日の収入は平均一人三円五・六〇銭で手元に残る金は幾らもなかった。一日の歯代（輪代・車輛貸付料金）が六〇銭、提灯代は自分持ち、二升飯を喰らっての晩酌は厳しかった。物価高騰で、着物（法被）一枚八〇銭が二円六〇銭に、笠の四〇銭は一円二〇銭に、草鞋足袋が一円七〇銭であった。仙台人力車営業組合（営業者）が徴収する歯代一日七〇銭への値上げは、全国無比の高値で人力車挽子は拒否し、警察署も歯代引下げを勧告している。人力車挽子は、一九一九（大正八）年一〇月総会を開き、仙台人力車挽子組合を結成させた。しかし、営業者は直接交渉を拒絶し、危険視する挽子の解雇を断行した。挽子組合（未公認）は、伊藤（彪）・長谷川・新妻・三浦などの弁護士・政治家を顧問にして、規約・組合費・組合長・役員を議決している[12]。

宮城県は労働運動を放置せず、一九二〇（大正九）年三月「多数運動ニ対スル警備内規」を制定した。警察官吏非常招集規則（明治二六・一二）も併用し、県警察部は警備のために、治安警察法とあわせて実施した。第九条三「多数運動ノ性質ニ依リ群衆ノ押寄スル的トナル虞アル箇所（例ヘハ富豪、資本家、特殊商店工場等）ニ私服巡査ヲ配置シ警察官署トノ連絡ヲ図ルコト」は、各警察署出動の拠りどころとなった。当時、警察権は知事に掌握されていたため、司法警察権の独立は県警察部に存在しなかった[13]。

農商務省公表の物価比較表で一九二〇（大正九）年上半期を見ると、広島が最高で大阪が次ぎ、仙台は第三位である。七月知事の指示を受けた県警察部長は、市内各種営業者の代表を警察部に集め、協議を求めた。労働賃金値下げの要請に、染織組合長・人力車営業組合長・鳶職組合長・大工組合長は資料を提示し、現状を説明して反対したが、県は労働賃金値下げを戒告した。

大工・左官・石工・畳職の職人たちは、労賃二割値下げ要求に対して、「吾々の賃銀を下げるなら、役人の給料を一緒に下げろ。税金も下げろ、家賃も下げろ。物価と吾々の工賃とを同一視されては困る」と主張した。仙台商業会議所の斡旋で、大工、石工、左官、瓦葺、建具師、木葉葺、銅鉄葉《ブリキ》職、鳶職の労働賃金値下げを営業者は協議し、銅鉄葉職を除いて、労賃二割値下げを決定した。仙台銅鉄葉工業組合の会合で、仙台銅鉄葉職工同志会（五〇余名）は、工賃は高額とはいえず、値下げによって生活困難となり、時期尚早であると反対した。銅鉄葉職工同志会の値下げ反対に、石工職人も同調・反対し、他の職人も反対態度を示したため、値下げは困難な状態となった。

一九二一（大正一〇）年三月仙台銅鉄葉職工同志会のブリキ職工を中心に、仙台労働者自由連盟結成の動きがあった。『河北新報』（大正一〇・三・二九、四・一二）は「銅鉄葉職工同志会は、職工労働者の全部を網羅する労働者自由連盟を組織計画中で、同連盟は労働の自由を標榜し、穏健なる態度を以て望み、過激なる行動に出づるやうなことは、絶対にないと称して居る」と報じ、同紙コラム「その日　その日」も、「仙台に労働結社の現れんとすとの報あり。吾人はその出現に対して十分なる同意を表するに躊躇せざる」と追記している。しかし、仙台銅鉄葉職工同志会を中心とした仙台労働者自由連盟の組織計画は、警察が不当と認め、圧迫・取締りが甚だしく、設立は困難であった(14)。

(4) 座敷業（楼主）組合に対抗する遊郭伎夫組合の結成

従来、使用人（労働者）は、雇主（営業者）が組織する組合に所属していたが、要求や意見は実現できず、独立した組織は少なかった。一九二一（大正一〇）年秋、花柳界は不況で、給料問題から雇主（楼主）と使用人（番頭・仲居）が対立し、同盟罷業の動きがあった。仙台遊郭貸座敷で働く番頭・仲居への顧客の花銭（祝儀）分配は、仙台座敷業組合（楼主）の決議で廃止され、使用人の給料は楼主からの支給とされた。使用人は、「給料だけでは生活ができない」と要求撤回の紛争が続き、実施は延長され、同盟罷業の動きに仙台警察署は警戒した。楼主の提案は表面上の月給制度への転換であるが、花銭すべてを楼主所得とし、その一部を月給支払いに充当するものであった。結局、楼主が譲歩し撤回した。一九二三（大正一二）年一月遊郭貸座敷の使用人は、月給制度で楼主と再紛争し、所属組合から分離して、小田原遊郭伎夫組合（未公認）を組織した。月給制度に反発する全国の貸座敷使用人から激励の手紙が送られ、警察当局は警戒した。その後も、同組合は全国八〇余の「雇人組合」と連絡を取り、結束を固め、月給制度は立ち消えている。小規模営業者の下で働く労働者の組合結成は、画期的な取り組みであった。[15]

(5) 労働争議の変化と企業側の対策

一九二〇（大正九）年九月新東北新聞社職工が工場監督官宅に押し寄せ、仙台署は署員二〇余名を急行させ、現行犯四名を引致した。職工は、待遇の不公平への批判と夜勤料八〇銭ずつの増額を要求し、同盟罷業を計画していた。主導者の解雇に失敗した会社は、夜勤手当と退職者への手当を増額し、争議問題を解決している。

全国蚕糸業者の製糸場操業休止が、一九二〇（大正九）年一二月一日から八八日間実施された。操業一斉休止は糸価維持の根本策で、本県製糸業者から毎月五円以内の給与支給はあっても、労働者の他工場への転職や復職は困難で、製糸場職工にとっては大問題であった。しかし、多数の労働者の実態については、全く報道されていない。

一九二一（大正一〇）年一月高橋洋品店で、店主の態度に不満・不平を持った店員八名が同盟退店し、「仙台の商店員同盟退店の嚆矢」といわれた。五月博覧会会場女給五〇人が勤務条件違反を認めず、同盟罷業し、主催の県が給与している。同月太陽強製紙工場（職工男一七・女二七）で、月給制度の日給制度への変更は生活を保障していないと怠業状態になり、工場主が職工一三・四人を解雇した。八月仙台市電気部下級吏員三〇名が賃金値上げを要求した。

同月河北印刷株式会社は印刷職工全員を解雇しているが、高給職工を解雇し、低給職工を増加する傾向があった。解雇手当や帰郷旅費を要求しても経営者は認めず、労働者が仙台警察署へ求めた解決策は未解決であった。小規模企業で働く労働者にとって厳しい時期で、一時休業や職工解雇を行う企業があり、労働者の言動に、警察署は「暴力の制圧」を口実に署員の動員・派遣を強め、経営者は争議と他所への伝播を防止し、組合結成の阻止・壊滅を謀って高圧的な態度に出た。仙台の争議では労働者による暴行事件は皆無であった[16]。

一九二二（大正一一）年、労働者は未だかって経験しなかった新しい事実に直面した。恐慌に次ぐ恐慌の中、企業は優位性を示し、極度の緊縮体制のもと、突然の高圧的な工場閉鎖と労働者解雇を行い始める。失業に対する労働者の不安が一層強まり、脅威が高まった。同年三月以降、市外長町の旭紡績株式会社で、職工による労働紛争と示威行動が勃発するとの噂が流れ、警察も注意を払っている。仙台工場で働く女子職工の抗議行動が具体的に確認でき、職場で協調的といわれてきた女子職工が、男子職工と一緒に労働条件の改善と人権問題解決を図るようになる。六月男子職工と女子職工一〇〇〇余名が結束した職工係主任排斥運動が起きた。仙台警察署高等係の調停や工場長の慰撫策で、会社は主任辞職の報告を職工代表に回答し、職工が万歳を唱えて解決している。事件を重要視した県警察部工場課では、工場監督官補が赴き現場を調査し、仙台警察署も部長と特務が出向き、職工の動向を視察している。その直後、会社は「本社規則により解雇す」と、争議の指導的立場にあった男子職工二五名を解雇し、激昂した職工たちは解雇理由を要求した。このような状況下で、会社による警察への招待・接待を職工が察知し、事件を悪化させた。会社は職工側の同盟罷業・同盟怠業の計画を察知して、突然機械の運転を休止させ、同盟罷業と認めて工場を閉鎖した。従来のような賃銀値上げや時間短縮を要求する労働争議ではなく、第三者が調停を考慮する動きがあった。

名取郡長・長町町長が調停にあたり、町長は解雇職工家族が食糧を絶たれることは、人道問題であるとして炊き出し救助をした。名取郡長の調停に、会社は解雇職工以外の職工全員を復職させること、解雇者に解雇手当を支給し、一五〇〇円を帰宅旅費名義で分配することを依頼した。異例であったが、名取郡長は解雇職工代表を郡役所に招き、その旨を伝え、解雇者も同意し、会社は工場閉鎖を解いた。解雇者を「今回の騒擾事件の犠牲者である」と『河北新報』は報じているが、労働争議における解雇者に対する地域社会の評価の一端を示している。

一一月旭紡織仙台工場の職工は、賃金値上げを要求し、拒否された場合は同盟罷業を断行すると協議した。要求の理由は、食券三日分（一日男二〇銭、女一五銭、寄宿舎女子職工は一二銭）を給与され、職工家族は工場内大浴場に無料入浴していたが、食券を全廃し、入浴者六歳以上を有料化に変更されたことが理由で、補償を求めている。(17)

同月、片倉製糸工場寄宿舎室長一二名が協議し、他の製糸工場に比較して工賃が低廉であり、賃金の五割増・賃金工程率の随時発表・貯金額を毎月各人に公表することを、小野某が代表して会社に要求した。しかし、会社側は、代表女子職工を解雇手当一〇円と帰郷旅費五円で放逐したため、女子職工一〇〇〇余名は同情・憤怒し、同盟罷業の計画や絶食同盟の取り組みがあった。会社は楽観していたが、その後、事態を放置できないと判断し、『河北新報』に次のような広告を掲載した。「工女父兄諸氏へ　当工場に不安の問題起りたる如き新聞紙の記事有之候処　右は当会社工女の一部と炊事係との間に意見の衝突ありたるに原因しあるものに有之　既に一切了解し円満に局を結び　工女の全部に於て何等不安の事なく平日の如く従業致し居り候間　御安心相成度此段急告仕候　片倉製絲紡績株式会社仙台製絲所」女子職工の保護者と読者市民に向けた文面から、労働争議の真実を闇に葬り去ろうとする会社の姿勢が判読できる。(18)

二、家賃暴騰と仙台借家人同盟会の結成

(1) 仙台の借家人争議

大正期は、都市で家賃値上げや家屋明渡しをめぐる借家人と家主の紛争が多発していた。根底には、「米騒動」期における市民の「生存」要求の動きがあった。借家人運動（以下、借家争議）については、一九八一（昭和五六）年の成田龍一氏、二〇〇九（平成二一）年の吉川圭太氏ほかの論考があり、考察されているが、具体的な検討は十分と言えない[19]。

第一次世界大戦以降の住宅問題には、大戦景気で人口が都市に集中したための住宅の絶対数不足と、物価高による家賃値上げの二面がある。家賃が吊り上げられ、より高い借手への変更が横行した。家主は一方的に改定した家賃支払い請求書を内容証明郵便で催促し、借家人が応じなければ契約解除と明渡しを要求した。一九一九（大正八）年春になると、「家主横暴　不当の値上や店子の追立て」の記事が連日流れ、家賃の四割・五割増を要求する家主がいた。地方からの転住者が多い仙台鉄道管理局・貯金局などは、新設の職員官舎に全員を収容できず、さらに三月の仙台大火（七百余戸の住宅焼失）が影響して、市内の貸家は借り切り状態となった。家賃の一定標準が示されず、不当な要求でも取締りが出来なかった。仙台逓信局の拡充、仙台鉄道管理局の完成、為替貯金支局の設置でも、一二〇・一三〇戸以上の貸家が必要とされ、米価問題に次ぐ重大な社会問題であった[20]。

家主の横暴振りは、その後も続き、『河北新報』（大正八・一〇・七）は、「家主への怨声」の見出しで「五日、市内米ケ袋方面にて突然五割の家賃を値上げされた三〇余軒の借家連が、何等かの方法を以て家主に対抗すべしとの風評あるより、仙台警察署の相沢刑事は直に出張事実調査中」と報じている。仙台警察署の調査では、家主は三月に一割五分値上げ、先月末に突然一〇月分から五割値上げし、不服者は早速立ち退いてくれと言っていた。借家人の方は、異

常な値上げをされても、前年末から借家が皆無という状況で動けず、不穏な状態で、警察署は借家人に不心得がないようにと警告した。住居の様子は不明だが、記事から借家人の職種や家族構成がわかる。米穀商（家族六人）、人力車夫（六人）、日雇（三人）、埋木細工職（二人）、日雇（七人）、機械職（五人）、無職（二人）、無職（三人）、海産物商（四人）、農具行商（八人）、二高青葉寮（八人）、菓子商（三人）、煙草専売局鑑定課長（七人）、石工職（四人）、大工職（四人）、賃仕事（三人）、騎兵少尉未亡人（七人）、木羽職（四人）、日雇（二人）、女髪結（二人）、埋木細工職（三人）、日雇（四人）、理髪業（五人）、雑貨商（二人）、下駄職（五人）、無職（一人）、埋木細工職（四人）、八百屋（三人）、監獄看守（二人）で、借家人の職業は、俸給生活者・職工・職人・小経営を営む中小商工業者・日雇などと多様・雑多な職種で、月収に幅があった。

『河北新報』で把握できる借家争議事例（仙台警察署調査）は、表の通りである。

年月	場所	家主の家賃値上げと要求	借家人の対応
大正八年六月	木町通り北	突然一〇割値上げ、不服者は退去	協議の減額嘆願は拒否され、不穏な状況に区長は調停
九月	北六番丁	内容証明郵便で二〇割値上げと不服者の立ち退き要求	借家人五名同盟、社会的制裁を議論
一一月	元寺小路	六月五割値上げ、一一月以降三割から四割家賃値上げ	借家人一〇余名会合、委員を選出、仙台警察署長へ陳情
大正九年六月	上杉山通	突然五月から二割値上げの通告	借家人七・八名

このような状況は、一九一九（大正八）年五月下旬の仙台警察署調査でも確認できる。不当な家賃の値上げと家作修繕を実行しない家主が横行し、家賃値上げの五・六割は普通で、一〇割値上げを要求する場合もあった。突発的な値上げが多く、前年八月頃まで一三円の家賃が本年九月以降三三円、三カ月目に三・四割値上げする家主があり、市内では借家人の同盟組合設立が考えられ始めた。九月、「家主

を牽制すべく、借家人組合も大賛成」という仙台警察署長は、「借家人組合を設けるのはよいが、手段方法を誤らず道徳的に解決すべきで、市営貸家の実現も望ましい」「泣き寝入りせずに、まず警察に相談せよ」と談話し、人事相談所を設けて、家主と借家人との紛争解決に最善の方法で尽くすと述べた。しかし、借家人から具体的な陳情があっても、事実調査に終始して解決は全くなかった。そのため、借家人の新たな結束と行動が予想され、借家人組合は現実化してきた。[21]

(2) 仙台借家人同盟会の取り組み

一九二〇（大正九）年一二月、仙台借家人同盟会が各官署の諒解を得て発会式を挙げた。『日本労働年鑑　大正十年版』は、「不当家主を糾弾すべく起った仙台借家人同盟会は其発会式を兼ね借家問題演説会を十一日午後五時から仙台座に於て開催（無量三千人）」、「本会は家主借家人間の為め協調を図り、両者の円満持続を要望す。而れども頑迷固陋の家主ある時は借家人の正当利益を保護し、是等不正なる家主を撲滅せん事を期す」と決議し、宣伝ビラは「家主は強いもので借家人は弱いものであります。弱いものを助けるのは吾々国民の道徳であって、之が日本人の特徴であります。仙台市借家人同盟会は、家主と借家人間の調和を図るものであります」と紹介している。

仙台借家人同盟会規則によれば、「①仙台借家人同盟会（以下、同盟会）を長谷川弁護士宅に置く、②借家人間の親睦提携を図り、借家人各自の利益を増進、③機関は、会員総会・役員総会・幹事・調停委員・会計書記、④会員総会は毎年開く、⑤役員会は幹事・調停委員・書記で組織し、随時開催、⑥家主対借家人間の紛争は、調停委員が調査決定、⑦調停委員は調査後に仲裁し、円満解決に尽力、⑧家主が仲裁に応ぜず、借家人に抗争の理由がない時は、借家人の利益のために斡旋、⑨家主が不当・頑迷な時は、借家人を応援し、法律の許す限り極力戦う、⑩問題によって演説会を開き、世論喚起、⑪会員は毎月会費二〇銭を納入」である。市内の借家人全部を網羅すると標榜する同盟会は、家主を「膺懲(懲らしめる)」よりも、家主対借家人の協調を図り、円満に解決することが第一義であった。会長は長谷川陸郎、幹事は渡辺保蔵・小松原政治・須藤半平、調停委員は守屋祐章・金成巌太郎・青木陽一・島田新助・丹野清・和泉喜代治・須藤半平・小松原政治で、青年自由革新党の一事業として企画され、「外部の援助は喜んで是を受くるも、一党一派の機関たる事は断然之を排斥す」と決議している。同盟会は設立の方針や目的に基づき、①家主に反省を求め借家争議への介入、②借家争議の実態を公表して家主と対決、③場合によっては、家主糾弾演説会を開き、家主宅へデモをして交渉し、社会問題化、④借家人や地域住民に自覚や権利(借家権)意識を啓蒙している[22]。

そうした時、仙台市は政府の低利資金で市営住宅七〇戸を建設し、賃貸料を市会で内議していると報道された。すでに東北帝国大学工学専門部教授も、

「仙台市に根本的の住宅施策ありや」と批判し、「救済策は、普通選挙を実施して、等級選挙で得たブルジョア階級の政治的特権を停止するのが根本」「市は条例を制定して借家設備の標準を示し、家賃の準則を公定し、不当な家主を懲戒する規程を定めて貰ひたい」と述べている。

同盟会は活動を開始した。市民の住宅難を緩和する目的で建てられた市営住宅の賃貸規定案は重大事で、家主に家賃値上げの口実を与えると、幹事が市参事会員・市会議員を訪問して賃貸料の低下を要求し、市会を傍聴・監視し続け、結果によっては市会改造を叫ぼうとしていた。『河北新報』(大正九・一二・二〇)の「評論」も、「市の賃貸規定に従へば、甲種住宅(八畳、四畳半、三畳)平均賃貸料は畳一枚に就き七四銭強、乙種住宅(六畳、四畳半、三畳)平均賃貸料は畳一枚に就き六三銭強となり、強情家主も猶及ばざる驚くべき高価を示せり。六〇銭を算するが如きは実に稀なり。普通は四〇銭内外なり」と報じている。一二月の市会で、井上助役は「安い

家賃で貸せば、住宅は益々払底する」と答弁した。市民の反対世論はますます熾烈となり、同盟会は市民大会を開催して最後まで反対すると意気込み、市会を傍聴して反対の気勢を高めた。市営住宅家賃は、同盟会その他からの批判に応える議員が増え、委員会第一読会で、甲乙住宅の区別を廃して一戸一ヶ月六円以上九円以下に変え、三円ほど低減修正し、第二読会で可決確定した[23]。

一方、借家人法案を議会で議決された家主たちは、急遽家賃を値上げをした。同盟会の警告を無視して、鉄砲町の家主は、二階八畳階下六畳玄関三畳台所の建物を、一昨年一一月一三円、昨年一月一五円、八月一八円、一一月二五円に値上げしていた。また、六畳に台所付の破損した一九軒長屋も、一昨年八月一円八〇銭を、九月二円、一〇月三円、一一月四円、昨年八月五円、一一月五円五〇銭に値上げしている。事実を知った同盟会は、一九二一（大正一〇）年一月、東一番丁、木町通、櫓町、新坂通、虎屋横丁を皮切りに、北一番丁、国分町、鉄砲町、東二番丁、土樋河原町へ、幹部たちが家主の個別訪問を始めた（「不当家主征伐」と称された）。同盟会の全市にわたる活動は良好で、僅か数日間に、値上げを見合わせた家主が二五〇軒に達した。しかし、その効果は全市域でみると少なく、同盟会に加入した借家人に立退きを強制する不法な家主もいた[24]。

そのため、同盟会は最後の手段として、示威運動を協議・決議した。同年二月に西公園で「借家人問題市民大会」を開催し、提灯行列で「横暴家主」を訪問し、実行委員が家主と面談の上で、市民の家賃値上げに関する反対意思を伝え、確答を求めるものであった。同盟会の示威運動予定を知って、値上げを見合せ、譲歩する家主が出てきたが、その一方で同盟会に対抗して、借家建築の中止を申し合わせる家主もいた。この様子に同盟会幹部は、示威運動断行の強硬論者と示威運動の必要を認めない者に分れた。強硬派は、提灯行列で歌う会歌と不当家主の黒表（ブラックリスト）を作成した。

「警察署は、家主を訪れて談判する示威行列を不穏として許可しない方針だろう」との報道もあったが、役員会は激論後に、二月下旬の行動は「不穏な示威運動では無いので許して呉れるだろう」と、警察署了解の下で野外市民大会と提灯行列を断行することに、満場一致で決議した。提灯行列では「楽隊、旗、万燈、高張提灯、ボール紙製ラッパ、太鼓、ブリキ缶その他の準備や、行列歌（敵は幾万の節）は当日大会で配布」など、具体的な取り組みを予定した。とくに、提灯行列は市民から期待され、一〇円・二〇円・少ない時でも五〇銭・一円と寄附があり、二組の団体申込みがあった[25]。

しかし、以後の『河北新報』は、この野外市民大会と提灯行列について全く報じていない。最終的に、市民から関心の強かった計画は実行直前に禁止された。当事者や報道機関へ警察署の圧力があったと推測できる[26]。

ところが、『日本労働年鑑　大正十一年版』は「本年（大正一〇）は頻りに借家人同盟が生れ、断間なく所謂借家争議が続発した。仙台市に運動の熾烈であったのは特記すべきである」と記し、仙台借家人同盟会が「一、西公園に市民大会を開催し、続いて提灯行列を行ひ、市民の家賃値上に関する反対意思の存する處を示す　一、提灯行列は横暴家主を訪問し、実行委員は該家主と面談の上市民の意思を徹底せしむ」と紹介し、つぎの会歌を掲載している。

一、誰かこの土地この家に、我を権利なしと云ふ、
我も此土に生れ来て一人の民にあるものを、
起てよ権利に勇む人、正義の旗を振りかざし
二、いくる権利は住む権利、貸すも借りるも諸共に、社会に竭す公人の、道を守るに外ぞなき、
三、さるを家主と誰ぞ誇る、我が生存を脅かし、
横暴悪虐私利をのみ、計るなどて容すべき、
起てよ権利に勇む人、正義の旗を振りかざし
四、財を楯にし法に據り、敢て社会を紊すもの、
天憤ほり地も怒る、之を懲さず、已むべさ《ママ》ぞ、
起てよ権利に勇む人、正義の旗を振りかざし

五、理をして法に勝たしめよ、愛は私慾を屈せしめ、貧者富者の争ひの、最後は終に絶ゆるまで、起てよ権利に勇む人、正義の旗を振りかざし

この具体的な報告に接すれば、仙台借家人同盟会は野外市民大会を開催した後、借家人の結束とその姿勢や意志を込めて「会歌」を歌いながら提灯行列し、不当家主と交渉したと、筆者同様に読み取るだろう。しかし、計画は警察の弾圧によって実現していない。すでに普選運動時の仙台では、普選断行・促進の街頭デモを行い、普選歌を高唱し、主要道路で宣伝・示威運動を計画したが、実行の直前に禁止されている。同盟会が計画し実行しようとした提灯行列は、先例のあるスタイルで、大正デモクラシー運動の指導理念に基づいた行動様式であった。

「仙台借家人同盟会の歌」は、「人間生活に必要な居住権は、本源的な絶対不可侵の社会的権利である」と宣言しているが、具体的な借家争議は、官憲が許可する範囲内の合法闘争で、不合理に対する要求の承認を目指し、求める運動であった。借家人からの訴訟は避けられ、家賃交渉などが解決すれば、同盟会の取りくみは解消された。一定の成果を上げたが、仙台借家人同盟会の活動は、権利主体であるべき借家人の自主性や主体性を引き出せなかった。

(3) 市営住宅家賃の値上げ反対運動

仙台市営住宅家賃の値上げ反対運動が、五月に再び起きた。以前、仙台市が市営住宅を建設した際に制定した家賃は一般に比較して高く、家主層に家賃値上げの口実を与えているとして、市営住宅は営利を目的とすべきではないと、同盟会や市民から反対の声が起こって、市は家賃を引下げている。ところが今回の提案は、市営住宅賃貸料金を高くし、既設市営住宅の家賃も同率に引上げる内容である。『河北新報』(大正一〇・五・一二)の「評論」も、「市営貸家の建設は、社会政策の精神に基づいて、家賃の大体標準を示し、家主の乱暴な家賃値上げを防止

することを目的としている。市民の生活を脅かす市営貸家に、何の社会政策ありや」と批判し、さらに「階級選挙制度による今日の市会は、大部分家主階級を以て満たされつつあり。されば吾人は今日階級選挙に依る市会を以て権威ある市民の代議機関として信頼する能はずとする所以なり」と、市会の有する課題を指摘した。借家生活をする市民は、住宅問題に取り組む中で、自分たちの生活要求や経済要求の実現は、一般市民の参加なしには不可能であると認識を高めていた。

こうした時期の六月、家主某が内容証明郵便で突然、国分町の土地建物を他人に売却したので契約に基づき二週間以内に立ち退いて貰いたいと通知し、家屋明渡しの仮執行を仙台区裁判所に要求した。七月には塩釜銀行頭取（高利貸業者）が新坂通の借家人二六名に、前年一〇月までの最低三円五〇銭を八円に、最高六円を一五円に値上げし、さらに七月分からを三割値上げすると強要し、借家人が立ち退いた後は家賃一一円を一八円に値上げした。また、同盟会の面会を拒否した家主が、借家人の嘆願による仙台警察署の召喚・説諭を拒否している。市民の市営住宅賃料反対の動きが高まる中で、相次ぐ家主と借家人の争議を仙台警察署は危険視して、全市で家主の値上げ実態を調査し始め、借家人からの「住宅保護願」に、事実調査と解決に取り組む姿勢を見せるが、効果は全くなかった。

休止していた同盟会が活動を再開し、八月に市内各所で家主弾劾演説会を開き、木町通北三番丁個人宅で第一回を開催、長谷川陸郎・草刈勝衛・渡辺保蔵らが演説し、飛び入り演説と不当家主に関する材料提供を求めた。一方で、六大都市に限る特別法の借家法が五月に東京・大阪・京都・横濱・神戸の五大都市のみで公布・施行され、仙台はもれていたので、借家生活者は失望し、家主は安堵した。同盟会は法を改正するため司法大臣に陳情し、さらに第二回演説会を柳町、第三回を鉄砲町で開催した。演説会では「共同生活の大義を没却し、居住権の安泰を脅威する者は国民の公敵にして、仙台市民の資格なきものと認め、彼等に対して社会的制裁を加へ且つ彼等を市外に放還する事を期す」と決議している。

九月になっても、家主たちは同盟会幹事の面会を拒否し、仙台警察署からの召喚に全く応じなかった。同盟会は小演説会を数多く開催しても効果がないと判断し、一五日夜西公園に全市の借家人を糾合して、不当家主に止めを刺す「市民大演説会」を準備し、屋外を理由に開催不許可の場合は仙台座か歌舞伎座を考え、演説会後に提灯行列を実施する計画を立てた。しかし、開会直前に仙台警察署長から、「屋外集会を催して該問題を討議するは、恰も爆発薬に点火する如くにて如何なる不祥事を惹起せずとも測られず、許可するを得ず」と禁止命令が出ると、「同盟会幹部は之を諒とし、何れ機会を見て再開する事に決し、散会したり」と報じられた。仙台借家人同盟会の性格が垣間見える。(27)

一方、借家人運動を弾圧する警察署の方針を知った仙台市は、市営住宅賃貸料政策を推進する上で、ある種の自信を持ったようである。市営住宅家賃三割内外の引き上げを意図する市は、市会の大反対を受けた経験から、市営住宅賃貸規程を改正して、委任決議の参事会のみで取り組む予定であった。同年一二月、それを知った同盟会は、該案絶対反対の意見書を市議会議長に送付し、市会を通過すれば市長弾劾・市会議員不信任の決議を行い、演説会を開いて世論を喚起すると宣言した。市営住宅賃貸料規則改正案は、市会でも反対があり、社会政策上重要な問題として即決を避け、市営住宅値上委員会附託となった。質問された全国各都市の市営住宅家賃状態の資料が整はず、市は市民の激しい反対に狼狽した。委員会が実施した市内一般の家賃調査で、家主が予測される新たな市営住宅なみに値上げしている事例が明らかとなり、市営住宅家賃値上げ案の影響が大きいといわれた。値上げ反対の強硬派は委員会で三人(鈴木重兵衛・草刈勝衛・近藤常弘)であったが、多数の委員は徐々に態度を変化させていた。同盟会の協力者だった草刈勝衛は値上げ反対理由を強めるため、「何年建築の家屋か、坪数・畳数・庭・空地の坪数、店舗・独立家屋・長屋・表屋裏屋の別、家賃・敷金と条件」を、一般借家人に質問している。

このような市民の世論に対して、『河北新報』(大正一一・二・一二)「評論」(市営住宅値上理由あらば堂々と発表せよ)は、「仙台市会は市民の輿論を縮図すの見解にして謬り無ければ、彼の市営住宅賃貸料値上案の如きは、即時否決すべき筈のものなり。多数市民が値上案の否決を叫びつつあるに係はらず、此の大なる声に耳を掩ひ、委員会の形勢は全く市民多数の熱望を裏切らんとしつつありと伝へらる、市営の家賃より安価なる民間の家賃は、少くとも仙台市の全戸数の半額以上はあるべし、然らば市営住宅が今日より以上に値上を行ふとすれば、その家賃が市内の標準相場になりて、民間の家賃も一斉に値上さるるに至らば、その市民の負担に対する影響は如何。殊に市が社会政策的の意味をも市営住宅に加へんとならば尚ほの事」との立場を示している。

一九二二(大正一一)年二月、市営住宅賃貸料規程改正案は、最後の委員会で否決の意味で修正可決された。修正規程は、現市営住宅家賃より一畳当たり七厘の値下げとなる換算であった。この件で市長の責任問題が浮上し、「社会政策上重大に取り扱はれて居るか、それを知らぬと云ふことはあるまい。あの提案をしたといふことが既に当局の大失態であり、社会政策上許すべからざる問題」と議員が糾弾した。都市政策について市民と共に検討・立案しなかった仙台市は、市営住宅賃貸料問題で二度にわたり、市民への対応を誤ったのである。(28)

やがて、この年四月頃から「住宅難も漸次緩和家屋の新築が多い」の新聞記事が散見され、貸家賃料は安定し始めた。市内の普通貸家賃は、市営住宅畳一枚当りを標準として若干割増をするが、平均八〇銭内外が目安であった。貸家新築が非常に多かった年で、一月から六月までの上半期の新築届出は二一四件、下半期は三五〇件に上り、「一月から五〇〇軒は新築されたろう。今年は秋の頃から住宅難は緩和され、数年影を没していた貸家の貼札まで見られるようになった」と報じられた。借家人運動に関す

る新聞報道が無くなる理由の一つである。(29)

三、市民と仙台公設市場の開設

(1)「米騒動」期の市民の消費生活

日常生活の主要費用は、食料費(米代と副食―塩・漬物・野菜・魚類・味噌・醤油など)と家賃(住居費)、次いで被服身回り品代、薪炭代・灯油電灯代・湯銭などが多かった。一九一八(大正七)年八月二八日付『河北新報』は、この一年間の日用生活品の価格上昇率を、米五〇%、大豆五〇%、味噌三七%、塩二二%、鶏卵七〇%、鮪一五〇%、大根五〇%、馬鈴薯・茄子・胡瓜六〇~一〇〇%、薪炭六〇%と記している。

「仙台米騒動」の後、仙台市が「下層民の救済策」として実施した廉売米は、内地米の廉売打切り後、外米のみであった。外米消費の市民は激増し、比較して安かったので需要は旺盛だった。市救済米委員会でも、一九一八(大正七)年度県税戸数割六〇銭以下を納付する者と月給二二円五〇銭以下の者に廉売券を交付し、市内五〇ケ所で家族数に応じて販売した。該当者は約九千戸、約五万人で、市民の半数が廉価米対象で、納税六〇銭以下でなくとも、生活困難者に配慮が求められた。仙台市は窮民施米と米の廉売を区別していた。(30)

しかし、外米廉売は政府臨時管理米局の買付け廃止とともに自然消滅状態であった。外米販売は、「仙台米騒動」で市民が要求した生活困難者の救済を目的にしていたから、外米廉売中止は目的に沿わず、「中産階級以下の市民は非常な艱苦を嘗め」、一九一八(大正七)年一二月、生活の困難は一層激化した。資料が乏しく、生活実態の解明は難しいが、とくに「下層民救済の最緊急必要事項」だった外米廉売の要求は強く、それに応えて、市は第二回を開始し、県税戸数割賦課税年額一円一五銭以下の納税者と免税者に、一升三〇銭で販売している。(31)

一方、内務省は八月、「下層細民救済」と共に「月給生活する中流以下の者」が恩賜金や寄付金等の恩典対象になるように、農商務当局と協議し、官公署・学校・会社・工場その他に対し、内地米の協同購入方法を行い、代金を月末払とすることを各地方長官に通牒している。

『河北新報』(大正七・一二・八)も、一面トップ記事で、「内外米の廉売を実施し、地方民の生活難を救恤したるは、知事(註、濱田)の記憶に新たなる処なるべし、之れ過般の暴動が国民の生活難に起りたる一見明瞭の証左に非ざるか。市民の生活難は、今日暴動時より更に深刻なり。今日現に生活難に苦しみつつある多数の中流以下の地方民に対し、適当な生活緩和策を講ずることは、真に社会の安寧秩序を維持する要諦(傍線は筆者)」と述べている。しかし、「細民(下層市民)」の生活状態の調査・取締りは、警察に任せっきりで、当時いわゆる「細民窟」は、西の川内、東の釈迦堂裏松浦長屋・天神下、北は通町界隈で、中央部も木町通り・元材木町一帯から北目町付近に、悲惨な生活する者が多かったが、実態は不明である。外米販売廃止となれば、「細民救済」が不徹底に終ることは明らかであった。[32]

市民の日用物品廉価供給には、消費組合や購買組合が関わっているが、「消費組合運動は不毛の地」と言われた仙台の実態は不明である。山本秋『日本生活協同組合史』(日本評論社 一九八二)は、一八九八(明治三一)年以降、鉄工組合を基礎とする「共働店」が東京・横浜・仙台・札幌など一五カ所に設立され、一九〇三(明治三六)年設立の官公信用購買組合は、高級官僚・上層市民・在郷軍人など俸給生活者を対象とした官庁指導型組合(市街地購買組合)としている。しかし、『仙台市史 通史編7 近代2』は、一九一九(大正八)年設立の仙台信用購買組合を記載しているのみで、一九二一(大正一〇)年九月の大原社会問題研究所調査では、宮城県を含む八県は消費組合を設立していない。詳細は不明である。

しかし、東部鉄道局仙台運輸保線両事務所の共済組合は、一九一八(大正七)年八月従業員に無利子の貸し出しで外米や内地米を買わせ、職場を救済している。翌年四月には県市会議員・弁護士・医師・僧侶ほかの有志が、仙台共済組合（組合員五〇〇名余）を設立し、一人一日三合の割で安価な内外米を提供し、諸官公衙各学校会社工場職員へ月賦販売し、その後、白米購買組合に変更している。さらに翌年七月、五〇〇名を東京から仙台に異動させた仙台鉄道局は、仙台運輸事務局購買部に仙台鉄道局職員を入部させ、仙鉄購買支部として組織した。購買品目は白内米・外米・麦・大豆・小豆・味噌・醤油・野菜・魚類、乾物・燃料・砂糖などで、白内米を六〇〇俵以上も売っていた。また、当時は暴利商店前に赤旗を立てた非買同盟（ボイコット）の動きもあり、「赤旗組合」とも呼ばれた。[33]『河北新報』（大正一〇・三・九）も、「仙台市の諸物価が他都市に比較して著るしく高く、世間では小売商の暴利にその罪を帰してるけれど、それは仙台市に見るべき購買組合の無いことである」と、指摘している。

一九二一（大正一〇）年五月、仙台在住の官吏（二〇〇〇余名）によって「仙台官吏同盟」が作られる。大学・高校・工高・師範・逓信局・鉄道局・専売局・鉱務署・裁判所・控訴院・貯金支局・税務監督局・貯金局・県庁・市役所・小林区署・土木出張所・監獄などの有志で組織し、「仙台官公署学校職員聯合購買組合」を設立する。小規模ながら「購買組合」が存在している。管理責任者の設置が難しく、翌年一月生産地と直取引が開始され、二月に事務を開始している。特徴的なのは、県内務部長を組合長、勧業課長・産業主事その他を理事とし、大学事務官を専務としていることである。しかし、会計紊乱のために成績があがらず、一九二三（大正一二）年八月頃には、「お役人の商法といふ極めて有り勝な原因」と指摘されている。

また、第二師団では各種商店を指定して特別廉売を行なっており、東北帝国大学医学部「辛酉会」購買組合なども存在している。その実態を明らかにすべきである。[34]

（2）仙台公設市場の設置

公設市場設置[35]を主張する直接的な動機や原因は、第一次世界大戦による物価高騰と「米騒動」の発生である。「米騒動」を機に、政府は公設市場設置の方向に積極的に動き出す。一九一八（大正七）年一二月内務次官通牒「小売市場設置奨励ノ件」が出され、「小売市場設置要綱」を全国に示し、各地に公設市場が開設される。販売品目は生活必需品の食料品・薪炭・荒物その他日用雑貨で、販売人は生産者を優先し、取引は現金正札売り、価格は市場外小売値段よりも低廉で、市長の承認を受けることが原則であった。公設市場設置は、社会不安に対処するための「窮民（下層生活者）対策」の性格が強い廉売機構であった。

東北地方の岩手・秋田・山形各県は、公設市場設置の必要なしと政府に報告するが、一二月宮城県は「日常必需品の暴騰で生活困難な中産者以下の便宜の為め、公設市場を建設すべく（傍線は筆者）」、係官を関西方面に出張させ、公設市場の経済状態を調査している。[36]公設市場は、標準定価売り・前近代的掛売習俗の廃絶と現金売り・恒常的な日用必需品流通機構・集合店舗の成立に重要な役割を果したが、当時は「中流以下の市民（下層生活者）」への食糧供給問題を解決するという課題が存在していた。

仙台の公設市場に関して、岩本由輝「仙台市における公設市場の開設」（『市史せんだい vol.2』一九九二）、仁昌寺正一「大正期仙台市の公設小売市場」（『東北学院大学東北産業経済研究所紀要』第三七号二〇一八）の論文で検討されている。[37]以下の概要で日付がない記述は、これらの先行研究による。

『河北新報』（大正八・八・二八）は、内務次官から各県に伝達された公設市場の至急設置や公設市場計画の内相訓示と、宮城県の方針（仙台市に設置）を伝えている。その後、県へ送付された小売市場設置要綱は、産地直結によって流通コストの削減を図る施策で、市民の日常生活に不可欠な「米（傍線は筆者）、雑穀、薪炭、味噌、醤油、砂糖、野菜、果実、乾物、干魚、漬物、荒物、肉類、魚類、鶏卵等」を一店舗に配列して販売させるものであった。「米」を第一に挙げる施策は、多くの市民から歓迎された。

一九一八（大正七）年九月以降、新たに全国各地に公設市場を開設したが、一九一九（大正八）年三月になって仙台市は、公設市場設置を中止する意向を表明した。公設市場設置建設費をめぐり県との交渉が決裂し、三月の仙台中心街焼失で、災害復興事業の緊急巨額財政支出が必要とされたからである。市と県の膠着状態は続いたが、公設市場設置と開設を望む声は市民から強かった。七月内務省から再び公設市場設置の奨励があり、県は積極的な姿勢を見せ始めた。八月仙台市会でも市長が公設市場を救済事業として取り上げ、それまで救済事業に消極的であった県知事も告諭で「国民生活ノ生活上ノ必需品タル米穀ノ他、諸物価ノ暴騰ヲ繰返シ、再ヒ国民生活ヲ脅カシツツアル（傍線は筆者）」という認識を示して、市場開設に向けて、市職員を事務担当に委嘱した。また、『河北新報』（大正八・三・七）も、「公設市場問題　開設の好期」として「適当なる価格を以て食料品を販売せば奸商が罹災民の困窮せるに乗じ暴利を貪らんとすること頗る至難となるべし。公開市場にありて市民の利益を図りつつあり、然して之が開設に当り取扱ふ食料品の範囲は、魚類、獣肉、青物、米麦、薪炭、酒醤油石油類にて足るべく（傍線は筆者）」と、多くの市民の要望と期待を伝えている(38)。

九月一五日、バラック式小屋掛けの宮城県公設市場（仙台公設市場）が開設された。それに先立ち、規程（告示第三七八号）が公布・施行され、名義は県、実質経営は市として始まった。この規程は、内務省の設置要綱に準拠し、現金・定価売買を行うことや生産者直売を行うことを定めている。「生活必需品の廉売市場を公設」「生活品は何でも供給」「市価よりも二割内外廉価」と宣伝しながらも、規程の販売品目に「米」を入れず、県・市の内米外米販売施策の破綻は明白であった。設置の過程では、一九一九（大正八）年の県・市の公設市場設置の話し合いで、「社会救済ノ事業トシテ当市ニ公設市場ヲ設置経営可致之処」(仙台市文書)と、仙台市が「救済事業」としての特性を強調していることを無視すべきではない[39]。

開催された公設市場によって、価格引き下げ効果は早速現れ、新聞報道でも「公設市場のおかげで諸物価の総崩れ　八百屋も五十集屋も市場に負けじと大勉強　今迄暴利を貪った証拠」と報じられるように、市内各所に「当店は公設市場相場よりも必ず一割以上格安に販売仕るべく候」の掲示が見られ、青物屋・魚屋の店に格安な正札が立ち、殊に公設市場付近では魚商が結束して、市場行きの客を途中で食い止める私設市場の動きが出てきた。具体的には、仙台魚小売商組合では、死活問題として臨時総会を開き、問屋とも交渉を重ねながら、公設市場と営業方法は同一で、暴利でないことを立証するために、県知事に申告をして許可を得て、魚商が共同で元寺小路に私設市場を設置して活動を始めている。このような動きは、市内各所に見られ、一般市民は、「公設市場と私設市場との優劣」に対しては、判断できなくなっていた。このような報道に、「生活上脅威されている市民に安心を与へやうと公設市場は生まれたものである。市価が下落さえすれば、市場の目的は達した」と県勧業課長が語るように、『河北新報』も各地の「私設市場」や「魚類野菜の廉売」の様子を連日のように報じている[40]。

しかし、公設市場による「現金取引」の導入は、現金を用意できる市民層を予想しており、実際には「現金買いに困る人々」が現れていたと考える[41]。市民のために開設されたといわれる公設市場の実態を、市民自身はどのように捉えていたのだろうか。この点が殆ど不明である。また、市内の小売商全体の動きや利用する市民も、具体的に確認できていない。有力商店は連合したり、独立して、時期を見て出張廉売会を開催し対抗している。また、一九二二(大正一一)年一一月以降、各営業者は連合廉売組合を結成し、五城館を会場にして、毎年、度々廉売市場を開き、公設市場と同一価格で日用品を売り出している。公設市場の設置に際して、在仙大小の商店が対抗措置をとっていたことは当然予想される。[42]

このような状況を『河北新報』（大正九・九・六）は、「県は暴利を防ぎ、物価調節の実を挙げんが為め、県営として公設市場を設け、食料品薪炭等の日用品を販売」「当時市内商人の反対もありたれど、中流民救済の為めに断行して開設したる（下線は筆者）」と、公設市場が「中流民救済の為めに断行して開設」したことを明示し、強調している。設立検討の当初に、仙台市が主張した「社会救済事業」としての公設市場は、「中流民救済の為に開設」したものに変質している。公設市場開設以降、市場設置の特徴を県と市が明確に公表していないことに注目したい。

ところが、突然、「市場は、近頃に至り大体においで市価と均等し、且つ物価は漸落の歩を辿りつつありて、既に市場設立当時の目的を達したるより、最早や特設し置く必要なく」と、公設市場は一定の成果をあげたと判断して、県は市場指定商人に撤去を通達した。設置した公設市場は、約一年後の一九二〇（大正九）年九月に閉場となった。

しかし、『河北新報』（大正九・一〇・七）「社説」は、「市民の需要減じたるは、市場の不備は到底市民の信頼を買う能はざるが為なり、県当局は廃止するよりも、先ず之れを完備拡充する必要あり。一般物価の下落せりとの理由は固より問題とならず、今日仙台市が物価暴騰を憂慮せるの結果、各方面の組合代表者を招集して懇談したる事情に見るも、物価の下落せざるを立証するものと謂うべし。然るにも関らず、公設市場を全廃し、物価問題を打切りたるは、県当局の大なる誤算と謂わざるべからず（傍線は筆者）」と、当時の物価高騰の事実を捉えたうえで、県の姿勢を批判している。

県は、公設市場は一定の社会的使命を終えたとしながらも、具体的な説明なしに、同年一二月に新「公設市場規程」を発して、所轄を宮城県社会課とした。その上で、商品に肉類と酒類を加え、市場使用料を有料にし、公設市場に冠していた「仙台市」を削除し、名実共に県の経営・管理施設としている。

このような県の対応に対して、『河北新報』（大正一

○・一二・二三）評論は、「精神を没却する県当局の不誠意」として、「公設市場なるものの精神を解せず、事業を商人に委託したる結果、徒らに商人の私腹を肥やし、為に公設市場の神聖なる社会事業を失敗に終わらしめたるものと見ざるを得ず」と批判している。

その後、公設市場の動きは報道されていないが、一九二三（大正一二）年七月、「公設市場は相当の成績を収めている。今日では市場付近の住民は最も便利なるものと認めて利用しないものは殆どない」の判断を踏まえて、県は、取引品目に米（傍線は筆者）・塩・茶・漬物・缶詰・麺類・鶏卵を加え、市場の使用料を再び無料としている。新たに「白米の廉売」を設定しているが、公設市場での白米廉売の要求は、以前から市民が出しており、それに応えた形で、前年八月にも県社会課が公設市場を利用して白米廉売を一時断行している。

このような背景のもと、翌年七月二五日付『河北新報』も「公設市場は、開設当時のやうではないが、相当利用するもあり。売品の売行きの多いのは、米穀類六万九千二百余円、雑貨一万八千四百余円、野菜一万七千五百余円、薪炭一万四千三百余円、味噌醤油一万二千五百余円、その他海産物、牛豚肉、砂糖詰等は二千円乃至七千円を売上げている。成績は悪い方でなく、市民に便宜を与へていることを立証（傍線は筆者）」と記し、とくに米穀類の売れ行きが多いことを指摘し、主要品の白米をほとんど取次同様に販売している。

具体的な内容と変化の把握なしに、公設市場を評価すべきではない。公設市場は、基本的に生活の廉売施設としての性格をもち、一九二三（大正一二）年と翌年の公設市場売り上げ金額に占める米穀の割合は、五〇％を超え、「臨時救済施設」の性格を持ち、社会救済事業の一端を果たしていた。

（3）社会救済政策の変化と「中産階級の市民」への配慮

当時の新聞論調には、「中産階級」を特別視し、公設市場を「中産階級救済の日用品公設市場である」と主張する一面がある。[43]『河北新報』（大正七・九・一四）は、「一定の収入を以て生活する中流階級が、昨今最も悲惨なる状況に在ると云ふべし。中流階級に至りては、労働の自由を有せず、且救済救恤の名に於て救はるる資格なきやに取扱はれ、少しも救済の恩典に浴することない。中流階級は実に国家の中堅なり（傍線は筆者）」と指摘し、『河北新報』（大正七・九・一八）でも、「物価騰貴の為め最も困難を感ずるは中流階級にして、仙台市の如きは他都市に比較するに、中流階級則ち俸給生活者が比較的多数を占め、市民の大部分は緊要なるを思はずんばあらず、県当局が中流に対する救済に向つて一顧を与へざるは、県民乃至市民に対して甚だ不誠実の極みと云ふ可きに非ずや。中流救済の為めに公設市場の開設に一歩を進めることを希望せざるを得ず（傍線は筆者）」と、「仙台米騒動」直後から「中流（中産）階級の救済」と「公設市場の設置」を結び付けて、主張している。『河北新報』の評論・主張に一貫性が見られない点に注意し、その背景や理由を確かめたい。

戦時工業が勃興していない東北地方では、米騒動以後、社会政策として「防貧政策・防貧施設への取り組み」が強調され、濱田前県知事と仙台市は、「貧民対策」として、「昨年米価暴騰以来、中流以下市民の生活困窮を極めむるや、市は篤志者の寄附を拠集し内地米及外国米の廉売を開始」していたが、「米価及び諸物価は益々奔騰して殆ど停止する所を知らず、市民中流以下の生活は一層窮迫を告げ」「更に何等かの方法を講じて救済するの必要」を行政者として認めていた。しかし、具体策はなされず効果はなかった。このように「市民中流以下の救済」を重視して計画した社会政策施設は、実行に取りくむ前に知事の更迭があり、そのままになっていた。[44]

社会政策施設に関して、森県知事は前濱田知事と見解を異にし、計画されていた三施設の内、中流以下の市民を対象にした簡易食堂は必要を認めず、簡易幼稚園（労働者託児所）は民間施設を奨励し、改良長屋は「貧民」に限らず、住宅問題を解決するために、「中産階級」を収容できる家屋を建設することに決した。社会救済政策の新方針や実施は、従来から進めてきた「中流以下の市民」を対象とするか、それとも「中産階級」に変えるか、転換期を迎えていた。「中産階級」に対する配慮を推進しようとする森知事は、一九一九（大正八）年七月、米価調節策として、中産階級のために、県費の責任支出で外米一万石を購入し、その必要に応じ、仙台市民に対し廉売を開始した。しかし、「中産階級」を対象とした急激な対策の変更には批判があった(45)。

『河北新報』（大正八・五・六）は、「官吏会社員等の如き、臨時手当を増給せられたるもの及特別技能を有する職工等にして工賃の値上げを行ひたるものは、所謂資力を加へたる部類と見做すべき、一方には失業あり、他方に生活必需の物価高騰甚だしきに於ては、所謂下層階級の活路に一点の光明なきなり、最も重要なる一として、先づ食糧問題を徹底的に解決し、労働者階級の生活を安易ならしむるの策を講ずるが、方今の急務なりと信ずるものなり」と指摘・批判している。同時に、同紙（大正九・五・二七）は、「現在の社会経済組織に於ては、貧乏な者は裕福な者に比較して諸物価暴落の恩恵も頗る薄いことを知らねばならぬ。貧乏な細民階級に取つては殆ど恩恵なく、生活難は依然たるものである。貧民に恩恵なし。目前に廉売があっても余裕が無ければ買えぬ」の文言は、無視できない。

しかしながら、県の政策転換に関する新聞報道の内容は、多くの市民の受け取り方や意思表示を具体的に伝えていない。地域の実態や市民の対応・行動について、その真相を明らかにすることは、仙台公設市場設置の意義を把握するためには、欠かせない課題である。

確認できたこと・課題について

① 「仙台米騒動」の経験を踏まえた仙台市民が、「労働運動」をどのように展開していたのか、それを探ってみた。しかし、経営者は労働争議自体を

否定することが多く、事件は表面化しない場合があり、実態を確認できる資料は少なかった。

㋑労働争議は「仙台米騒動」の直後から発生し、大工場に限らず、小規模な職場で働く労働者の動きがあり、表面化した「同盟罷業」以外に「同盟怠業」が存在した。賃金値上げ要求が基本であり、労働者の自覚と団結心の高まりに「米騒動」の影響を認める。

㋺民間企業労働者の争議件数は少ないが、賃金値上げ要求の拒否に、転職や同盟罷業の計画を示し、中小企業でも解決している。しかし、争議を起こす男女労働者の労働条件は、具体的に確認できていない。

㋩一九一九（大正八）年以降、官公庁の労働者は、賃金値上げや労働条件改善の請願運動を行う。職場全員の集会・決議文への署名捺印は、労働者自身の存在と意思を表示する初体験で、「新しい団結と行動の姿」である。また、報道記事の華々しい外見的な労働者の行動に焦点が当てられがちであるが、東北帝国大学の巡視・小使・火夫・雑役夫・給仕の組織化や請願（『河北新報』大正九・四・一一、一二・五・二七、一四・三・一八）などは、小規模でも無視できない。

㋥これまで、調査の対象でなかった職人や使用人は、所属する「営業者組合」から独立して「職人組合」「使用人組合」を結成して独自の活動を始める。一種の労働組合である「畳業職工同盟会」、「仙台銅鉄葉職工同志会」を中心とした「仙台労働者自由連盟」結成の動き、小田原遊郭伎夫組合と仙台人力車挽子組合の結成と活動に注目し、より具体的に明らかにしたい。

㋭「協調的」といわれた製糸工場女子職工の意識や行動に変化が生まれ、争議の指導的立場にあった男子職工の解雇に、同盟罷業・同盟休業・同盟怠業で参加している。一九二三（大正一二）年以降の旭紡織仙台工場の紛争は、その一部である。

㋬地域には、労働争議の実態や真相を知り、それに対応する住民の動きが存在した。解雇職工家族の生活を無視できない地方行政機関が、仲裁・調停に介入している。「仲裁・調停」は、大正期に出現する地域対応の一つであるが、その実態は把握されていない。労働争議に存在する「妥協点」も軽視すべきではない。

②　借家人運動では、

㋑『日本労働年鑑』記載の仙台借家人同盟会の実態に、いくつかの疑問点が存在した。また、市営住宅賃貸料が、仙台市会で検討され、一般借家の賃貸料に大きな影響をもつことに気付いた市民が、市会を注視し、働きかけ、市営住宅賃貸料を実質的に低下・変更させている。借家人運動の具体例といえる。

㋺借家人の実生活が抽象的で把握できていない。また、借家人同盟会を借家人が、どのように捉え、判断していたのか不明であった。

㋩仙台借家人盟会の「仲裁・調停」の具体的な実態とその本質を明らかにしたい。

㋥仙台の借家人自体の運動について、具体的な活動を解明したい。

③　仙台公設市場と市民（消費者）の関わりでは、

㋑仙台公設市場の経緯と問題点を指摘できた。

㋺しかし、公設市場の設置には、「中産階級」に注目した考えと取り組みが存在するが、具体的な問題点を把握できなかった。

㋩公設市場の設置と活用を切実に望んでいた「中流以下の市民（現金購入できない消費者）」が、公設市場とどのように関わり、対応していたのか、不明である。

㋥公設市場の設置には、県・市が決定する社会救済政策の特徴が存在している。その特徴・変化と、市民の対応を明確にしたい。

㋭公設市場の設置に呼応して、仙台市に隣接する宮城郡原町では、議論を続けてきた町長や町民有志が、町営公設市場を開設することに決し、販売方法その他は郡の指導を受けることにし、郡長も賛成し斡旋した。従来からの青物市場を公設市場として活用し、近辺の果実・蔬菜類、塩釜・代ケ崎方面の生魚類を考慮し、一般に便宜を与えることにし、殊に中産階級の生活を考え、県営公設市場を参考にして、農会関係者とともに開設しようとしている。そのために、生産品供給関係の町村長及び生産者と会合・検討している(『河北新報』大正八・八・二一、三〇、九・五)。

④ 井本三夫氏をはじめ、多くの「米騒動」研究者は、第一次世界大戦末「米騒動」全期間(一九一七年春から二〇年春)を三期に分け、とくに第Ⅱ期を八年八月初め~同年末の実質米価が二階建て最高値にあるシベリア戦争開始期・消費者運動の賃上げ騒擾が街頭化する市民戦争期と規定している。『図説 米騒動と民主主義の発展』(井本三夫編)を引用する場合が多いが、「米騒動を全国的な規模の運動」と捉えながらも、大都市に焦点を当てがちである。件数や具体的な記録・経緯・実状が報告されている数多くの地方都市や町村の状況が無視されている。とくに、一部の「暴動(暴力)」行為にいたった経緯や、その具体的な実態を十分に確認せずに、一律に「米騒動=暴動」と捉える場合が多い。全国各地の「米騒動の具体的な真相」を明確にすべきである。筆者の「米騒動」の捉え方や定義づけについては、別稿で論じたい[46]。

⑤ 本稿では、「地域の住民運動」として、すでに一部が報告されている「普選運動・農民運動」や「市税の不公平な賦課(戸数割、徴収方法と納税の実態)」・「電灯料金の値上げ」などへの住民の反対運動に触れていない。また、『河北新報』(大正九・五・二七)は、五月二二日に市民が予定していた「普選提灯行列」への県知事の禁止方針に、県警察部長が極力反対し、衝突・対立していた事実の報道が存在する。支配体制に属する地域の人々を全て一律に捉えず、具体的に実態を確認する調査・報告も必要である。

⑥ 「住民運動」では、「政治的リテラシーを兼ね備

えた者たち」に焦点が当てられ、その他の多くの参加市民は、「識字率が低く、知識なき下級の肉体労働者」とされ、自己判断よりも、行動への呼びかけに応えて無条件で実行に移ったと見られる。しかし、多くの参加市民は決して「無知」「無能」な存在ではなかった。

⑦ 地域の歴史には、「暴力による解決志向」ではなく、「交渉・対話」を通じて問題に対処し、解決を目指す住民の取り組みがあった。最終的な解決のみを求めず、暫定的な決定を重ねて、誤りに気づいたら、やり直して行こうとしている。地域には「同意と約束」が存在し、「住民の独自性」が尊重され、「真の敵対者と対立者の区別」を明確にしている。稚拙な政治的言葉しか持ちえなくても、不条理な状況に抗い、立ち向かおうとする地域住民の軌跡の一端を確認できた。

【註】

(1) 米騒動・大戦後デモクラシー研究会井本三夫編『米騒動・大戦後デモクラシー百周年論集Ⅱ』(集広舎二〇一九)掲載の中川正人「仙台の米騒動」。
中川正人「「仙台米騒動」後の労働運動(一九一八〜一九二七)」(『東北学院大学東北文化研究所紀要第五十五号』二〇二三)

(2) 『法律新聞』(大正七・九・一三)。研究者から高く評価されてきた政友会代議士澤來太郎の「仙台の米騒動観」は、変質している。澤は、米騒動に関する自分の公判で、「仙台米騒動」について「然らば結果より観れば如何」と訊問され、「無論不可なり」と明確に返答した(『河北新報』大正七・九・二〇)。注意して評価すべき人物の一人である。

(3) 『河北新報』(大正七・一〇・一一、一三、二四、二五、一二・二八、八・七・二三、三〇、八・七、一八)。
本稿の「労働運動」では、前出「「仙台米騒動」後の労働運動(一九一八〜一九二七)」を一部引用し、加除している。

(4) 『河北新報』(大正八・五・六)。仙台における請願運動の始まりとされるが、前年一二月に仙台市小学校教員は、待遇改善要求の陳情を実施している(『河北新報』大正七・一二・二〇、八・七・六、一一、一二、二二、二六、九・二三、一〇・一二)

(5)『河北新報』(大正九・四・二二)
(6)『河北新報』(大正九・二・二〇、三・二五)
(7)『河北新報』(大正八・八・七、一二・一一、二八)。この時期、工場寄宿舎収容の女子職工の多くに、親などの「前借金」が存在し、そのうえで雇用契約が結ばれていた(『河北新報』大正一一・一一・一三)。この問題に本稿で触れていない。
(8)『日本労働年鑑　大正九年版』は「大正八年になってから殊に著しくなったのは、第一に争議の一方法として罷業の代りに怠業が流行し出した事である」と記している。
(9)『河北新報』(大正八・一一・二八、三〇、一二・九)
(10)『河北新報』(大正九・二・二七、三・六、一七)
(11)『河北新報』(大正九・四・一四、八・二三)
(12)『河北新報』(大正八・一〇・三一、一一・二、四、一五)
(13)『宮城県警察史　第一巻』(宮城県警察本部　一九八〇)、『河北新報』(大正九・六・一三)
(14)『河北新報』(大正九・七・一一、一〇・一・二一、二六、二七、三・三〇)
(15)『河北新報』(大正一〇・一〇・二、一三、一二・一・三一、二・二〇、二一)。仙台の小田原遊廓では、公娼制度の下、貸座敷取締規則に基づき、仙台貸座敷組合の楼主(経営者)が、登録した多数の「娼妓」の置屋所有者であった。非人間として劣悪な条件下に置かれ、人身売買を黙認されていた「貸座敷娼妓」を、本稿では全く取り扱っていない。
(16)『河北新報』(大正九・九・一八、一九、一一・三〇、一〇・一・一六、五・八、二九、一一・二四)
(17)『河北新報』(大正一一・三・六、六・二五、二六、七・一〇、一二、一四、二六、一一・三)
(18)『河北新報』(大正一一・一一・九、一〇)
(19)成田龍一「一九二〇年代前半の借家人運動」(『日本歴史』三九四号　吉川弘文館　一九八二)、吉川圭太「一九二〇年代の借家人運動における法的実践―借家人同盟を中心に―」(『民衆史研究』七八号　民衆史研究会　二〇〇九)
(20)『河北新報』(大正八・三・二三、五・二四、六・九、一八、三〇、七・四、九・二二)
(21)『河北新報』(大正八・九・七、一一・六、二四、一二・一七、九・一・一四、三・二八、三一)
(22)『河北新報』(大正九・一〇・一七、一一・一一、三〇、一二・二、四、一一、一三)。一九二〇(大正一〇)年八月、長谷川陸郎・三浦端らが、「既成政党には我慢ができない」と主張して、立憲革新自由党を結成し、普選の実現・婦人参政権・労働組合の結成・労働八時間制・陪審制度の確立などを綱領とした。普選同盟会や期成政党にかかわらない独自性は注目された。仙台人力車挽子組合と仙台借家人同盟会の両幹事渡辺保蔵は、同党幹事であった。

(23)『河北新報』(大正九・一〇・二〇、一一・七、一二・一二、一九〜二三、二五)

(24)『河北新報』(大正一〇・一・一七、一八、三一、二・三、五、七)

(25)『河北新報』(大正一〇・一・三〇、二・二、六、八〜一一)

(26)その後、三月全国借家人総同盟会が組織され、仙台借家人同盟会幹事が出席・演説し、加入している(『河北新報』大正一〇・三・二九)。

(27)『河北新報』(大正一〇・五・二一、二三、六・二八、七・一一、一三、一七、二三、九・四、一一、一六、二二)

(28)『河北新報』(大正一〇・一二・二五、二六、二八、一一・一・二、二・一、九、一五)

(29)『河北新報』(大正一一・四・一七、一二・一〇)

(30)『河北新報』(大正七・八・二三、二五、二八)

(31)『河北新報』(大正七・一二・一四〜一六)

(32)『河北新報』(大正七・一二・一六、八・三・一六、二二、二三)

(33)『河北新報』(大正七・八・二七、八・四・一五、六・二〇、九・七・八、九・一三)

(34)『河北新報』(大正一〇・五・一九、一一・二九、一一・二・一五、一二・七、一一、一二、二四、一二・一・一四、七・三、二二、八・一五、一二・二四)

(35)「公設市場」の用語が新聞紙上に多く現れるのは、一九一七(大正七)年からで、「公設市場」は「公設小売市場」を指す。本稿では、「公設市場」を用いた。

(36)『河北新報』(大正七・一二・一五)。

(37)「公設市場」の概容は、藤田貞一郎『近代日本経済史研究の新視角』(清文堂 一九九五)、中村勝『市場の語る日本近代』(そしえて 一九九五)による。

(38)『河北新報』(大正八・六・六、七・二八、八・二五)

(39)『河北新報』(大正八・七・二〇、八・四、二二、二七、九・一四、一六)

(40)『河北新報』(大正八・九・一五、一七、一九、二一〜二五)

(41)当時、市民の大半は月末払いの通い帳によるものが多かった。公設市場に掛売り・掛買いが存在したことが確認できる。一九三一年内務省社会局社会部「公設市場概況」では、三五市場中で八市場に現金売りの規程がない。仙台公設市場でも、現金売りのために利用できない「官衙その他団体」に限り、月末俸給払いの貸し売りを実施している（『河北新報』大正八・七・二三、一一・六）。

(42)『河北新報』（大正一一・一一・九、一二・九、一〇、一二・六・三〇、七・三）

(43)『河北新報』（大正八・七・二三）。一般に、「中産（中流）階級」は俸給生活者すなわち月給取りを指していた。新聞報道では、「極貧者」・「窮民」・「貧民」・「細民」・「下層民」・「中流民以下の市民」・「中産階級」などが使用される。しかし、実態は必ずしも固定せず、変化している。とくに、頻繁に使用される「中産階級」の具体的な内容は、不明確である。

(44)『河北新報』（大正八・一・九、二八）

(45)『河北新報』（大正八・六・四、九、七・四、一三、二三、九・一四、一八）

(46)本稿を出版社に送付する前に読まれた編者の井本三夫氏は、テーマを含めて〝仙台の街頭「米騒動」〟と訂正することを指摘された。しかし、筆者は、井本氏の「一九一八（大正七）年米騒動」の定義づけや捉え方に一部の異論があり、従っていない。井本氏の「米騒動を街頭的なものに限る視野狭窄は、偏見に過ぎない。労働者の対米価賃上げ騒擾を中心に置いた、近代的な米騒動の定義が必要になっている」との指摘は、傾聴すべきである。しかし、「一八年騒動について、アジア的近代の抑圧のゆえに武器もなく組織も無く、言葉さえ奪われて暴動形式に止まらざるを得なかった」（傍線は筆者）との記述は、肯定できない。

第8節　宮城県南地方の「米騒動」と亘理小作争議

加藤正伸

はじめに

宮城県の地元紙『河北新報』（一九一八年八月一三日付）は、「米暴動益々猖獗《しょうけつ》　警官抜剣して四十名を斬り　軍隊を出動して辛くも支ふ　名古屋＝京都＝大阪＝岡山＝　餓虎の如き細民暴威を逞うし　存分の値段で米を掠奪し去る」というセンセーショナルな見出しで、八月十日から一一日までに起こった「米騒動」（第二期＝街頭騒擾）を報じている。当時の人々は、「米暴動」「猖獗（悪いことがはびこること）」「警官抜剣して四十名を斬り」「軍隊を出動して」「餓虎の如き細民」「米を掠奪し去る」という言葉をどのように受け止めたのであろうか。

この報道が出た二日後の八月一五日から、宮城県でも「米騒動」（第二期）が起こる。これまでの研究で、宮城県における「米騒動」（第二期）は、仙台、石巻、津山町柳津（現登米市）などで発生したことが知られている。そこでは、「米騒動」における参加者の動きや職種、検挙者名などが判明している。しかし、仙台以南では、大河原町以外には大きな騒動は起こらなかったとされてきた。「県南地方での「米騒動」（第二期）の実態はどのようなものであったのか、起こらなかったとしても実際にはどんな動きがあったのか、また動きがなかったとしたらそれはどうしてか。」これが本稿の大きな課題である。自治体史や当時の新聞記事、その他の資料などから探っていきたい。

宮城県の農民運動については、「鹿又村」（現石巻市）「前谷地村」（現石巻市）「豊里村」（現登米市）など、県北地方での小作争議が知られている。県南地方においても、大正期に小作争議があったことは記述されているが、そこに焦点を当てて調査した研究書を目にしたことはない。大正期の県南地方の農民運動では、『宮城県議会史　第三巻』（P１４８～１４９）に「亘理小作争議」の存在が確認されているが、その実態は不明である。今回、亘理小作争議に関する新聞資料を収集したので、その内容と特徴を調べてみた。

これまで目を向けられなかった宮城県南地方の「米騒動」（第二期）と亘理小作争議について、解明したいと考える。

一、県南地方の「米騒動」

(1) 大河原町の「米騒動」

一九一八年（大正七）八月、宮城県南地方において「米騒動」（第二期）が起こったとされるのは、大河原町だけである。[1] しかし、その「米騒動」に関する記述は少なく、『大河原町史　通史編』（一九八二）、『大河原町史　諸史編』（一九八四）、『宮城県史７　警察』（一九六〇）に見られるだけであった。しかも、それぞれの日付や参加者数などの記述に違いがあり、不明な点が多い。当時、政府は「米騒動」の拡大を恐れ、八月一五日以降は関連記事の一切を差し止めたので、大河原の「米騒動」の記事が掲載されなかったことが理由の一つであろう。今回の調査で、新たに大泉光雄著『ふるさとの思い出話』（一九八三　大河原読書会）と『河北新報』（一九一八年八月一二日付）を入手したので、限られた資料ではあるが、前述の資料と合わせて、大河原の「米騒動」（第二期）について考察してみたい。

⑴従来の研究成果

まず、『大河原町史　通史編』[2]には、「仙台の米騒動の情報が流れて、〝次は大河原だ〟という流言が

■宮城県地図

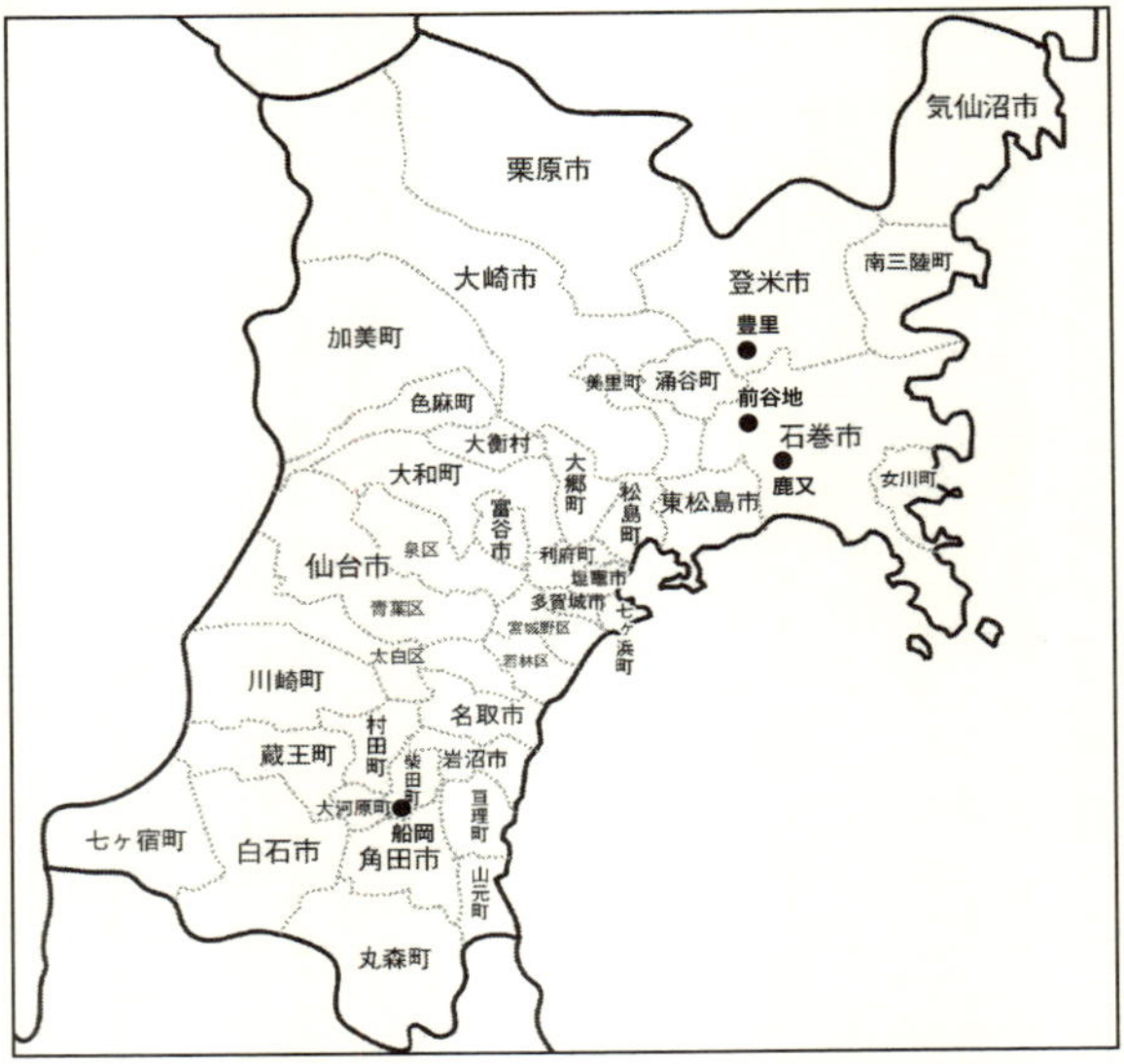

あった。県は軍隊を出動して警戒に当たっていたので、大河原警察署でも非常警備に入った。米穀商たちは渡辺屋米穀店に集まり善後策を協議し、米の廉売と寄付金の張り紙を店頭に張り出した。八月一七日、数十人の群衆が渡辺屋米穀商の店頭で騒いだ後、町内各地主の門前をデモし、投石したところもあったが、警察官の出動で事なきを得た。」と記してある。

次に、『大河原町史　諸史編』[3]には、「米価は日を追うに従って高騰し、八月には一升が四十銭を突破した。大河原小学校校庭には、連夜民衆が集まっていた。米穀の廉価販売交渉を決議し、その代表ら数十名が米屋組合長宅に押しかけた。町内の地主の中には、〝暴徒の襲撃〟とばかりに恐れをなして、姿を消した者もあったといわれている。」とある。

さらに、『宮城県史7　警察』[4]には、「八月一五日、米商山口定吉、酒商森惣治郎ら及び附近の農民・労働者たち約三百名が大河原小学校校庭に集まり、気勢を上げて町内に繰り出した。米商五、六軒を襲い、米の廉売を約束させた。人や建物に被害はなかった。警察署では署長以下全員で警備・鎮撫に努め、その結果山口・森らが検束されて、騒動は鎮まった。[5]」とある。

上記三資料の記述には、以下のような齟齬がある。

㋑「米騒動」が起きた日付が、「八月一七日」（町史）と「八月一五日」（県史）と違っている。㋺騒動に参加した人が、「数十人の群衆」（町史）と「附近の農民・労働者たち約三百人」（県史）となっている。㈧参加者が向かった先は、「渡辺屋米穀商の店頭で騒いだ後、町内各地主」（町史）と「米商五、六軒」（県史）となっており、県史では地主は対象になっていない。

大河原町の「米騒動」に関する新聞記事は少ないが、『河北新報』（一九一八年八月一二日付）に、「大河原で米価制限実行　一時形勢不穏　佐藤氏持米を提供」という見出しで載っている。

この新聞記事から分かることは、以下のことである。

①大河原地方は米が不足し、伊具[6]・亘理方面から米を移入していた。米の値段は三十七、八銭で仙台より二銭高であった。

②米価の高騰により庶民の生活が切迫していたが、それは小売商が暴利をむさぼっている結果だとして、形勢不穏になっていた。

③米穀商たちが危機感をもって、地主佐藤源三郎に米の廉売を願い、佐藤は了解した。（佐藤源三郎は、一九二八年で二三八町歩所有、小作人四八〇人を抱える大地主である。）米穀商たちは安心して、最高値を一升四十銭としたが値下げはしなかった。不穏な動きに対し、米穀商たちは八月一一日の段階で自分たちで対策をとったが、高値のまま販売することを決めた。

⑵『ふるさとの思い出話』について

『ふるさとの思い出話』は、大河原在住の大泉光雄氏が、町の古老たちの話を聞き集め書き残したもので、まえがきに「日ごろ、年寄りたちの間で、語り合っている昔の思い出話がある。それは主として、明治、大正時代に、町の話題となったものや、昔から語り継がれてきた話だけに、たいへん興味深いものがある。（中略）そこで、今のうちに収集したこれらの話を活字にして、後人のために、残しておきたいと考えた。」と記してある。「思い出話」は全部で二五項目に及ぶが、その中に、「米騒動と大河原」という項目がある。前半部分は「米騒動」の全国的な動きや仙台の「米騒動」について書いてあるので割愛し、大河原に関係する部分（P115〜128）を引用する。

○米騒動と大河原

さて、大河原では、農家も地主も値上がりを見込んで、持ち米を売り惜しみしているため、地回り米がいよいよ不足していった。そこで米屋は、やむを得ず伊具や名取方面から高い米を移入して売ることになった。従って、米価も当然ながら割高になって、仙台より二銭高の三十七、八銭という高値で販売せねばならなかった。町民は、この米価を米屋が不当なもうけをしていると思い込んで、米屋を批難、攻撃するという事態となり、一部では不穏な動きさえみせてきたのである。

この険悪な雲行きにあわてた米屋連の渡辺屋、大穀屋、村惣らが佐藤屋へ、また山口、山家、佐藤喜八らは大源へ出かけ、緊迫した事態を打開するため、ぜひ協力してほしいと訴え、米の提供を懇願した。大源はこの要請を拒否したが、佐藤屋は即座に応諾して、在庫米石当たり三十六円にて全部売り渡すことを約した。米屋もこれでほっと一息ついて引きとり、今後の対応策を協議した。それによると、端境期まではそろばんを無視した最高小売値を白米一升四十銭とすることに決め、他方の米価に動かされることなく四十銭をあくまで堅持することとしたのである。（中略）

仙台の焼打ち騒ぎのニュースが大河原に伝わると、町民の間でこの次は大河原の番だという声が町中に流れ出していった。すると、かねてから不穏な動きを見せていた反体制派のグループ（大正消防団？）《ママ》が、機会到来とばかり一斉に立ち上がった。八月十七日の夕方、団長の森惣をリーダーとする百名近い群衆が、石油かんをひっさげて中町の米問屋渡辺屋豊吉商店（宮城県米穀商同業組合評議員・同大河原支部長）の前に押し寄せて気勢をあげた。そして、森惣の激越なアジ演説が続けられていった。

この騒ぎに狼狽した町内の米屋が、支部長宅に集合して緊急協議をした結果、白米一升金十銭の出血米価を発表した。その上、金二千円を寄付すると大書したビラを店頭に貼り出し、たくみに襲撃から身をかわしたのである。そこで米屋側の言い分として、「米屋が勝手に米価をつりあげたものではなく、一部の地主が持米を出し渋っているためである」と釈明した。このアピールと店頭掲示の金額に半ば納得した群衆は、米屋から地主大源へと移っていった。

大源では早くから表の門や店を閉めてしまったので、群衆は怒りに燃え、怒号と罵声をあびせながら投石する騒ぎとなった。（堅固な土蔵造りの建物には、石油の四、五かんは何の役にも立たなかったらしい）このとき大源では暴徒に備え、出入りの大工や左官の若者を十数人集めて対決する構えをとっていたということである。

そのうち大河原警察署は、各署から動員した警官によって暴徒を鎮圧した。こうして、米屋も地主も危うく焼打ちの危機から脱したのである。

この資料をまとめると、以下のような内容になる。
①大河原では、農家も地主も値上がりを見込んで、持ち米を売り惜しみしていたので地回り米が不足していた。
②そこで米屋は、伊具や名取方面から高い米を買って売ることにしたので、米価は仙台より二銭高の三十七、八銭になっていた。町民は米屋が不当にもうけていると思い、米屋を批難、攻撃するという事態になっていた。
③不穏な動きを感じた米穀商たちは、二手に分かれ、地主佐藤屋と地主大源に米の廉売を頼みに行った。この頼みに、佐藤屋は応じたが、大源は応じなかった。
④その後、米屋は、端境期まで最高小売値を白米一升四十銭とすることを決め、他地方の米価に動かされないことにした。

⑤仙台の「米騒動」のニュースが大河原に伝わると、町民の間で、この次は大河原の番だという声が町中に流れ出した。

⑥八月一七日の夕方、かねてから不穏な動きを見せていた反体制派グループの大正消防団[7]が、機会到来とばかりに一斉に立ち上がった。大正消防団の団長、森惣治郎をリーダーとする百名近い群衆が米問屋渡辺屋に押しかけ、森がアジ演説をした。

⑦この騒ぎに慌てた米穀商が、大河原支部長宅に集まり協議して、白米一升金十銭、その上金二千円を寄付すると大書したビラを店頭に貼り出した。

⑧米穀店たちのアピールと店頭掲示の金額に半ば納得した群衆は、渡辺米屋から米の提供を拒否した地主大源へ移動した。しかし大源では門や店を閉めて対決する姿勢をとったので、群衆は怒りに燃え、怒号と罵声を浴びせながら、投石する騒ぎとなった。

⑨大河原警察署が各署から動員した警官によって、群衆を鎮圧した。

(3)大河原の「米騒動」についての考察

以上の『大河原町史　通史編』『大河原町史　諸史編』『宮城県史7　警察』『ふるさとの思い出話』『河北新報（一九一八・八・一二）』から、大河原町の「米騒動」（第二期）の動きについてまとめる。

①大河原の「米騒動」が起こった日は、八月一七日と考えるのが妥当と考える。理由は、『ふるさとの思い出話』に八月一七日と書いてあることが挙げられる。また前書と『大河原町史　通史編』に、「次は大河原だといううわさが町中に広がった」という記述があり、八月一五日から仙台で「米騒動」が起こり、その情報が大河原にも入ってきて、二日遅れで騒動が起こったと考える方が自然だということである。

②参加人数は、それぞれの資料で「数十人」「三百人」「百名近い」とまちまちで、資料だけでは判断できなかった。しかし、資料を合わせて考えると、大河原小学校の校庭に百～三百名が集まり、その中から数十名が行動を起こしたのではないかと推測され

る。

③参加者の動きは、まず県米穀商組合大河原支部長の渡辺屋米穀店に行き、その後、地主たちの家に押しかけたと考えられる。中には他の米穀店に行った者もいた可能性もあるが、中心勢力は前述の通りと思われる。なお、参加者が町内の大地主佐藤屋へ向かったという記述がないのは、六日前に米の廉売に同意し、在庫米全部を販売することにしたことが、町民に知られていたからと推測する。

④町の米穀商たちは、「米騒動」の六日前には、最高小売値を米一升四十銭と決めたのに、「米騒動」当日に一升十銭という破格の値段にしたことが分かった。これは、仙台の「米騒動」の影響があったのではないかと推測する。

今後の課題としては、

①『大河原町史　諸史編』の記述に、興味深いところが二ヶ所あった。一つは、「小学校校庭に連夜民衆が集まった」という点である。この場所は、八月一七日の米騒動以前から、人々が集まって話し合いをしていたと想像される。当時地域住民にとって、小学校校庭は、度々会合が実施されていた場所である。二つめは、「米穀の廉価販売交渉を決議し、その代表が県米穀商大河原支部長宅に押しかけた」という点である。この記述から、大河原の「米騒動」は、単に参加者が暴徒化して米穀商や地主を襲ったのではなく、きちんと事前に話し合って要求を決め、代表が交渉に行くという形をとっていたことが分かる。これは仙台の「米騒動」でも見られた方法で、大河原の「米騒動」を理解するうえで重要なことであると考える。詳しくは分からないので、今後の課題としたい。

②疑問は、「宮城県南地方で、どうして大河原だけに「米騒動」が起こったのか」ということである。八月十五、十六日に起こった仙台の「米騒動」が、軍隊や警察の力で弾圧されたことも恐らく伝わっているであろう状況下においてである。資料から考えてみると、まず「大河原地方に地回り米が殆どなく、他郡の伊具、亘理方面より移入していた」こと、そ

して、「米価が仙台より二銭高かった」ことから「米屋を批難・攻撃する事態になっていた」ことが、下地にあると考える。

さらに、『ふるさとの思い出話』の中にヒントがあるように感じた。それは、「すると、かねてから不穏な動きを見せていた反体制派のグループ（大正消防団）が、機会到来とばかり一斉に立ち上がった。」という記述である。この時のリーダーは、酒商森惣治郎と米商山口定吉であると『宮城県史7　警察』にある。森惣治郎について、『大河原町史　通史編』によれば「公設大河原消防組が機動力、装備といった点では、必ずしも万全とは言えなかった。こうしたことから町の有志を糾合して、民間施設大正消防団を組織したのが好漢森惣治郎であった。(8)」とある。また、『大河原町史　諸史編』には、「大正二年八月、上町の酒造業であり、郡会議員、町会議員を勤めた森惣治郎が、私設の「大正消防団」を組織した。(9)」とある。「米騒動」の時、森は現職の町会議員であることが分かった。また、もう一人のリーダーである山口も「米騒動」の直後から（一九二一年～一九二五年）、町会議員になっている。「米騒動」のリーダーで警察に検束された人物二人が、その時又はその後に町会議員になっているということは、全国的にも珍しいのではないかと思う。また、森は大正消防団（一九一三～一九二〇）を組織運営し、町の消防活動でも実績を上げている。二人とも町民からの信頼も厚かったようである。恐らく、くすぶっている町民の不満を森・山口が受け止め、「米騒動」と結びついて、仲間とともに立ち上がったのではないかと考える。そこに何らかの事情があったと考えられるので、今後も調査を続けたい。

③「米騒動」への参加者の職業については、明示がなかった。ただ『宮城県史7　警察』によると、リーダーは酒商・米商の商店主で、その他町内及び附近の農民・労働者が参加したと書いてある。しかし、どのような農民や労働者が参加したのか、他地域との違いがあるのか、あるとしたらそれはどうしてかなど、これも検証が不十分である。

(2) その他の町村の「米騒動」

宮城県南地方の自治体史や新聞記事の中から、特徴的だった旧町村の状況を紹介する。

①旧白石町では、他地方の「米騒動」の情報が入ってきたので、米屋・地主などは「何日間も寝ずの番を置き、六尺棒をもって焚火しながら、表門、裏門、塀、屋敷を自警したといわれ」、「沢端川沿いの板塀に某富豪の米廉売の貼札が貼られたとも伝えられている。[10]」また、町長鈴木惣四郎が率先して善後策に奔走し、富豪渡邊佐吉が所持米を提供したり、素封家鈴木清之助が在庫所持米全部を町長に委任したりした。[11] こうした中で、「お城山の鐘を合図に米騒動を始める手はずまで整いながら、首謀者の説得で未然に中止[12]」になったようである。

旧白石町では「米騒動」が起きる寸前まで行ったことが分かった。

②旧角田町の『角田町会議録綴』では、一九一八年(大正七)八月二三日に開かれた会議において、里見町長が「病気ノ故ヲ以」て、八月一〇日辞職届を出したので、直ちに選挙会を開くべきであったが、「臨時急施ヲ要スル事務ノ勃発シタル為メ」開催できなかったという説明がある。『角田市史』では、「勃発という表現の感触からして、明らかに米騒動を想定しているものと思われる。[13]」とあり、何らかの動きがあったことを示唆している。また、地主氏家清吉が自家用米を保留した残り全部を売却することとして役場に提供したり、他の地主達も廉売の計画をしたりしていたことが新聞記事に載っている。[14]

なお、角田の南隣にある丸森町の『丸森町史』には、「米騒動」について、「仙南地方では大河原、角田で不穏な動きがあったが大事に至らず」という記述があり、「旧角田町の不穏な動き」を記しているが、詳しい内容は分からなかった。

③『柴田町史』によると、旧船岡村の『船岡村役場日誌』八月一七日の記事には、「暴徒襲来アルヤノ風説、郡長ヨリ通牒有之、村民警戒ノ為船岡村消防組役場内ニ集合」とある。[15] 郡長からの通達というこ

とから、柴田郡全域に警戒の通知が出ていたことが分かる。しかし旧船岡村では、具体的な動きはなかったようである。

また『柴田町史』には、当時の小学生の日記が載っている。他の自治体史にはあまり見られないので紹介する。

「八月十八日　お盆もいよいよ近づいたので、私がお盆の用意の品物を買ってきた。御親類にお盆礼にいって来た。さて、近頃は米の原因から乱暴ものがでて、いたずらをすた《(ママ)》事をきいてたいへん恐ろしい。今夜のあたりは槻木にくるだろう。[16]」これを書いた少女の「米騒動」の捉え方は、「乱暴者」「いたずらをした」「たいへん恐ろしい」というものである。家庭内での受け止め方が、少女に影響していると思われる。

以上のように、県南地方の町村では「米騒動」まではでは至らなかったが、様々な動きがあったことが理解できる。

(3) まとめ

これまで見てきたように、宮城県南地方では、大河原町を除き大きな騒動にはならなかった。まずその理由を探るため、各郡の状況を『東北振興史　上巻』（一九三八　東北振興会[17]）をもとに考えてみる。同書には、「米騒動」を未然に防ぐために各郡のとった救済方針として、次のような記録がある。

「各町村内地主並に資力者に対しては夫々方法以て懇談を為し、所持米の大部分を細民救済払下げ米として提供せしめ」（柴田郡）、「有志に議し市価の調節を為さんと企図したり。大地主氏家清吉氏率先三百円を提供し、次いで各町村有志の奮起を促し」（伊具郡）、「米の所有者をして速やかに市場に提供せしむべきこと（郡地主会をして地主会員各自持米を提供）」（刈田郡）。

各郡や町村では地主や資産家に協力を依頼し、対策をとったことが分かる。

県南地方で「米騒動」（第二期）が少なかった理由は、関西、関東からの「米騒動」（第二期）の情報を受けて、郡・町村側が地主や資産家に働きかけ、それに応えた地主たちが米の廉売や寄付などを迅速に行ったことが考えられる。

最後に、宮城県南地方の「米騒動」（第二期）について、その概要をまとめる。

①県南地方で唯一「米騒動」が起こった大河原町では、資料の記述によれば、参加者が話し合って「米穀の廉価販売交渉」を決議し、代表が米穀商と交渉し、「白米一升十銭と金二千円の寄附」を勝ち取った。これは、発生日数や参加人数などの違いはあるが、仙台の「米騒動」と共通する重要なところと考える。

②具体的な動きは不明だったが、「米騒動」が起こらなかった町村でも、「米騒動発生の寸前までいった」「住民に不穏な動きがあった」ことが分かった。町村によっては、「米騒動」が起こったか起こらなかったかは、紙一重であった。

③その他の町村では、行政が地主や資産家に頼んで米の廉売を行うなど、前もって手を打ったことや地域の状況により表面化しなかった。

【註】

（1）柴田郡大河原町には郡役所や国の役所が置かれ、郡の中心地となっていた。大正二年の産業別人口は、第一次産業が四三％、第二次産業が二三％、第三次産業が三四％であり、農業以外の仕事の割合が比較的高かった。

（2）『大河原町史　通史編』（Ｐ７６５～７６７）

（3）『大河原町史　諸史編』（Ｐ１、１２３）

（4）『宮城県史７　警察』（Ｐ３１３～３１７）

（5）『宮城県史７』の場合は、庄司一郎の談話という形で示されている。山口・森の検束の事実と検束後については不明である。

（6）旧伊具郡のこと。現在の角田市と丸森町にあたる。

（7）原文には？マークが入っていたが、「大正消防団」は事実である。

（8）『大河原町史　通史編』（Ｐ７５７）

（9）『大河原町史　諸史編』（Ｐ１、１４２）

（10）『白石市史Ⅰ　通史編』（一九七九）（Ｐ５４８～５４９）

（11）『河北新報』（一九一八年八月一三日・一九一八年八月一五日）

（12）『白石市史Ⅰ　通史編』（Ｐ５４９）

(13)『角田市史2　通史編（下）』（一九八六）（P98
9～990）
(14)『河北新報』（一九一八年八月一五日）
(15)『柴田町史　通史編Ⅱ』（一九九二）（P441）
(16)『柴田町史　通史編Ⅱ』（P441）
(17)『東北振興史　上巻』（P424～435）

二、亘理小作争議

(1)『河北新報』記事に見る亘理小作争議

亘理小作争議の概要を、『河北新報』（一九一九年一月一三日）記事で見てみる。（引用資料の旧漢字は当用漢字に変更、句読点は、読み易くするために筆者が記入）

「小作人連盟して地主を脅迫す　焼打の風説もあり　亘理の人心恟々」

米価は新年に入りて四十五銭台なる未曾有の高値を示して中流以下の生活を圧迫し人心何となく恟々たるものある矢先、亘理郡内に小作人米収納より地主と小作人との間に大紛擾を生じ、焼打ちの暴行あらんなど風説する向きありたるが、本社の探聞する處によれば、亘理町にて十日の夜町役場或いは警火詰所の前など人目を引き易き箇所に「小作人一同集合せよ」等の不穏の張り紙をなすとともに、町内の大地主武田吉平、丹野常治、石井吉三郎三氏へ宛発信人なき書状到達したり。

その文面には、「昨秋役場にて施行したる歩刈より得たる収穫高のみは納付すべきも、他は悉く小作人の所得とすべく、之に応ぜざる時は暴挙に及ぶべし。」などありたるより、亘理警察署にては直ちに手配りをなして万一に備える處あり。且仙台警察署より応援巡査五名の急行ありたりとも伝えらる。

然して同夜は覆面の者三、四名づつ一隊となりて役場または学校付近を徘徊し、同志の糾合につとめたるやの観ありしも、官憲の警備宜しきを得たるため何事もなく、十一日も種々不穏の流言ありたれども暴挙を企てし者なく、十二日に至りても午後六時頃までは特に目立ちたることなし。十日の夜、無名の脅迫状に接したる石井氏方にては、店前に「かかる卑怯の行動に出でず、堂々と申し込み来たれ」など大書張り出したる等の挿話もありて、亘理全町の人心は今尚恟々たるものあり。小作米納入に関しては予て小作人より地主へ種々の交渉を開始したるものあれども、未だ強硬の態度に出でたるものなく一部にては正当に納入し居る実状に徴すれば、今回の不穏行動は中間に一種の策士ありて何等かの得る處あらんとするは疑うべからざる事実なるべし。

因みに不穏の張札をなせしは六ケ所、地主の受け取りたる手紙は十五、六件に及び、張札にはザラ紙を用い手紙は改良半紙を用い居たるが、その文章といい字体といい極めて立派なるものにて、目下全力を挙げて捜査中なり。

この新聞記事から分かる事件の概要は、以下の事である。

①新年（一九一九年）に入って、米価が四十五銭台と高値になり中流以下の人々の生活を圧迫していたので、人心は恟々としていた。

②一月一〇日に、亘理町の役場や警火詰所前など人目を引き易い場所に、「小作人一同集合せよ」などの張り紙が貼られた。

③町内の大地主武田吉平、丹野常治、石井吉三郎氏へ発信人のない手紙が来た。その手紙には「昨秋役場で施行した歩刈[1]から得た収穫高だけは納付するが、他は全て小作人の所得とすべきである。これに応じない時は暴挙に及ぶだろう」などと書いてあった。

④亘理警察署では直ちに手配をして警備に当たり、さらに仙台警察署から応援巡査五名が急行した。

⑤「張り紙」「地主への脅迫状」の他に、「覆面をした者が三、四名ずつ一組となって、役場または学校付近を回り同志を集めていた」「小作米納入に関しては、前もって小作人より地主へ種々の交渉を開始していた」などの動きがあった。

⑥張り紙は六ケ所、地主の受け取った手紙は十五、六件に及んだ。張り紙にはザラ紙、手紙は改良半紙を使って、その文章や字体は極めて立派であった。

このように亘理町では、新年（一九一九年）に入っても米価が高騰し、人々の暮らしを圧迫していた。地主と小作人の間で争議が起こり、焼打ちの暴行があるのではないかという噂もあった。小作人は、小作米納入時に「昨秋役場で行った歩刈の結果通りに納入したい。」と要求した。この争議は、亘理の小作人が、小作米納入量を減らしてほしいと地主に要求したが、地主が応じなかったことにより起こったものである。そのため、人目に付く所に「小作人一同集合せよ」という張り紙を貼ったり、大地主に脅迫状を送ったり、夜町内を回って、同志を集めたりするなどの動きがあった。

しかし、その後の動きはなかったようである。

『河北新報』は翌一月一四日付にも、「脅迫状に貼札　地主対小作人の争い　亘理尚警戒中」という見出しで続報を載せている。十三日の記事と若干の違いはあるが、この記事をまとめると、以下の様な内容になる。

①亘理町は、米産地・養蚕地として裕福な町であるが、町民の八割は農民である。そのうち、地主を除くとほとんど小作農家である。

②本月六日頃から、小作人側に不穏の状態が見られ、七日になって無名の書面を地主連に郵送した。その文面は、「産米は甚だしき減収なれば、過般町役場に於いてなせる歩刈調査の成績通り、二割乃至三割だけは、是非地主側より軽減して貰わねばならぬ。」という意味の文を巧みな文体で書いてあった。

③八日の夜に乗じて貼付したものらしく、九日の早朝、町内の警火小屋、町役場前の掲示板、旧館下の掲示板や電信柱等七か所に、西洋ザラ紙の大判に墨書した大貼札があった。内容は、「予て地主連に小作米の軽減を申し入れるも聴かれず、為に夫々交渉方を町長に依頼し置きたれば、この回答を聴くべく、十日午後六時を期して町役場前に集合せよ」と

いうものである。

④この貼札を見つけ、亘理警察署員がすぐに剝ぎ取った。この貼札や手紙は大変な事件なので、直ちに非常警戒を開始するとともに、仙台警察署の応援警官隊七名が亘理町に急行した。

⑤警戒態勢が機敏だったため、十日は無事に経過し、応援警官隊の一部は翌十一日朝、仙台に帰った。残留隊はその後も警戒するとともに、手紙を発送した人物や貼札をした人物の捜査をしているが、まだ検挙には至っていない。

一三日の記事ではよく分からなかったが、この記事から、「産米が減収しているので、役場での歩刈調査の成績通り、小作米を二、三割軽減してほしいと地主に申し入れたが聞き入れられないので、仲介を町長に頼んだこと」、「その回答を聴くので役場前に集まれ」と貼札で小作人に呼び掛けていることが分かる。

(2) 亘理小作争議の持つ意味

『河北新報』一月一五日付では、「米価の昂騰が生める　地主と小作人との欲争い　亘理事件の側面観」という見出しで記事を載せている。この記事をまとめると、以下の様な内容になる。

①亘理の争議は、昨年度産米の減収に起因するものである。町役場で行った歩刈調査では二割から三割の減収であり、小作人側も地主側もこれ程減収するとは予想していなかった。

②小作人は小作米軽減を願い出たが、地主側は、歩刈調査で何も言わなかったことを理由に交渉に応じなかった。

③収穫量が減収した場合、地主側は最も親切な態度で小作人に当たれば、円満に解決することが出来る。米不足のため米価が高騰している場合は、小作人に特に親切な態度で接することが、小作争議を解決するうえで重要である。

④この争議は、他の農村でも戒めとして受け止めることが必要である。

この記事では、産米が減少した場合、地主側は小作人の実態を把握し、配慮することが必要であると述べ、小作争議という社会問題に発展する事を危惧している。

更に、『河北新報』一月二二日付では、「地主対小作人紛擾　当局は不干渉」という見出しで記事を載せている。この記事をまとめると、以下の様な内容になる。

①亘理小作争議は、第一次世界大戦後、当然出現が予想された社会問題の一つとして世間の注目を集めた。また、農商務省もこの争議の真相を、県に問い合わせてきたので、それに基づいて県は詳しく調査している。

②地主対小作人の問題は、我が国における労働問題の中で、最も重要な問題であり、また一面、食糧問題の上でも重要な意義がある。

③今回の争議について県は、当面不干渉とし、反省互譲に依る解決を俟つ方針である。しかし、これからも同様な問題が続く場合は、相当の解決手段を講ずることになる。

県は不干渉主義を取りながらも、この争議をきっかけとして、今後の小作人の実態把握と対応策を考えたことが分かる。

この亘理の小作争議は、大きな騒動にはならなかったが、国や県当局に与えた影響は大きかったと考えられる。農商務省から県当局へ調査の依頼があったことは前述したが、『日本労働年鑑　大正九年版』（大原社会問題研究所）にも「本年に入りてより宮城県亘理郡に地主対小作人の騒擾事件あって地方人士の注意を喚起した[2]」と記述されており、全国的に注目されていたことが分かる。また、同書には、内務省がこの年二月に各府県に対し、「地主対小作人紛争議決策に関する調査」を行っていることが載っており、「かくて思想上に及ぼす影響が少なくないので、内務省は農商務省と協議の上、農業の向上発展、地主対小作人の紛争解決策を頻りに、調査研究するのである」[3]と述べている。これには、亘理小作争議が影響して、実態把握のための調査をしていることが伺え、農商務省だけでなく内務省までが注目していることが分かる。

また、前年に起こった「米騒動」（第二期）からおよそ五か月後の出来事であり、多分に、その影響を受けているように感じる。（「米騒動」第三期としての位置付け）この争議が、宮城県南地方における米騒動後の農民運動の発端であり、また全国に影響を与えた争議であると考える。

【註】

（1）役場が小面積でその年の豊凶を検査した結果

（2）『日本労働年鑑　大正九年版』（Ｐ５９３）

（3）同　（Ｐ５９２）

おわりに

本稿では、これまで明らかにされてこなかった県南地方の「米騒動」（第二期）と亘理小作争議の実態を探ることを目指した。いくつか新しい事実が判明し、今後の課題も把握できたと思う。

①大河原町の「米騒動」について、五つの資料をもとに、「大河原の米騒動が起こった日」「参加者の数」「参加者の動き」など、これまではっきりしなかったことを明らかにすることができた。

②「県南において、どうして大河原町だけ「米騒動」が起こったのか」という疑問について、聞き取り資料から、当時反体制派と見られた二人の人物が大きく係わっていたことが判明した。この森惣治郎・山口定吉について調査を続けていきたい。

③大河原の「米騒動」は、参加者が要求を話し合って、代表が交渉に行くという形をとっていたと考えられる。

④『ふるさとの思い出話』という、地域の方が残した貴重な資料が見つかった。今後、著者の大泉氏の関係者からの聞き取りや、他の地域資料の発見と解明に取り組んでいきたい。

⑤「亘理小作争議」が、「米騒動」後の県南地方に

おける小作争議の発端となり、県や国から注目されて、その後の小作争議対策に影響を与えたという歴史的意義をつかめた。

⑥大正期の宮城県南地方の農民運動について、その発端を把握することが出来た。その後の農民運動については、年表を作成し具体的調査を進めたい。その中の一例として、「地主会の小作人対策」に大きな特徴が見られそうである。具体的な事例紹介は、今後の課題としたい。

第9節　福島県の「米騒動」期

福島県は戊辰戦争期から一貫して、東北では最も活発な県で、「米騒動」についても庄司吉之助の古典的な研究『米騒動の研究』（未来社一九五七年）がある。

まず「米騒動」各期の争議統計を（青木年表掲載の範囲だが）見よう。

第一期（一九一七年春〜一八年六月）

一七年七月に三件（石城郡内郷村の磐城炭鉱の賃上げスト、石城郡好間村の磐城炭鉱での賃上げ要求、石城郡好間村の古河鉱業所の職工の賃上げ要求）、八月に石城郡盤前村の小野田採炭部坑夫の賃上げスト、一八年一月に福島市の郡山絹糸紡績男工の賃上げスト、四月に郡視学の同盟辞職を図っての増俸要求がある。第一期は六件中四件までが浜通りの常磐炭田で、中通りの福島市が二件（紡績工と郡視学）だったことになる。

第二期（一八年後半）

一八年七月上旬に石城郡赤井村の福島炭鉱夫の事故死手当増額要求、八月上旬の郡山町の郵便配集配人の米価騰貴による同盟辞職、九月上旬の石城郡好間村の古河炭坑夫の、下旬に石城郡赤井村の福島炭坑夫の賃上げスト・建物破壊暴動があり、四件中三件までが常磐炭田で一件が中通り郡山町だったことになる。

第三期（一九一九年一月〜二〇年三月）

一九年は九件で六月に会津若松市の金箔工の賃上げスト、七月に三件（郡山町の郡山紡績職工の賃上げスト、石城郡上遠野村の磐城採炭会社坑夫の賃上げスト、石城郡伊藤炭坑夫の賃上げスト）、九月に三件（会津若松市の鈴木製糸の女工などの賃上げスト、石城郡内郷村の入山炭坑夫の賃上げ要求、石城郡内郷村の磐城炭坑夫・職工の賃上げスト）、一〇月に福島市の羽二重会社職工の賃上げスト、一一月に福島市の県庁吏員の賃上げ要求、二〇年一月に石城郡赤井村の小田炭坑夫の賃金スト、三月に石城郡好間炭坑夫の災害防止要求ストがあり、一一件中の七件までが常磐炭田で、会津若松市が二件（金箔工・製糸女工）、福島市が二件（羽二重会社職工と県庁吏員）だったことになる。

全「米騒動」期では二一件中の一四件まで（2／3）が浜通りの常磐炭田で、残りを県都の福島市の四件（紡績工・郡視学・羽二重会社職工・県庁吏員）・会津若松市の二件（金箔工・製糸女工）・郡山町の一件（郵便配集配人）で分け合っていることになる。小作争議も一七年に無かったのが一八年秋には一件生じ、二〇年には四件に急増している。

上記の争議統計にも福島県の三地域の特徴が現れていたが、以下では「米騒動」期の状況を中通り（福島市・郡山町など）・会津地方・浜通りの順に見て行こう。

（1）中通り地域

第一期にも福島市では、一八年一月の郡山絹糸紡績男工の賃上げストと四月の郡視学の同盟増俸要求があったが、第二期の街頭騒擾も福島市の八月一三日晩から始まった。市中央の稲荷山公園に集まった二千余人が三名の交渉委員を先頭に、米穀商組合長から始めて市内の米穀商に軒並み押し寄せ、「明日一升二五銭、明後日より三〇銭」の貼紙を出させ、車力夫・印刷工・大工・労働者・新聞記者などの主導で五千人が動くに至った。翌一四日には「販売を拒んだ」などで暴動化し、知事が仙台の第二師団に派兵を要請、一五日に一四名が検束されて沈静した。郡山町でも一七日晩に麓山公園・八幡神社に集まった千人から行動が始まったが、製糸・紡績・化学などが発展していたので、工場労働者の参加が特徴的であった。『図説　米騒動と民主主義の発展』三一六頁に赤城弘の経過表付きの詳しい論稿がある。

(2) 会津地方

第一期・第二期に(青木年表の範囲では)賃上げ騒擾は記録されていないが、第三期(一八年後半)の街頭騒擾は県下で最も先鋭化している。八月一五日晩から二一日まで五市町村(若松市・喜多方町・坂下町・山都村・湊村)で、米屋や米貯蔵者に安売りを強要するとともに、高利貸・質屋・大地主など資産家を主要対象にして寄附を強要した。米屋はいち早く一升二五銭の安売りを表示して難を逃れたので、資産家襲撃が中心化し、不愛想な応対をしたり寄付金を出し渋ったものは打毀された。若松市の場合、羽金与一のように門を閉ざして応じようとしなかった者も遂には寄付に応じ、一万円の寄附要求に千円の貼紙しか出さなかった斎藤庄四郎(大谷屋)は着剣の軍隊に守られねばならず、喜多方町では二万円の要求を出された風間善九郎宅が、主人不在で養子が二、三百円で済まそうとしたところ、家屋を打毀され軽傷を負わされた。

これらの騒擾では、若松城址の北出丸で指揮した佐藤啓次・高島栄五郎が救世軍と称し、山都村では事前に村民動員し電力会社の開閉器を停電状態にして襲撃したように、指導性・組織性が見られる。検挙者から見ると労役者や職人層が中心であるが、地域支配層の行状を知り尽くしていると共に、薩長閥の自称官軍に対峙した戊辰戦期や民権運動期以来の、会津の抵抗の歴史を受け継いでいるように思われる。『図説　米騒動と民主主義の発展』三二一頁に、赤城弘の詳しい論稿がある。

（3） 浜通り地域

前述のように第一期には一七年七月に三件（石城郡内郷村の磐城炭鉱夫の賃上げスト、石城郡好間村の磐城炭鉱夫の賃上げ要求、石城郡好間村の古河鉱業所の職工の賃上げ要求）、八月に石城郡盤前村の小野田採炭部坑夫の賃上げストがあり、第二期には一八年七月上旬に石城郡赤井村の福島炭鉱夫の事故死手当増額要求、九月上旬の石城郡好間村の古河炭坑夫、下旬に石城郡赤井村の福島炭坑夫の賃上げスト・建物破壊暴動があったが、街頭騒擾も起こった。赤城弘が『図説　米騒動と民主主義の発展』三一九頁に掲載の経過表で見よう。

月日	場所	出来事	出典
8月14日	浪江町	町民大会に数百人	庄司『米騒動の研究』157頁
15日	同	町民集会１５００人、米商に投石	
16日	平町	２００人、各商店に強談 米穀商の始めた「廉売」が一升三七銭・四〇銭と高かったので、町民が激昂し一升二八銭の貼紙を出して騒動寸前になる	『北越新報』8・18
	相馬郡中村町	米穀組合長に安売り強要、商店に値下げ要求	吉河『所謂米騒動の研究』192頁
19日	相馬郡松ヶ江村原釜浜	３００人が中村町へ押しかけようとし、説諭で解散	『福島民報』8・20
	平町	一升28銭の貼紙	庄司『米騒動の研究』158頁
22日	相馬郡小高町	米値上げ反対に３００人	『福島日日』8・22
	相馬郡鹿島町	富豪の寄附が少額と不満で５００人が寺に頓集・解散	『福島民報』8・27
23日	双葉郡富岡町	米商焼打ちの貼紙	『福島民報』8・25

	相馬郡新地村釣師浜	漁民が村役場に米安売り要求	『福島民報』8・25
25日	相馬郡原町	米廉売停止に反対200人	『福島民報』8・29
26日	同上	米廉売停止で町内を徘徊	『福島日日』8・29
9月5日	石城郡小名浜町	集合呼びかけで4人検束、漁民	『東京日々』茨城版9・8
8日	相馬郡中村町	漁民二十余人送検	庄司『米騒動の研究』160頁、『福島民報』

第三期には、一九年の七月に石城郡上遠野村の磐城採炭会社坑夫と石城郡伊藤炭坑夫の賃上げスト、九月に石城郡内郷村の入山炭坑夫の賃上げ要求と石城郡内郷村の磐城炭坑夫・職工の賃上げスト、二〇年には一月に石城郡赤井村の小田炭坑夫の賃金スト、三月に石城郡好間炭坑夫の災害防止要求ストがあった。

全「米騒動」期では（青木年表掲載の範囲では）一三件の争議が浜通りの常磐炭田であったことになる。茨城県にもまたがっていた常磐炭田の労働争議については、『論集Ⅰ』で赤城　弘が詳述しているので、その要旨を次に掲げる。

第10節　『論集Ⅰ』掲載

赤城弘「炭鉱労働者に見る米騒動の表出　常磐炭田の労働争議」に加筆

常磐炭田は太平洋にほぼ平行に走る阿武隈山地の地層下に炭層を持ち、福島県双葉郡の富岡町北部から茨城県日立市の南端までの南北約九五キロ、東西五～二五キロ、面積約七八〇平方キロの地域だった。幕末嘉永年間（一八四八〜五五年）から発掘・販売が始まり、維新後は首都を中心とする鉄道敷設に役立つ特性が注目され、明治一七年に盤城炭砿社（浅野総一郎ら）が、明治二八年には入山採炭会社が設立されたのに始まり、多数の炭鉱が開発された。日清戦後の明治三〇年頃から罷業・暴動・逃亡が増え、日露戦後に独占資本の確立が見られ、明治四四（一九一一）年には一六三万トンを産出、労働者数も明治四三年に福島県内だけでも八千人を超えた。

『論集Ⅰ』の赤城論文は、一四二頁に「常磐炭田の労働騒擾一覧」表を示し、「米騒動」第一期の福島県内郷村宮炭田の賃上げスト、第二期の茨城県多賀郡松岡村採炭所の暴動、第三期の茨城県多賀郡大日本炭砿唐虫砿業所（一九年三月六日）の暴動など、代表的な争議を詳述している。そして一九年には三八〇万トン、労働者数三万六千人に達していたこと、昭和期の労働運動を指導した山代吉宗の活動なども含め、昭和三〇年代の重化学産業の成長と国際石油資本の攻撃下に閉山するまでの、全史を総括している。

第11節　茨城県の「米騒動」期

日露戦直後一九〇五年九月五日の東京日比谷の講和条件暴動にならう、騒擾・集会が三府一六県に拡がるなかで、茨城県でも九月一五日の非講和県民大会に五千人が集まり、政府の戒厳令は「憲政を蹂躙し人権を無視」と非難決議を行った。

「米騒動」期の労働争議は、第一期には表４Ａで見ると四件起こっており、一七年七月の多賀郡の炭坑夫賃上げストと八月の三件（日立鉱山精錬所坑夫、多賀郡の炭坑夫の賃金スト、新治郡の製糸女工五二〇人のスト）である。表4Bに見るように、第二期には二件（一八年八月上旬の郵便集配人の賃上げ要求と九月上旬の多賀郡茨城炭坑の採炭夫賃上げスト）だが、第三期の一九年には八件に跳ね上がる。三月の大日本炭鉱会社の唐虫鉱業所坑夫二百人の賃金げスト、七月の行方《なめがた》郡七か村小学校教師の増給要求、八月の久原鉱業日立鉱山鉱夫二百人の賃上げ、一〇月の筑波鉄道機関庫員の賃上げストと、一一月の二件（三菱鷹取鉱山鉱夫賃上げ争議・日立鉱山鉱夫争議）、一二月の賃上げ二件（茨城採炭会社千代田鉱業所鉱夫六〇〇人と西茨城郡石工三〇〇人）である。以上一四件中の一〇件までが常磐炭田のものである。

共同体の伝統的な慣行を活かした闘い方も見られる。水戸市東方の鹿島灘に面する磯前町では、第二期の一八年九月七日に若者組が大洗《おおあらい》磯前神社の祭礼にかこつけて神輿《みこし》を担ぎ出し、触れ太鼓付きで七軒の米穀商に次々「揉み込んだ」。詳細は『図説　米騒動と民主主義の発展』四三〇頁に佐藤次男執筆で掲載されている。

第12節　新潟県の日露戦後から「米騒動」期

北前船航路沿いの全国屈指の米輸出県・大地主県だった上に佐渡鉱山もあったから、近世から「津止め」型・賃上げ型の米騒動などが近世・明治期に多かった。日露戦後から見よう。

一九〇七年七月、「津止め」型米騒動が佐渡に起こる（富山湾東部・千島国後島と合わせ計四件）。日露戦後米騒動の年で、全国的に賃上げ騒擾も激増している。

一九〇八年、蒲原郡で中条農民会なる小作組合が、米穀検査補償金闘争を起す。

一九一二年六〜七月、佐渡に「津止め」型米騒動（富山県とあわせると計一七件）。元号交替期米騒動の年（七月三〇日から大正元年）で、労働騒擾も増加。

第一次大戦末「米騒動」の労働争議は、第一期は（表4Aで見ると）一七年八月に中蒲原郡で真益社製糸女工の賃金ストだけで、第二期（一八年後半）には無いが、街頭騒擾が八月一七日に新潟市・長岡市で発生し、下旬には新津・柏崎・直江津・新井町にも拡がっている。新潟市では印刷職工が白山公園に集まれという貼り紙を一六日晩に三カ所に出し、一七日晩に四百人が盆踊りの者も吸収して富豪の鍵富三作宅を襲い、翌日には新発田歩兵連隊が出動した。長岡では『長岡週報』の記者が一六日に活動写真館で、弁士に明晩ここで市民大会を開くと言わせ、一七日晩に米商二軒を打毀して放火し、翌日も数千人が集まって小千谷工兵大隊が出動した。以上の街頭騒擾については『図説　米騒動と民主主義の発展』四二二頁に松原直樹が詳述している。

第三期には労働争議（表4B）は四件に増える。一九年一月に岩船郡の畑銅鉱山鉱夫の待遇改善スト、八月に塩沢町の製糸女工一五〇人の賃上げ要求、一〇月の長岡鉄工所職工の賃上げ要求、二〇年二月に同鉄工所機械鉄工五二人の賃上げストである。

第13節　栃木県の日露戦後から「米騒動」期

日露戦直後一九〇五年九月五日の東京の講和問題暴動の影響を受けた集会が三府一六県に及ぶなかで、この県でも九月一二日に講和反対大会が開かれた。「米騒動」第一期は一七年四月に鹿沼町の日本麻糸会社職工の賃上げストで始まり、第二期には一八年八月に、宇都宮市で下野印刷所印刷工の賃上げ要求（東日栃木版8・9）と駅前運送店馬車挽・倉方一〇八名の賃上げスト（東日群馬版8・13）、茂木町での廉売要求に五〜六〇人の投石事件（八月一八日）が起っている（詳細は『図説　米騒動と民主主義の発展』四三四頁に駒田和幸が執筆）。第三期の一九年には争議が表4Bに見るように七件に増す。八月の河内郡木戸ヶ沢鉱山坑夫百数十人の賃上げストと足尾銅山鉱夫二万五千人の賃上要求、九月にも足尾銅山鉱夫九百人の賃上げスト、一〇月の三件（宇都宮専売支局六百人賃上げ要求と足尾銅山本山の精練課鉱夫六五三人と通洞採鉱課の待遇改善サボ）、一一月の足尾銅山鉱夫一五〇〇人の賃上げ暴動・ストで、七件中の六件までが足尾中心の鉱山労働者であることが特徴的である。

第14節　群馬県の「米騒動」期

群馬県の労働争議は「米騒動」第一期には報じられていないが、第二期には一八年八月上旬に前橋市で、石炭挽き百余名の賃上げ要求があり、街頭騒擾も発生した。高崎市でも市民大会が準備されて一〇日に政友会高崎支部が決議し（東日群馬版8・7、12）、一一日には吧遊楽郡富永村で百余人が太鼓を鳴らして救済を訴える事件が発生した。これ等については『図説　米騒動と民主主義』の四三六頁に、関口荘右執筆の詳報がある。第三期には、一九年八月に、勢多郡の大胡郵便局集配人と高崎市の板紙会社職工の賃上げストが起っている。

第15節　千葉県の「米騒動」期

第一期には、一七年八月の真鍋製糸場製糸工の紛議と、一二月の銚子町の醤油醸造職工千人の賃上げストがあり、一八年前半の九十九里など漁村部でも、「物価の嵐が小学生に及」び「体操科時間に昏倒者が多い」ので「貧困児童救済方法を考」るようになっている（東日3・16）。第二期（一八年後半）には七月下旬に成田電鉄車掌・運転手が賃上げ要求し、八月中旬以後は房総半島南端部で水田の少ない安房郡が不穏で、鴨川町漁業組合は外米の廉売を始めたが、勝山町（現・鋸南町内）では漁民の女房連五〇名が米穀商に押し寄せて米を移出せぬよう要求し、天津小湊町内浦では漁民女房数百人が前掛けで顔を包んで暴れ回った。『図説米騒動と民主主義の発展』の四二七頁に愛沢伸雄執筆の詳報がある。

第三期の一九年一月には野田の醤油醸造会社職工一三〇〇人の賃上げストが起こっている。

第16節　埼玉県の「米騒動」期

第一期の一七年八月には鉄道院大宮工場で賃金ストがあったが、第二期には事が多い。一八年八月初旬に大宮町の町議が義侠の施米を始めたが（東日埼玉版8・9）、北埼玉郡羽生町では米穀商組合が値上げを決めたため、九日に五カ所の電柱に「米価問題町民大会に賛成の窮民は上羽生羅沙門天境内に」と貼紙が出て、集まった四百余名は警官の説得で解散したが、町当局が外米廉売や施米を決定せざるを得なかった。同じ九日に熊谷町でも、町長への脅迫的書面と町会議員一同への救済要求の手紙とが送られ、熊谷米穀商組合頭取の松本米穀製粉㈱会社社長が五百円を町に寄付し、穀商組合中心に一三日に廉売を行うことになった。これを機に寄付が拡がって最終的には二万八八六二円が集まったので、大部分を後の社会政策費に遣せたという。これと前後するが八月一〇日に大黒郡の日本煉瓦会社職工百名の賃上げ争議、一七日には鉄道院大宮工場職工賃金争議が起こり、比企郡松山町でも二〇日に有力者の門前・電柱に「救済しなければ三日以内に暴動」の貼り紙が出て、町会議員らが醵金による白米廉売を決めた。北埼玉郡の南河原村では二六日に被差別部落民が救済を求めて警鐘を鳴らし、棍棒を持って役場に押し寄せ、翌日大里郡花園村でも被差別部落民が外米廉売の継続を求めて村長宅に集合した。以上の詳細は『図説　米騒動と民主主義の発展』二六六頁（戸川点執筆）に見られる。

九月下旬になると収穫期なので農村部でも動きが現れる。児玉郡若泉村の小作人百人余りが小作料を値上げした地主の襲撃を計画した。製糸家でもある豪農が米価高の中で小作料を上げて一層儲けようとしたからで、二二日午前に寺の境内で小作人大会が開かれ、製糸場の終業汽笛を合図に同家へ押し寄せたが、駆け付けた警官隊に阻まれ総代たちによる折衝に変わった。一九二二年以後の日本農民組合や全国水平社に属してのたたかいも含め、詳細は『図説　米騒動と民主主義の発展』四四二頁（坂本昇執筆）に纏められている。

第三期の一九年には表4Bに見るように労働争議が増え、七月に三件（所沢陸軍飛行機製作所機械工一五〇人の賃上げ要求、大黒郡の東洋館製糸場女工一五〇人の賃上げスト、忍町の足袋職工の賃上げ要求）、一〇月に二件（大宮機関庫乗務員の賃金要求、所沢飛行場旋盤工一五〇人の賃上げスト）、一一月二件（豊岡町の石川第一製糸場の女工八百人の賃上げストと忍町の足袋職工の賃上げ要求）が数えられる。

以上のように賃上げ型でも、部落民を含めた街頭型でも、小作農民の運動でも活発であるのは、鉛道の幹線沿いで今日首都圏に含まれるような性格を持ち始めていたためと思われる。

第17節　首都の日露戦後から「米騒動」期

まず日露戦後～大正前半の首都の状況を一覧しよう。

年	出来事
1905（明治38）年	9月5日、講和条件反対・藩閥政府批判の国民大会が日比谷公園から暴動化、警察署2・同分署9・派出所交番258（全市の70％）・市電15台を焼打ち、政府系新聞・内務省などを襲撃。死者17名・検挙511名。6日に市内・荏原郡・豊多摩郡・北豊島郡・南足立郡・南葛飾郡に戒厳令施行。主催の河野広中をはじめ311人拘引。 9月6～11月29日、京浜地方に戒厳令。講和批判・政府批判のため発行停止を受けた新聞・雑誌は全国で三九に及ぶ。
1906（明治39）年	3月11日、日比谷公園で東京市電値上げ反対の市民集会、150人ほどがデモ行進。 3月15～18日、同上1600人のデモが暴動化、市庁舎・電鉄会社を攻撃、市電十数台焼打ち、軍隊・騎馬巡査出動。府知事が値上げ申請を却下したので沈静化。 9月5～8日、三会社合併の新会社による改正運賃が6月に出されたのに対し、反政友会系議員も含めた一万人以上の市民大会が日比谷公園から暴動化（交番・市電十数台焼打ち、検挙113名）したが、改正運賃が実施となる。
1908（明治41）年	2月、全国の商業会議所・実業組合など365組合の代表が連合大会を東京で開催。増税とその原因である「過大な軍備」に反対、これに反する代議士を選挙しないことを決議。 2月11日、増税反対の市民大会（日比谷公園）から市電11台焼打ち。

	12月、市電運賃の4銭から5銭への再値上げが申請された。
1909（明治42）年	1月、市電値上げ反対に数万人がデモし、内務省が再値上げを却下したので沈静。
1911（明治44）年	3月11日、衆議院で松本君平ら提出の普通選挙法を可決（同15日に貴族院で否決）。 7月、東京市電会社の市営化反対運動。米価高騰し外米売出し。
1912（大正元）年	11月26日、東京商業会議所が二個師団増設は国家財政に累を及ぼすと反対決議。 12月13日、新聞記者・弁護士らが憲政作振会を組織して増師反対を声明（第一次護憲運動の始まり）。 12月14日、交詢社の有志を中心に新聞人・尾崎行雄（政友会）・犬養毅（国民党）らが憲政擁護会を組織。 12月19日、憲政擁護会旗揚げの（第一回）憲法擁護大会、板垣退助らも加わり3千人が歌舞伎座（木挽町）に集まる。27日、新聞記者・学者ら憲法擁護大懇親会。
1913（大正2）年	1月17日、同趣旨の全国記者大会が東京築地精養軒で開催。 1月24日、全国記者大会の第二回が東京新富座であり、尾崎・犬養・杉田栄一らも講演。 2月9日、第三回全国記者大会が東京国技館で開催。 2月10日、議会を囲んだ数万の群衆が休会を繰返す政府に怒り日比谷から市外へ、交番38焼打ち、政府系新聞社などを襲撃、軍隊出動、死者数名・負傷百数十名・検挙253名。 2月17日、全国記者大会に4百名。 9月7日、対支強硬策国民大会（日比谷公園）、デモ行進が外務省を攻撃。
1914（大正3）年	1月14日、東京　憲政援護会が悪税廃止第一回有志大会、営業税・通行税・織物税・消費税の撤廃を決議。 1月25日、東京　同会主催の営業税廃止第一回大演説会（久松町明治座）に一五〇〇人、27日第二回（本郷座）2千人。 1月31日、全国商業会議連合会が営業税撤廃を決議。 2月1日、東京など二一カ所で、憲政擁護会主催の悪税廃止大演会・市民大会。翌日も全国二六カ所で同様の集会、以後日を追って各地で千名以上の集会が行われる。1～2月に全国で

	行われた廃税決議・集会は600件以上。 2月10日、海軍汚職批判・憲政擁護・営業税反対・対支強硬策要求で5万の群衆が議会を包囲し、4千の警官が殴るけるの弾圧を行ったので暴動化。12日まで続き、政友会代議士・政府系新聞社を攻撃、下谷警察署・交番86・市電26台焼打ち、民衆側死傷者53・検挙253（うち有罪判決133）。 2月14日、東京　廃税問題国民大会、群衆議事堂を包囲。 3月6日・8月15日、全国記者連合会主催の内閣弾劾の第1～3回大演説会。 6月3日、歌舞伎座で内閣弾劾大演説会。『中央公論』7月号に吉野作造が「民衆的示威運動を論ず」を発表。 8月14日、新富座で改造内閣弾劾大演説会。。 12月15日、明治座で内閣弾劾大演説会。
1915（大正4）年	3月、第12回総選挙。。 6月、2個師団増設、軍艦建造などの追加予算案可決。 8月、大隈内閣改造。 9月、堺・高畠らが『新社会』刊。
1916（大正5）年	1月、吉野作造が「憲政の本義を説いて其有終の美を済すの途を論ず」を発表。 3月14日、電車賃値上げ反対市民大会。 10月12日、全国記者大会、元老の政権私議、閥族・官僚政治の排斥を決議。
1917（大正6）年	1月20日、築地で寺内内閣排斥政治記者大会。

（1）「米騒動」第一期

表4Aに見るように一七年六月以後年内だけでも労働騒擾が一九件あって全国最多、重軽工業一般・造船・兵器製造から精密工業・印刷まで多様である。内分けは六月に二件（東京毛織物会社王子工場職工五百

人と日本兵器会社東京工場機械工三百人の賃金スト）、七月に三件（京橋区の小柳金属工場紛議、富士ガス紡績会社押上げ工場男工三三八人の賃上げスト、同社小名木川分工場織物工の賃上げスト）、八月に八件（北多摩郡東村山の東京市上水道工夫百人の賃上げスト、タバコ専売局芝支局区職工七〇人の賃上げ要求、小石川の博文館印刷工場印刷工三百人、本所区の精工舎時計製造所仕上げ工三八〇人、牛込区の秀英社第一印刷工場の印刷工五百人、芝区の東洋印刷会社の印刷工八三人の賃上げスト、豊多摩郡の藤倉電線会社職工の賃上げ要求、京橋区の新潟鉄工所東京鉄工所の鉄工二八〇人の賃上げスト）、九月に三件（小石川の砲兵工廠製図工のスト、麻布の協立電機会社職工五八人の賃金スト、石川島造船所仕上げ工二百人の賃上げスト）、一〇月に二件（紡績会社炊事夫スト、深川区の江東汽船の解雇反対スト）である。九月三〇日と翌日に暴風雨が東海側を襲って河川が氾濫したので、収穫期にもかかわらず米価が投機的に跳ね上がり、東京市内では早くも米の廉売が行われて、公設市場・公営食堂を開かせる運動が始まった。

一八年前半になると、東京では社会政策実行団によって平民食堂が設けられ、食品を中心に各区に公設市場を開設することが府庁・商工会議所・府農会などに切望されて、先ず品川区に二月一〇日頃公設青物市場が生まれた。「府庁内で野菜の市」が三割安で行われ、各郡農会でも準備されて、「東京市参事会全員を委員とする物価調節調査会」が発足し、「公設市場の開設」は府農会が「先づ市内に三カ所を設置」の予定（時事3・26）。府下高田村でも「月給取りや労働者の生活難、学校に朝食を食べずにくる生徒や弁当のない者が続々増えるのを見るにしのびず」、費用は村長・助役持ちで「高田倉庫株式会社保有の三等上白米を」二月二四日から「人一ヶ月一俵に限り一円四升の値で廉売する」。同種の計画は女子商業学校と「花の日会」の共同でも準備中（東朝2・23、万朝2・25）。東京では五月二〇日から外米三〇万石の売り出し（事5・21）、六月上旬には一四個所に委員四〇名がつめる生活苦相談所ができ（報知6・7）、下旬には外米奨励のため府が外米の炊き方の講習会を行う（東朝6・29）。

購買組合では東京飯田町に出来た「共同会」が先進的で、薪炭・米・雑穀・乾物などを一、二割安く配布し、「近頃の馬鹿値に呆れて入会する人が多くて多忙」という。鉄道院の消費者組合では低運賃で常磐・東北の木炭産地から仕入れるので、五割近く安く売れ、米も特約店を設けて組合員が買った分量は運賃八割引きできると云う（東朝1・30）。

二月一一日には、憲法発布三〇年祝賀国民大会に三〇〇名が上野の精養軒前に集まって寺内内閣の非立憲を批判し、二重橋前に行進しようとしたが、警察に阻止され一七名（区会議員・壮士・学生）が検束された。

一八年前半の労働争議は、二月に二件（新橋駅構内車夫の賃上げ要求、北豊多摩郡の日本製麻会社工員の賃金上げ要求）、三月に月島の日本機械製造会社の解雇反対スト、五月に芝区の東洋印刷会社の印刷工の平等要求が起こっている。

(2) 首都の「米騒動」第二期（一八年後半）

街頭騒擾から見よう。多数の新聞・雑誌を発行して東京大学付属の明治新聞雑誌文庫の創始者でもある宮武外骨は、世相・政治を風刺する「稀代の硬骨漢」だったから、この投機横行の米価騰貴にも黙っていなかった。彼が『東京朝日』8・10に出した「十三日午後六時……日比谷公園音楽堂前に御来会被下度候也」は第七面の下隅に小さく出ただけだったが、谷中警察署に呼び出され警視庁に連行され、取消記事を書かされたが何故かそれは掲載されなかった。その一三日当日音楽堂前に集まって来た群衆は次第に増え、警官に押し出されて米穀取引所のある牡蠣殻町などに向かい、一七日まで続く首都の騒乱が始まった。その詳細は『図説　米騒動と民主主義の発展』二五四頁（駒田和幸執筆）に纏められている。

この第二期には、労働騒擾は表4Bに見るように一八件で、図2の実質米価がピークの七～九月に集中している。七月下旬に五件（深川区の浅野スレート会社職工の安売米要求、小石川の博文館印刷工場七〇人の賃上げスト、牛込区の日清印刷会社機械工三百人の賃上要求、小石川区の東京書籍会社印刷工場での動揺、京橋区の三協印刷会社工一四〇人の賃上要求）、八月上旬に六件（市役所日本橋区内掃除人、大井町の松尾鉄工所鉄工一六〇人、本所区の汽車製造会社東京支所工の八〇人、月島の石川島造船所旋盤・仕上げ工一五〇人の賃上スト、京橋区の福音印刷合資会社印刷工七〇人の賃上要求）、八月中旬二件（麹町区の宮内庁省丁一九七人の昇給嘆願、日本橋区の安田銀行行員数十人の賃上スト）、九月上旬二件（小石川の砲兵工廠職工の賃上要求、月島の木造船大工二六〇人の賃上スト）、中旬二件（王子町の関東酸曹黒灰製造所工の賃金スト、芝区の日本電気会社職工の賃上スト）、一二月に一件（タバコ専売局芝支局区女工一五〇人の主任排斥）である。政治・文化双方の中心で印刷物が多いから印刷労働者の争議が目立つ一方、宮内庁でも昇給「懇請」が見られる。市電の各車庫、二万人を擁する小石川砲兵工廠や月島石川島造船所のストもある。これら第二期の争議の詳細は、月島労働者だった山本懸蔵（山懸）の小伝などとともに『図説　米騒動と民主主義の発展』二五八頁に記されている。石川島造船所では労働団体啓正会が八月に、一〇月一〇日には東京鉄工組合友愛会が結成された。第一章第2節（5）で見たように、吉野作造による「白虹」事件への反撃を機に、民主運動の団体も急増し始める。

(3) 首都の「米騒動」第三期

表4Bに見るように、第三期の一九年には一八三件に激増する（次に多い大阪府でも半分の九一件である）。第二期の全国化した街頭騒擾に自信を得て、全民主主義運動の発展期が始まったのである。第三期直前から

の首都圏の労働運動組織の急発展を見よう。

六月中旬　立憲労働党が結成される
同　一七日　自由労働組合が結成される
同　二〇日　市内一五新聞の製版工が革新会を結成
同　二二日　山川均・荒畑寒村が労働組合研究会を開催
七月　鉄道院が八時間制を採用
同　中旬　蔵原惟郭が立憲労働党を組織
八月三日　砲兵工廠に小石川労働会が結成される
同　三〇・三一日　友愛会が七周年大会で大日本労働総同盟友愛会と改称
同　三一日　東京市電を中心に日本交通労働組合が結成される
同　七日　博文館の印刷工が大進会を結成
同　三〇日　京浜ガラス職工組合が結成される
同　中旬　東京印刷工組合が結成される一方、信友会が一七日から一一月にかけ八時間制要求のゼネスト
一二月二一日　大日本機械技工組合が結成される
同　二四日　日本労働党が東京で発会式
同月　政財界が労使協調を推進する「協調会」を設立
二〇年五月二日　最初のメーデー（当時は土曜が休日でなかったから二日の日曜を選ぶ）

第一章第3節（3）で見たように　民主主義・文化運動の出版・研究所が次々誕生し、次の（4）で見たように、一九年一月一八日に行われた黎明会の第一回講演会を機に、普通選挙期成同盟会も活動を再開した。

第18節　『論集Ⅱ』掲載　井本三夫「現地案内：京浜の「米騒動」争議」に加筆

第一章第1節（3）で見たように、戦時造船ブームによる労働強化が米価・物価騰貴と重なり、争議が激発する端緒が東京月島の北端部にある石川島造船所と横浜市鶴見の浅野造船所で、前者は一七年だけでも一月二四日、九月二二日・二四日に賃上げストが起き、後者は一一月に暴動化する。石川島は隅田川河口部を明治二五年に浚渫し、干潟に土砂を積み上げて大きくしたので月島の語源は築島だという。近世来その北端部に干潟を埋め立てた石川島・佃島が有り、その間の小島に寛政二年（一七九〇年）から長谷川平蔵が「人足寄場」を設けて無宿人の厚生に活かした。石川島にはペリー来航の一八五三年に、水戸の徳川斉昭が海防のため幕府に造船所を作らせ、翌年の安政大地震で伊豆で座礁したロシア艦から学んで洋式帆船四隻を建造し、維新後の民営移管で渋沢栄一らの出資を受けてに石川島造船所となった。

浅野造船所があった横浜市鶴見も、幕府が開港の翌年一八六〇（万延元）年に勝海舟に神奈川お台場（砲台）を造らせた所で、セメントで財を成し日清戦後の好況期に東洋汽船を興した浅野総一郎が、第一次大戦期の海運ブームの一九一六年にお台場に続く沖を埋め立てて造船所を作らせたのである。一九四〇年には日本鋼管と合併し、九五年に閉鎖して今はコトン・ハーバーというリゾート地に成っている。船台六基、六千人を擁したこの浅野造船所に「米騒動」期では初の造船所暴動が起こったのは、第一期の一七年一一月である。伍長層以上にだけ賞与金を出したところ、翌日千余の職工が事務所に押し寄せて片っ端から破壊し始め、鶴見区居中の社員家族は横浜に避難したが、翌日一般職工にも賞与を出して鎮まった。

月島の方は明治二五年の埋立てから大規模で、国策的な重工業地帯として育成されたので鉄工所が多く作られ、石川島造船所や造兵廠のような大工場から下請けの中小工場までが並び、多数の労働者居住区も密集していた。早くから友愛会の組織が作られ、「米騒動」第一期の一七年に石川島造船所に三度の（鋳物工・出張所・仕上工の）賃上げストがあり、第二期の一八年八月の石川島造船所本工場と九月の月島の木造船所とそれぞれで賃上げストをした。

「米騒動」に衝撃を受けた内務省は調査の必要を感じ、典型的な労働者密集地域である月島住民のそれを高野岩三郎に依頼したので、経済的社会的のみならず衛生・健康・教育・娯楽に至るまでの一八年後半から二〇年にかけての体系的資料が『月島調査』として残され、それを分担した人々は亦、消費者組合や諸種の社会運動の形成者と成って行ったのである。

『論集Ⅱ』の「現地案内：京浜の「米騒動」争議　石川島・コトンハーバー」に詳述されている。

第19節　神奈川県の日露戦後から「米騒動」期

日露戦後からの集会・騒擾を一覧しよう。

年	出来事
1905（明治38）年	9月6日〜11月29日、京浜地方戒厳令、9月5日の東京の講和問題の大暴動の影響。 9月11日、記事差し止め・発行停止を命じられた新聞雑誌は全国で三九に及ぶ。 9月13日、横浜市の羽衣座で非講和演説会、参集者が交番11カ所を破壊、第一師団の2中隊が出動。
1911（明治44）年	11月27日、前日の東京商業会議所の二個師団増設反対決議の影響で、商業会議所も同決議。 12月19日、横浜市羽衣座で憲政擁護神奈川県民大会、東京の憲政擁護の（第一回）憲法擁護大会と並行。
1913（大正2）年	9月16日、多摩川沿岸農民が河川改修要求でアミガサ・デモを始める。

「米騒動」第一期の労働騒擾は表4Aによると一八件で、大阪府・東京府に次いで多い。一七年には七月に一件（横浜の東亜電機会社職工三二五人の賃上げスト）、八月に四件（アームストロング会社火薬製造所職工七百人の賃上げスト、浅野セメント会社職工四〇人の賃上げスト、熱海線第一工区朝鮮人土工八〇人の優待契約書要求スト、日本郵船宮崎丸下級船員賃上げ要求）、九月に一件（石川島造船所出張工五三人の暴行抗議スト）、一〇月に三件（日本蓄音機製造会社川崎工場職工賃上げスト）、一一月に二件（鶴見の浅野造船所造船工二百人の賃上げスト暴動化、横浜の池端製紐工場職工紛議）、一二月に横浜ドック造船工八三〇人の賃上げスト。一八年前半には二月に二件（浦賀ドック職工の賃上げスト、アームストロング会社火薬製造所職工の賃上げ要求）、四月に二件（横浜電鉄従業員とアームストロング会社火薬製造所鍛冶工の賃上げ要求）、五月に横浜の造船町工場職工七百人の賃上げ要求、六月に橘樹郡の富士製鋼会社職工七〇人の賃上げストである。造船・製鋼・火薬・電器・紡績・セメントの職工と船員が主で、一七年六月から一八年八月までの間に横浜米価が一・八八倍、一五年に比べると三・四五倍にも成ったことに対抗する。

第二期には街頭騒擾が始まるが、一八年八月一五日からであるのは、一三日からの東京の日比谷公園発のそれが一四日の新聞に出たからかも知れない。晩に横浜公園に集まってきて二、三千人に達し、一六日晩には一万二千に増える。煤煙・悪臭に住民の不満が高まっていた保土ヶ谷曹達《そーだ》工場（当時は市内でなく橘樹郡）が二〜三千人によって焼打ちされ、子安町の日本人造絹糸会社の賃上げストでは全従業者解雇に対し事務所を破壊した。横須賀でも同じ一五、六日に諏訪公園内に集まっている。いずれも「市民大会」起点型で、関西都市のような（被差別部落などの）歴史的な複雑さはない。(註) 米商・富豪への襲撃は行われず、破壊行動は六大都市県では小さい方である。原因には有吉忠一神奈川県知事・久保田政周横浜市長の主導で、事前の施策が進んでいたことも挙げられているが、京浜工業地帯そのもので、重化学工業部門などでの争議形態をとったからではないかと思われる（表4Bによると一八年後半は九件）。

第三期の一九年には、その労働争議が六〇件に跳ね上がる。詳細は『米騒動という名の大正デモクラシーの市民戦線』一六七〜一七〇頁に纏められている。二〇年春までを含めた第三期の東京府・神奈川県のいわゆる京浜の労働争議は二八九件で、京都府・大阪府・兵庫県のいわゆる京阪神の二一〇件より多く全国最大である。大戦後デモクラシーが京浜を中心に始まることを象徴していると云えよう。

【訂正】『米騒動という名の大正デモクラシーの市民戦線』一八一頁右側にある街頭騒擾件数の表で、神奈川県の8月15・16・17日の欄に4・5・3とあるのは2・3・1の誤りで、9月9日の欄に1とあるのは0の誤りなので、計は13ではなく6になる。

第20節　静岡県の「米騒動」期

(1)『論集Ⅱ』掲載の清水実による研究史の省察

静岡県の「米騒動」について戦前は、一八年八月一三日に静岡市宝台院に集合して市内に繰り出したのが起点とされていたが、自然発生的な集まりは一二日に生じていた。官側基本資料とされる吉川光貞『所謂米騒動の研究』も、「八月十二日頃より人心漸く険悪の兆を呈し、翌十三日先ず擾乱静岡市に惹起し翌十四日迄の二日間」と書く。

戦後の研究は不穏・動揺状態をも含むようになり、金原左門[1]は一八年八月一一日からの事例を挙げている。一一日の小笠郡大池村での細民百名の強訴、浜名郡新居村の外米販売要求、周智郡森町の数百名による米積出し反対と、一二日の静岡市民一五〇〇人の市民大会である。大池村は『東京日日』によると一〇日からで、村長の日記でも証明される。

一九六二年になると静岡県社会問題研究所編の研究[2]が、「街頭における暴動に前後して、職場単位の労働者不穏状態（同盟休業やサボタージュを含む）や小作農民の地主に対する暴動、小作争議が発生していることに注目せねばならない」と指摘する。海野福寿[3]はこれに批判的で、「争議は米騒動と連動することはなかった。労働者組織と大衆の連携はまだ熟していない」、「米騒動」が「以後の労働運動、農民運動展開の飛躍台」に成るという意見で、『静岡大百科辞典』（一九七八年）の「米騒動」の項にも「米価騰貴で一道三府三二県に起こった民衆の暴動」と書き、争議に含まれている賃上げ型の米騒動が近世以来あるのに気付いていない。

藤枝町を例に発生理由と民衆の論理を見よう。

(イ)一揆・打毀しの伝統

近世の一八一六(文化一三)年に増田五郎衛門の蓑着一揆が起って藤枝宿の奈良屋・鍵屋などを打毀し、一八三六(天保七)年一〇月の米価高騰では志太・益津郡で二度にわたる打毀しが発生、一八六九(明治二)年の飢饉状況期にも打毀しが起った。そして自由民権運動期の明治一八年には志太地域で、借金党が増田五郎衛門の記念碑を岡出山公園である津島神社入口に建て、大戦後デモクラシー期の一九二六年にも五郎衛門の新たな顕彰碑が島田市六合の八幡神社に建てられ、戦後民主化の昭和二四年にも六合の八幡神社で五郎衛門の顕彰式が行われた。暴利を得るために他者の生活を顧みない者は社会的に制裁するという正当性の伝統の上に行われるもので、「暴動」の一言で済ますべきことではない。経済的自由を優先する近代資本主義の発想に対比される、共同体観念の上に徳義・仁政があるべきことが期待されて、「モーラル・エコノミー」の要求があったことに注目せねばならない。

(ロ)日露戦後からの民衆運動の活気

日露戦後は町村民が役場に出かけて直接交渉する事態が頻発していた。

一九一三年　藤枝町民有志が独占企業志太電気を矯正する同盟会を結成・異議申し立て

一九一六年　朝比奈川改修問題で志太郡民が一六〇人が郡役所に押しかけ

一九一七年　藤枝郵便局電話接続部の改善を要求して加入者が集会計画

一九一七年　志太郡長が強権的と排斥運動

一九一八年四月　志太電気の電気料金値上げに対し各町村から選出の委員会が会社と交渉

集会参加地となっていた岡出山公園には東洋一と称される巨大な日露戦招魂碑が立っていたが、従軍者殊に戦傷病死者の家族への保障はあまりにも小さく、見捨てられていた。しかも戦時の非常時特別税は約束に反し廃止されなかったので、不況が続いた。第一次大戦で漸く景気が復活したが、今度は富裕商人が値を吊り上げ暴利をむさぼっていると感じ、不満は頂点に達していた。日露戦後以来、民衆は国家に貸しがあると感じており、これが「モーラル・エコノミー」を根底にもった打毀しの伝統を呼び起こして、集団化組織化により「米騒動」に成ったと思われる。戦後の「米騒動」研究は井上ら『研究』に寄りかかって、以上の点の意識が不足していたと思われる（以上『論集Ⅱ』の清水稿の要約）。

戦後の「米騒動」研究には、山本義彦が磐田郡袋井町について書いたものもある。(4) 多くの資料をもとに参加者と襲われた米商との双方からの聞き取りを纏めたもので、天皇内帑金の下付を契機に集められた財界人や地元の寄付で米廉売が行われた過程、鎮圧に出動した軍隊が機能しなかった事や、底辺労働者・被差別部落民も含む運動だったことも示している。『県史資料編　通史編5　近現代一』（一九九六年）での記述は加藤千香子による。

(2)

本書総論で述べたように「米騒動」は一九一七年から労働者主導で始まっていたのであるから、三期に分け労働騒擾の件数を見て行こう。第一期（一七年六月から一八年六月まで）には表4Aに見るように二件（四日市製紙芝川工場賃上げスト、富士郡大宮町の郵便局集配人の賃上げ争議）、第二期（一八年後半）にも表4Bに見るように二件（庵原郡清水町の鈴木商店製油工場の賃上げ要求、磐田郡の久根山鉱山の賃上げ争議）が起こる一方、街頭騒擾が起こる。それについては、『図説　米騒動と民主主義の発展』の二四一頁以下に、小池義之が概要以下のように書いている。

静岡市の米価は五月一七日に白米一升（一等）三二銭だったのが、七月一三日には四九銭に奔騰していた。八月一〇日に小笠郡大池村（現・掛川市内）で村民代表が役場に行って供給法を非難したが、翌日村内の被差別部落の百余名が村役場に押しかけ、郡役所にも押しかけようとしたので村長が救済策を約束して解散させた。同日周智郡森町でも数百名が米の積出しに反対運動を起こし、浜名郡新居村では漁民が米穀商の売り惜しみに怒る不穏状況が生じていた。静岡市では一二日に宝台院で市民大会が開かれるという噂が立ち、午後一〇時半頃千人以上が集まった。警察署長の説得で解散したが、一三日午後九時ころ再び集まって来て三千人に達し、米穀商・富豪に廉売などを要求して午前二時ころまで二五軒に押しかけた。一四日にも豪商など二九軒を襲撃し警官や憲兵による検挙があったが、一五日早朝にも廉売を迫る動きがあった。浜松市でも一四日に、日本楽器製造会社（現ヤマハ）・鉄道院浜松工場などから五社公園に、警戒態勢のなか千人が集まり、警察署長の慰撫を退けて米穀商・富豪など一五軒を襲い、一五日にも千人が旅館等を襲撃した。同日は庵原郡江尻町（現清水市）・志太郡藤枝町・磐田郡見付町（現磐田市）・小笠郡掛川町・引佐《いなさ》郡西浜村（現三ケ日《みっかび》町）・富士郡大宮町（現富士宮市）などで、以後も多くの所で起こっている。

静岡県の街頭騒擾は最初から襲撃を目的としたものでなく、略奪などもしていないが、二四日に再び静岡市の宝台院に集合するまで一五日間、県中・西部を中心に二市二〇町一〇カ村にわたり、職人・商人・農漁民・雑業層・被差別部落民などが参加して、検挙者二〇名、求刑は最高が懲役三年、最低六カ月で、以後の社会運動全般への起爆剤にもなった。

第三期には労働争議が一三件（一九年の九件と二〇年春の四件）に跳ね上がり、第二期の全国騒擾で大きく励まされていることが伺われる。なお静岡市の沓谷霊園に関東大震災後の大虐殺（一九二三年九月）で犠牲に成った大杉栄・伊藤野枝と大杉の甥の少年の墓があり、墓前祭などが行われ会紙『沓谷だより』が発行されていることを、小池氏に教わった。

【註】

（1）金原左門「静岡の米騒動」『文化と教育』第7巻2号（一九五六年）、「浜松の米騒動について上・下」『土のいろ』復刊5・6号（同年）

（2）「静岡県における米騒動（その1）」『季刊静岡県労働時評3』一九六二年

（3）『静岡県労働運動史』同史編纂委員会一九八四年、二五頁

（4）山本義彦『静岡県近代史研究』4号（一九八二年）、『袋井市史』資料編・通史編（一九八三年）

第21節　山梨県の「米騒動」期

労働騒擾は第一期では表4Aで見ると三件（一七年八月の甲府電力会社職工六〇人の賃上げスト、同一一月の藤田組工場での劣悪条件を嫌っての逃亡、一八年五月の南都留郡の富士馬鉄従業員の賃上げスト）である。第二期（一八年後半）には、八月に甲府郵便局集配人二一人の集団欠勤が起こっているが、富豪襲撃も起こった。南巨摩郡鰍沢町では細民救済資金を募集し、甲府でも市会が八月七日に寄付金募集での外米購入を決定したが、一二日に民政党員による「米価調節団」が結成されて、一五日に甲府城跡の公園で開くと決定した。甲府署の要請で中止したが、新聞に出てしまっていたので人が集まってきて、太田町公園に集まっていた五百人ほどと合流し、近くにある県一の富豪若尾家の寄付が少な過ぎると、倉を開けさせることに成った。それが大々的な焼打ちになったことは有名で、詳細は『図説　米騒動と民主主義の発展』三四八の稿（坂本徳一執筆）で見られる。

第三期の一九年には表4Bに見るように、労働騒擾が一三件に跳ね上がっている。

第22節　長野県の「米騒動」期

日露戦後からの集会・騒擾から見よう。

一九〇五年九月七日　松本市の神道公会所での講和反対集会に一五〇〇人が集まり、南安曇郡豊科町でも一〇日に講和反対集会があった（九月五日の東京の講和条件反対暴動の影響）。

九月一二日　飯田町でも講和反対の伊奈郡民大会。

一九〇八年二月一日　県都で尾崎行雄を迎え憲政擁護県民大会に二千人。憲政擁護長野県記者大会（全国で商業会議所・実業組合などが増税と原因である「過大な軍備」に反対）。

二月二日　松本市の開明座で憲政擁護南信大会に二千人。

表4Aに見る「米騒動」第一期の労働争議は、一七年八月の日本電気化学工業会社松本工場の職工百人の賃上げストだけだったが、第二期（一八年後半）には表4Bに見るように四件に増えている（七月二八日に元結職人二三〇戸一〇〇〇人の賃上げスト、八月中旬に木曽興行会社職工三百人の賃上げ暴動、九月中旬に下伊那の生糸販売組合製糸女工六十余人の管理者に不満のスト、一二月に下伊那の日立鉱山青木事務所木工の賃金暴動）。街頭騒擾は長野市・松本市・上田市・上諏訪・伊那などで見られたが、長野市の城山公園に千人が集まって市民大会をひらいたのが最大で、上田市でも大道演説から三～四百人が米穀商に迫る事件が

あり、どの場合も被差別部落民の参加が見られる。この県は中山道が通っているせいもあって近世から開明的で、新聞は「米騒動」に同情的で、デモクラシー運動でも顕著な発展が見られた。とりわけ東信の小県郡と南信の伊那谷の青年たちが積極的であった。

第三期の一九年四月には児童の自由画運動、同一〇月には農民の美術工芸運動が起こり、二〇年には吉野作造・東大新人会の協力を得て信濃黎明会を結成して、普通選挙・軍備縮小・部落解放運動が進む。この中から信濃自由大学が開講され県外にも影響を与えるものに発展した。第二期からのこれ等の状況は『図説米騒動と民主主義の発展』二九三頁（小平千文執筆）に詳しい。表4Bに見る第三期の労働騒擾は一九年に六件（一月に伊那電気軌道会社辰野駅車掌の、五月に上田市の時田館製糸女工一〇〇〇余人の、七月に下諏訪運送店倉片二六人の、八月に小県郡の信濃電気会社女工と信濃絹糸紡績会社職工らそれぞれの賃上げスト、九月に下伊那の久原鉱山鉱夫の暴動）で、製糸・鉱山関係が第二期以来目立っている。

第23節　『論集Ⅱ・Ⅳ』掲載　井本三夫「富山県「米騒動」と映画・テレビの間違い」

(1)「富山県から始まった」と間違われた理由

総論で見たように「米騒動」は、一九一七年六月前後から労働者の賃金騒擾（争議・暴動）と消費者運動で始まっており、一八年夏の富山湾東岸の移出反対で始まったと謂われたのは誤りであるが、間違わせるような歴史が前史としてあったとは言えよう。近世には重量物の輸送は海運によっており、外洋である太平洋側を避けて日本海側を幹線にしていた。その中心地域である北陸の船は「北前の船」と呼ばれ、荷は米が多かったからその航路沿いには「津止め」＝積出し反対騒ぎが多かった。その「北前」業が近代の汽船・鉄道の発達ですたれ、北海道・北洋漁場への米運びとなって残っていたのが富山湾東岸なのである。

表5Aの「人口当たりの米生産率」が大きい地域は米の移出地帯、小さい地域は移入地帯と解る。その（大正期を見ると、米の最大移出地域は北陸で東北・中国がそれにつぎ、北海道・関東・5〜9と書かれた）近畿が移入地域である。表5Bを見るとそれが県別に判り、最大の米移出県は新潟県で、富山県・山形県・宮城県・岡山県の順でそれに続くが、新潟県の移出先が東京・長野で、山形県・宮城県も東京向けなのに比べ、富山県はもっぱら北海道に送られていたことが判る（そこで樺太・千島・カムチャツカ漁場へも分けられた）。

（2）『論集Ⅳ』掲載　井本三夫「映画「大コメ騒動」の間違い」

二〇一九年末に東映の東京第二制作部の者から、拙著『水橋町（富山県）の米騒動』で映画を作るから写真を貸せと言われたが、始りは富山県でなかったことが今は判っているので反対だと言っておいた。二〇二〇年末に試写会の招待券が来て、同封のパンフレットを見ると騒動「発祥地」という言葉はなく、新川地区の特定の町にしていないので少し良くなったと思ったが、米の騰貴理由が間違っていることと、新川地区での始まりは一九一八年七月初旬に直すべきことを指摘し、下記の評を送った。

①髪を振り乱した怪物然とした婆さんをリーダーにしているのは間違い。女たちの戦と言いたいのだろうが、『水橋町（富山県）の米騒動』一九四頁・二〇七頁・一二五頁で見れば判るように、女仲仕の労働集団が主導した闘いで、その夫たちは北洋労働者だった。②富山県のような米移出地帯では移出米商と小売の米屋は全く別で、小売り商は騒動と無関係なのに、映画ではごちゃ混ぜで飯米の貸し借りなど大都市など米移入

地帯の騒動と間違っている。監督も俳優も富山県出身と称するが実態を全く知らないのは、新聞などが儲けの種に地域ナショナリズム（実は裏日本コンプレックス）を操《くすぐ》っているだけだからである。③事実は積み出せないように汽船へ米を運ぶ艀《はしけ》を出させない、艀の纜《ともづな》を押えて離さない、艀の下に座り込む、赤ん坊を抱いて艀の下に寝たおかみさん達も多く、米を運んで来る荷車も止めた。米俵にしがみ付くこともあるが、砂浜を引きずったりはしない。米俵は濡らす事と砂にまみれさすのが禁物だからである。担いでいる男たちも縋られるとバランスが崩れてすぐ落とす。実は男たちも米を出したくなかったので、女たちに（監督に聞こえないように）「もっとやれ、もっとやれ」と応援していたのである。だから砂浜で米俵を引きずり合ったり、こん棒を持った女軍が攻め寄せるシーンは全くの間違いである。艀の周りの阻止行動、神社での作戦会議、駅の男仲仕の賃上げスト等を写すべきだった。④大地主も移出米商を兼ねていた事が描かれておらず（小娘に身売り話を持ち出し、いやらしさを演じさせるだけで）、男仲仕の浮気騒ぎなど俗な作り話に堕している。筆者ら研究者に聞きにくれば、興味ある聞き書きなど沢山あったのに、頭だけで作っているからこういう間違ったものになる。⑤全く同内容の小型本『大コメ騒動　ノベライズ』が出されて、「史実に基づく」と宣伝しているのに至っては、「大コメ騒動」でなく大間違いである。

（3）ＮＨＫテレビでの放送について

二〇二二年八月三一日二二時に放送（九月二日に再放送）された、ＮＨＫテレビ「歴史探偵　米騒動」は、筆者（井本）が主要発言者・資料提供者だったので、コメントしておく必要があろう。一般の人たちは「非常に面白かった」「よく判った、あゝいう事だったのね」との感想だったが、かねて筆者から「米騒動」について聞いた人々は、「問題もある」から「俗説を脱していない」までの批判が多かった。

筆者自身の答えはこうである。「全国放送ではあってもＮＨＫ富山局が中心で作った番組なので、東水橋町の松井滋次郎の集めた参加者世代の証言テープや写真を活かすなど、富山県での起こり方を正しく伝えることと、全国の街頭騒擾の紹介に殆どの時間が使われていた。従ってそれらについては、今までのテレビ・映画では一番よく出来ていたが、その一年も前から労働者の騒擾（争議・暴動）・消費者運動で始まっていたことについては、言葉で簡単に言われただけで映像が全く無かった。したがって「米騒動」が富山県から始まったという誤説を消すことは出来ていないであろう」。インターネットに現れた視聴者の感想を、本稿末に収録・統計しておいたので実態が見られよう。

本書の総論で触れたように、政府はシベリア出兵の米はすべて陸続きの植民地朝鮮から運び、他にも鈴木商店に買い占めさせる等で朝鮮内の米価を騰貴させていたが、一九二〇年代には「朝鮮産米増殖計画」で一層多くの米を奪ってくるようになる。ＮＨＫ「歴史探偵」コメンテーターの河合敦が、これを以て「米騒動」が朝鮮には悪い結果をもたらしたかのように言ったのは誤りである。日本の支配階級が計算づくで行った犯罪であって、日本の民衆が行った「米騒動」の結果ではないからである。原敬内閣は一九年に日本本土内での増産を図って「開墾助成法」を制定し、開拓資金に利子補給付きで開墾を奨励したが、都市化などで耕地面積は減少傾向にあるうえ、生産量頭打ちの原因である前近代的地主制を廃止する気が無いので、土地買収費も労賃も安くて済む植民地朝鮮で増産させて奪ってくる方針に変えたのである。「歴史探偵」の番組ではコメンテーターが固定していて、扱う時代ごとテーマごとに専門研究者を連れて来ることをしないから、専門でもないことに知ったかぶりをさせ、この河合敦のような間違いが生ずるのである。一体「歴史探偵」という番組は、探偵長と称して俳優の佐藤某を座らせているが、高々詠嘆して見せるだけだから無用の存在である。別に女性アナウンサーもいるのだから、コメンテーターを上記のように扱うテーマごとに専門家を連れて来て、探偵長など廃すべきである。

資料：インターネットyahooでの「歴史探偵 米騒動」の感想の類別統計

〈今の時世と重なる〉二六件（今日《こんにち》も同様一七件＋我々もやろう九件）

・今のご時世と重なる、原油価格・食料価格の騰貴。政治家がろくでなし、今も昔も。
・内閣が辞職するだけ今よりまし、今は腐りきってる。賃金は一向にあがらないのに！
・「洋服細民」は今でいえば、スマホ買ったけど生理用品も買えない身！
・政府のやり方はいつもこう、わかるねェ。
・今だってー！ 当時はロシヤ革命、今はウクライナ戦争・中国台湾問題。
・現代と大差ない。今だったら業務妨害罪だな、すごい。
・富裕層の米相場への投機、人間は変わらない
・富裕層のマネーゲーム、腹立つナー。地主・米商が投機を煽ってー。
・今苦しんどらんものは金持ちぐらい!!!!
・平成の米騒動は一九九四年の沖縄産米流通問題、六月に激化したが豊作で治まった。
・食の値上がりで暴れるのは終わってない。食の投機買いに対する批判！
・今にも繋がる教訓。

〈我々もやろう〉

・やっぱり声を上げよう。我々も起こすか。今と一緒やん、日本にも暴動起こりうる。
・明日から値上げ！ 令和の米騒動をおこしてみるか。国葬に反対の者はデモを！

・いつの時代も声を上げなきゃ。今の国民がおとなし過ぎる。
・内閣総辞職！　やっぱり追い込まなきゃー。
・令和の米騒動必要！　今も変わらない、岸田内閣も考えろ。
・今これを放送したのは狙いがあったのかねェ。

〈女たちから！〉二〇件

・現代の女性たちにwakeを促している。すごく面白かった、女たちから！
・すごく面白かった、先導したのが女たち。あばれ婆《ばば》が騒動の発端になった。
・あばれ婆《ばば》、すごそう！「あばれ婆《ばば》・あばれメロ」の写真は明確な意志を感じる。
・働いている女性だけあって行動力がすごい。
・あばれ婆《ばば》は凄いな！　暴れてない。もの言う女、暴れてない。
・暴れてない、お願いだった。お願い運動だったのね、暴れていなかったのですね。
・死人が出たんだから責任・罪悪感あるね「あばれ婆《ばば》」。
・女性が、米という現物をめぐるストライキを起こす。
・日本の女性が起こした初めての市民運動。
・フランス革命も女性たちのデモから拡がった。専業主婦というのは戦後の概念
・戦前は農村や労働者は共働きが当然だった。戦前は女も働いていた、日本も。
・メロは女郎《めろう》のことかな？　高校野球も中止になった、彼女らから始まったことで。

〈富山県から始まった〉一五件

〈伝播して激化〉一五件

〈当時の政府・政治について〉一三件

〈昔も近年もあった〉一三件

・今の日本、一揆的なものなんて起こらない？　代わりに事故とテロ。

・平成にもあった、タイ米輸入して。タイ米で平成の米騒動を記憶。

・平成の米騒動を思い出させる。オイルショックのイメージに近い？

・米をめぐってそんなことに成るとは凄いな。等々

〈マスメディアの功罪〉一一件

〈最近映画でも〉七件

〈オーラル・ヒストリーと記録〉六件

・証言テープが残されていたなんて!?

・夫が「へーッ！大正の話のテープが？　後世のはなしだろうー」て言いますが。

・1960年代の聞き取りなら参加した人たちも、生きていたろう。

・清水唯一朗「オーラル・ヒストリーがあったとは知らなかった」。

・カセット・テープが懐かしい。気象庁に残っていたのはすごい。

〈抵抗・風刺の歌〉六件

・「生きてるソング」はすごい！「生きてるソング」は中山晋平作！

・非常にブラックなソングだね。「生きてるソング」はネーミングが凄いな。等々

〈外米について〉五件

〈ストライキが関わる〉三件

〈おから飯《めし》〉四件

〈教科書との違い〉三件

・教科書と全く違う、新聞が煽ったらしいが格差が背後にあった、勉強になった。

・教科書には少ししか。授業で習ったが、「あばれメロ」「あばれ婆《ばば》」とは――

・西水橋町の女達が起こしたと教えていた、それが一般的だったと思う（富山県元高校教員）

〈朝鮮との関係〉二件

ついでながらＮＨＫテレビが続いて九月六日二二時に放送した、「知恵泉」の「米騒動」に至っては、「富山県から始まった」の一言だけで済まし不勉強そのものである。一体この番組は、テーマ外の分野の人間にそちらでの経験と対比をさせる、「こじつけ」・駄じゃれ番組で評判が悪い。

第24節　〝富山の米騒動〟を語る「細川嘉六ふるさと研究会」著書の批判的検討

近代の日本史の〝理解〟と叙述に関して

村上邦夫

はじめに

米騒動の始まりは富山ではなかったという史実は今日では共有されてきているが、旧来の〝富山は米騒動発祥の地〟などの説にこだわり続けているのが富山県である。そこの住民の一人として幾つか報告も兼ねて論述する。

二〇一八年が〝米騒動から一〇〇年〟だとして富山県の北日本新聞社が地元の行政や経済界などと共同で大キャンペーンを張り、『米騒動一〇〇年』を出版した[1]。地元のこの取り組みは二〇〇八年頃から始まり二〇一三年には〝米騒動九〇周年〟を記念した『魚津フォーラム　米騒動を知る』（桂書房）が刊行され数々の講演が収録されている。その巻頭を飾ったのが元魚津市立図書館長の〝開講記念の集い〟での講演記録である。そこで元図書館長は、魚津の米騒動の始まりは、一九一八年七月二三日ではなく七月一八日だとした井本三夫説[2]を「どうも取るに足らない説だなと思いバサッと切り捨て[3]」たと臆面もなく述べたとある。元図書館長は「私は米騒動については全くの素人ですから[4]」と断っておきながらである。一〇年ほど前の記録とはいえ、余りに酷い話である。

富山県における〝米騒動一〇〇年〟キャンペーンは一〇年以上にわたって続けられたが、そのなかで郷土史関係者として時々発言してきたのが富山県のＮＰＯ「細川嘉六ふるさと研究会」である。この会の、二〇一九年三月下旬の記者会見を報道した新聞記事に対して、筆者は同年六月下旬に見解を記しこの会に送付した。その後、予告していた二点の論点に関して別稿にまとめた際、これまで書店でタイトルしか目にしていなかったこの会の他の刊行本を読む機会を得た。近代日朝関係史を研究する者の一人として、そこで疑問に感じた個所を中心にまとめたのが本稿である。

本稿で引用する際の煩雑を避けるため、この会の刊行本を次のように記すことにする。

金澤　向井　瀬谷　西村『評伝　細川嘉六』能登印刷出版部、二〇一九年➡「評伝」と略す。

金澤　向井　阿部　瀬谷『米騒動とジャーナリズム　大正の米騒動から百年』能登印刷出版部、二〇一六年➡「百年」と略す。

金澤　阿部　魚津　向井　入江『民が起つ』能登印刷出版部、二〇一三年➡「民が起つ」と記す。

金澤　阿部　瀬谷　向井『泊・横浜事件七〇年』能登印刷出版部、二〇一二年➡「七〇年」と略す。

一、民衆運動を歴史的にとらえる立場から

「百年」は冒頭で、「一九一八（大正七）年夏、富山湾東部沿岸地域に端を発した米騒動は、全国の大都市、鉱山などを巻き込み、ついに暴動にまで発展した」と書くが、史実は異なり、米騒動の始まりは九州から広島湾沿岸の鉱山・造船・製鉄所などの工業地帯であり、そこの労働者の食糧・米確保の闘争であった。しかし「百年」の著者は、米騒動は富山から始まった。それも越中女房一揆であるとの旧来の誤認からすべてを眺めているため、至る所で不正確な叙述をしている。

(1) 米の〝商品〟化に関する歴史認識の誤り

「百年」の第一章のタイトルは、「近代国家——それは米と新聞から始まった」とあり、「米は日本人の生活の基盤であったがゆえに、それは経済的な価値を持ち、時には年貢や財力となり、時代を動かす権

力とも結びついた。やがて米は商品としてあらたな流通の時代に入る。それが日本の近代であった」p19と書くが、「やがて」以下は誤りである。あとの議論にもかかわるが、明治維新―私はペリー来航以降、廃藩置県までする―までの近世・江戸期、幕府と大名が農民に稲作を強制して年貢として徴収してはいたが、その一方で俸禄として家臣団に与え、他方で販売して金銀の貨幣を得ていた。米が商品となることができたのは、「都市や鉱山町などでの非農業人口の存在と貨幣経済の広がりを前提としていた」[5]からで、「このように江戸時代は米遣い経済の社会といわれ、米が最大の商品であった」[6]のである。したがって近世・江戸中期には米が商品として流通していたのである。

(2)〝明治の近代化は米騒動の始まりでもあった〟という誤謬

「百年」第一章は続けて、一八六八（慶応四）年の大阪相場での正米相場価格の年平均価格が四円五九銭だったのが翌一八六九（明治二）年には九円七〇銭と二倍を超えたことをもって、「いかに米価が暴騰したかがわかるだろう。明治維新はまず米騰貴から始まったのである」と規定する。こうした叙述を比喩的なものと読み流せば済むのかもしれないがしかし、これに続けて著者は大上段に振りかぶって、「明治の近代化はまさに米騒動の始まりでもあった」と断言する。そしてその根拠は、米商が島根・安来で襲われ（一八六九年六、七月）、長崎市で打ちこわしが起きた（同年七月）ほか、新潟で米騰貴反対を掲げた米の船積みを妨害事件（同年一一月）が起きたことからであると述べる。

これは、〝明治の近代化〟のスタートを改元された明治元年、一八六八年と翌一八六九（明治二）年の二か年間とみなした叙述だと思われる。しかし、明治維新期に関する議論は深く今日も続いているが、維新期を、ペリー来航以降廃藩置県までとみなす有力な見解からみると、改元直前の慶応二年の一八六六年五月一日、関西・西宮の主婦たちが米の安売りを求めて打ちこわしに出、「(同月)八日には、兵庫で一万数千人の民衆が集まり、火をたき、竹やりや棒をふるい、太鼓をうちならし、ほら貝を吹いて、米を買いしめていた大商人、米屋、質屋、酒屋などを打ちこわし」[7]た。こうした打ちこわしが江戸、武蔵、上野さらに東北まで広がり、この一八六六年一年間で一揆が一〇六回、打ちこわしが三五回も起き、江戸時代を通じて最高に達している。[8] 一八六六（慶応二）年は第二次長州征伐の年であった。この年の夏は「未曾有の都市打毀しと世直し一揆の時でもあった[9]」。都市打毀しと世直し一揆の背景は何であったか。宮地は①一八五九年以降、国内市場が世界市場に編入される過程での物価騰貴　②この年の天候不順による凶作。それが翌年春の麦収穫まで生活を苦しめた。③第二次征長を見込んだ米麦などの全国的買占め。「凶作さなかの買占めが物価騰貴に拍車をかけた[10]」。④長州藩の下関の交通を遮断したため蝦夷地・日本海・下関・大坂に至る海運の停止。⑤長州征伐の軍費数百万両の捻出のため幕府が幕領全域に一八六五（慶応元）年より御用金を課したこと。他の大名領、旗本領でも同様に取り立てられた。⑥幕府による新税設置。一八六六（慶応二）年一月、生糸・蚕種改印令を出し、「改所の検印なき蚕糸・蚕卵紙の売買を禁止する」と命じ、その体制づくりをすすめたという事情[11]により一八六六（慶応二年）年の一揆、打ちこわしが発生したのである。このうち何件が近世街頭型〝米騒動〟であるか詳らかでないが、明治維新期の騒動から欠落させるわけにはいかないはずである。

二、民衆運動を時代の核としてとらえる立場から

(1)「評伝」第三章時代に問うの冒頭「戦間期の国際情勢と日本」について

まず「細川が文字通り、優れた国際政治学者・言論人として飛躍していく過程を記述する」（「評伝」p123）うえで、〝戦間期〟という期間が設定され

その間の国際情勢が語られる。この〝戦間期〟とは、細川が社会人として歩み始め、第一次大戦後のパリ講和会議が開かれた一九一九年から、太平洋戦争が始まる一九四一年迄であるとされる。なかでも一九一九年は、「ヨーロッパを主戦場に、四年間にわたった第一次世界大戦後のいわば、戦後秩序を話し合う会議が……始まった。米騒動の翌年である。」とされる。

〝戦間期〟という言葉は通史本などに使われた時代があったが、「一九四一年まで」などと確定しているわけでもないだろう。また、「アジア・太平洋戦争」という規定が生まれる以前から、「一五年戦争[12]」論が提唱され、一九三一年の満州事件から日本は戦時だったことがよく理解できるようになった。このように戦後の歴史学の研究と教育には蓄積があり、その成果が二〇世紀末から今日刊行されている歴史書や教科書記述にも反映されてきていることは自明の事柄である。

(ア)〝戦間期〟とは、〝民族独立運動〟の不在期間なのか?

一九一九年に始まったのは「一次世界大戦後のいわば、戦後秩序を話し合う会議」というが「秩序」より先に不満が、世界中に渦巻いていた。戦勝国のイギリス自身がその典型で、植民地から物資のみならず兵員をも駆り出し、多くの戦死者を出したのでインド・アフガニスタン・エジプトで一斉に独立運動が起こり、英本国でもアイルランドが独立した。アメリカ大統領ウィルソンも革命ロシアの指導者レーニンも民族自立を公認すると宣言したので、世界中に自立運動が拡がり、朝鮮で三・一独立運動が、中国では五・四運動が起ったのみならず、ヴェルサイユ講和会議の席上でも、日本の朝鮮での暴政と中国山東省居座りが批判された。

一九一九年の三・一事件に端を発する朝鮮の独立運動は日本軍の残忍な弾圧によって鎮圧され、翌年のシベリア干渉戦争も含む琿春・間島での朝鮮人の大殺戮に繋がった。第一次世界大戦が終わっても、朝鮮半島や中国大陸――琿春・間島の場合は南満州――では間違いなく民族解放・独立運動とそれに対する武力弾圧が、したがって戦闘状態が続いていたのである。〝戦間期〟という規定は、あたかもそれらの不在を指しているようで、民族解放・独立運動が史実から隠されることになる。又一九一九年を「米騒動の翌年である」とするのは、「米騒動」を一九一八年に限るからであろうが、この誤りについては後述する。

(イ)〝戦間期〟とは、〝満州事変〟や〝日中戦争〟の不在期間を含むのか？

一九二八年の日本軍による張作霖爆殺の時点を戦争状態とはみなさないとは思われるが、その三年後の満州事変とそれ以降は、第一次上海事変や南京戦・南京占領、翌年の徐州作戦など日本の中国侵略と占領が本格化していた。〝戦間期〟という規定が一九四一年一二月八日以前とするのは、こうした日中全面戦争の期間を戦争の不在あるいは戦争ではないと捉えることになる。そのような〝戦間期〟という規定が、細川個人の成長過程を示すものかのように言うのは、余りに非歴史的である。細川嘉六の研究はまさしく植民地問題であり、その淵源を指摘するマルクス・エンゲルス全集の翻訳・編集だったことを知らないのであろうか。細川が「文字通り、優れた国際政治学者・言論人として飛躍していく過程」というが、これでは「文字通り」ではなく逆ではないか。

(2)「民が起つ」「第四章　米騒動とは何だったのか」について

二〇一三年八月刊の『民が起つ』は、旧泊町出身の細川嘉六とその泊の米騒動を論じたものだが、「第四章　米騒動とは何だったのか」に歴史把握のうえでの疑問を抱く。

(ア)「組織をもたない民衆」が「自然発生的に声を掛け合い、集まった民衆の示威行動」であったのか？

『民が起つ』のｐ１７５で、米騒動の形態は「組織を持たない民衆の蜂起」であって、「自然発生的に声を掛け合い、集まった民衆の示威行動、わかりやすく言えば、デモの形態で始まった」とされ、ｐ１８０でも、「組織もなく指導者もない民が富山を発火点に全国で一斉に蜂起した」とある。素朴な疑問だが、二〇〇人、三〇〇人あるいは滑川の場合は二千人とまで記録される騒動が、組織のない自然発生的な声掛けで成立するものだろうか。余りにも実態とかけ離れているのでないかと感じるし、「富山を発火点に」というのも後述のように間違いだが、同会関係者が三年後の二〇一六年八月に刊行した『米騒動とジャーナリズム』第三章　自立を始めた新聞と民衆では、前言を次のように翻す。「米騒動はこれまで自然発生的に勃発し、リーダー無き闘いが強調されてきたが、どうやらそうではないようだ。「いのちの経済」に最も近い立場にいた女性たちがデモ（示威行動）の先頭に立ち、シュプレヒコールをあげ、米移出阻止のピケを張った。民主主義の原点に立った女性たちをあらためて評価する必要がある」（ｐ２１１）という。ここの「どうやらそうではないようだ。」は、その前の〝自然発生的に勃発〟と〝リーダー無き闘い〟を受けているらしいので、そうすると米騒動は、リーダー達の下で事前に意識的で組織的に計画されたものということになる。今日でも多少、政治的大衆的な運動にかかわる場合、デモとはそういうものであろう。

　ここで論じられている富山湾東岸の米移出（北海産物輸入）地帯は、漁業地帯でもあって男が深夜から沖に出て昼は寝ている上に、夏は北洋稼ぎで留守なので、陸《おか》のことは全く女性まかせで女たちが積極的だった。殊に人口のわりに移出入量の多い東水橋・滑川・浜石田では陸《おか》仲仕は女性の仕事だったので、平素から集団行動に徹していた。騒動が東水橋から始まって滑川で最大になり、浜石田で長引いたのはこの故である。

　『民が起つ』第四章の旧泊町宮崎村の米騒動をめぐってｐ１７７にこういう記述もある。「宮崎村の例でも誰かが一声かければ、翌朝には全村から婦女が集合するし、……この地区の米騒動が日頃の連帯感に支えられた地区ぐるみの蜂起であったという点であり……」。そうであるならばこれが、先述の組織的・計画的な行動に他ならないということになるのではないか。

宮崎村が滑川などと違うのは宮崎村という所の地理的事情によっている。「親知らずの関」のすぐ近くで山が海に迫り、耕地面積がせまく漁業中心なので、米価が騰がると泊町の米屋へ押しかけるのが習慣化していた所だからである。

(イ)色川大吉氏の「民衆」像を曲解していないか?

『民が起つ』第四章p182からp183で、米騒動の考察をまとめるにあたり、「民衆」をキーワードに歴史を問い直してきた色川大吉氏の「民衆」像が、次のように紹介されている。「……近代百年においてその時点をおさえてゆけば、民衆意識の峰はたどれよう。……」「……わが近代史においては、明治維新―自由民権運動―米騒動―戦後改革―安保闘争などにそれはあらわれ、民衆意識究明の絶好の機会を提供しているのである」と。色川氏が米騒動を挙げている点に注目したゆえの引用だと思われるが、色川氏は自由民権運動の専門家であっても米騒動のそれではない。また〃民衆意識の峰〃とは何を意味するのか。明治期にも米騒動が何度もあったのを色川氏は知らなかったようだし、政治的に目立った事件を拾っているだけなので、蔭にあっても重要な問題はいくらでも指摘することが出来る。放送出身のせいか、表面的に目立つ事件だけしか勉強しないのでは、『民が起つ』の著者たちの出版物は、歴史といえるものに成らないであろう。

「明治維新―自由民権運動」の評価・叙述も、本書でも他の「ふるさと研究会」の書籍ではまだまだ不明瞭である。「ふるさと研究会」として主な研究テーマでないにしても、民衆運動を研究する場合、自由民権運動抜きでは語れない。尚、「百年」の本には何カ所かで自由民権運動について断片的なコメントがあるようなので、詳しくは別の機会に述べたい。

(ウ)「賃上げ要求型米騒動」と「街頭型米騒動」、米騒動の形態について

米価に困るのは米を生産していない都市民が主で、この層は維新後の近代化で（広い意味の）労働者に変わっていたので、近代の米騒動の基本形は「賃上げ要求型」と居住区消費者運動に変わっていたのに、近世来の先入観で「街頭型」だけしか見て来なかったのが細川嘉六・井上清たちの誤りで、そのため近世来の移出反対が最後に残っていた富山湾東岸部を「米騒動発祥地」と間違ったのである。これらの定義・詳細については本書『論集総集編』で井本氏が総論・第一章に詳述されているので参照されたい。

三、「百年」における正力松太郎氏の位置づけについて

「百年」第四章民衆意識の峰の帝都騒乱はp281からp283に一九一八年八月一三日に日比谷で開かれたシベリア出兵問題演説会が、官憲の解散命令で街頭化し、米取引所、株式仲買店などを襲ったとの、『東京朝日新聞』の記事を載せ、その際「正力監察官負傷す　頭部に投石」について長々と書き、「この記事の正力監察官とは、米騒動の勃発地、富山県出身の正力松太郎である」、「戦後衆議院議員となるが、長年『読売新聞』社主としてマスコミをリードしたことで知られる」と、また長々と正力松太郎の出世について記している。

「米騒動の勃発地、富山県出身」などといっても移出反対運動のあったのは県東部の海岸地帯に対し、正力の出身地は県西端の内陸部で何もかも違っている。官途に就いた出世主義者が民衆運動・労組の抑圧を一貫して反動新聞の社主に成り上がるなど、どこの県にでもあり得ることで何の意味もない。同県内の事でさえあれば何でも一緒に書き立てるのが、郷土主義ジャーナリズムの商法というものであろうか。

また、「細川嘉六ふるさと研究会」の評価については、参考文献にあげた井本三夫『米騒動という大正デモクラシーの市民戦線――始まりは富山県でなかった』の344頁以下と、井本三夫編『米騒動・大戦後デモクラシー論集 II』の280・288頁にも詳しいが、ここで再度指摘しておきたい[13]のは、この会が、細川嘉六と周辺の人たちが逮捕される起点となった横浜事件あるいは泊事件とは、一九四二年七月五日の泊・紋左での共産「党再建準備会事件」であるとしている点である。これは特高が捏造し、数十人を取り調べ、複数の拷問死まで引き起こした事件であり、戦後、数回にわたり国家損害賠償訴訟が闘われてきたものである。この会の『評伝細川嘉六――スモモの花咲くころに』でも「太平洋戦争下の一九四二年、泊で一つの事件が起きた」と特高の捏造した〝歴史〟を披露している。この誤りは決定的であり、即座に訂正されるべきである。

【参考文献】

歴研・歴科協・歴教協・東歴研『現代歴史学の課題下』（青木書店、一九七一年）
色川大吉『自由民権』（岩波新書、一九八一年）
色川大吉『民権百年』（一九八四年、日本放送出版会）
井本三夫編『米騒動・大戦後デモクラシー論集 II』集広社、二〇一九年
正力松太郎「米騒動や大震災の思い出」『正力松太郎悪戦苦闘』（早川書房、一九五二年）その後、一九九九年に日本図書センターからも刊行
姜徳相他『現代史資料（6）』（みすず書房、一九六三年）
石井光次郎『回想八十八年』（カルチャー出版社、一九七六年）
加藤直樹『九月、東京の路上で』（ころから、二〇一四年）

【註】

（1）北日本新聞社編集局を編者として、北日本新聞社が発行所となって二〇一八年一二月に刊行された。そこには、この年の元旦から新聞一面に連載した①キャンペーン記事と②「学術的に考察」した四人の論考及び③フォーラム「女一揆　魂を揺さぶられた越中の男たち」などを収めている。

(2) 井本『米騒動という大正デモクラシーの市民戦線』(現代思潮新社、二〇一八年)p301−336で七月二三日説の破綻が明らかにされ、『論集Ⅲ』(集広舎、二〇二二年)p224以降では地元史家による資料隠蔽、井本への〝攻撃〟に対する的確で詳しい反批判が展開されている。
(3)『魚津フォーラム　米騒動を知る』p37
(4)『魚津フォーラム　米騒動を知る』p36
(5) 賀川隆行『日本の歴史14　崩れゆく鎖国』(集英社一九九二年)p56
(6) 賀川隆行前掲書p56
(7) 加藤文三ほか著『これならわかる日本の歴史Q&A③幕末—現代』(大月書店、一九九二年)p21−22
(8) 同前。佐々木潤之介もその年五月に摂津、和泉、河内、大坂に起きた打ちこわしとその後の強訴、一揆、打ちこわしを明示している。岩波新書『世直し』p4。
(9) 宮地正人『幕末維新変革史　下』p28
(10) 宮地正人前掲書p28
(11) 宮地正人前掲書p28−29
(12)「15年戦争」と「植民地戦争」については、最近論じたことがる。拙稿「兵士の戦場と郷土の戦争認識—明治・大正期の富山県東部の場合」(法政大学大原社会問題研究所雑誌七六四号)p21−22
(13) 井本『米騒動・大戦後デモクラシー百周年論集Ⅳ』拙稿「横浜事件とNPO「細川嘉六ふるさと研究会」の〝新解釈〟」

第25節　石川県の「米騒動」期

金沢市では一九一三（大正二）年一月九日、尾崎行雄らを迎えて憲政擁護県民大会が開かれた。前年一一月末に全国の商業会議所が二個師団増設に反対し、年末から護憲・閥族打破の大会が全国に広がっていたのである。

石川県の「米騒動」第一期には、一八年四月に江沼郡中井町の塗師六〇人の賃上げが起っているが、第二期（一八年後半）には街頭騒擾が、羽咋郡の高浜町と堀松村末吉で八月一一日、金沢市で一二・一三日に、そして鳳至郡の宇出津町（八月二一・二二日）と穴水町（八月二六日）、石川郡の松任町（八月二六日）でも起っている。能登は近世明治以来米の船積み移出地帯のため「津止め」騒ぎが残っており、羽咋郡高浜・末吉の騒擾については杉畠孝博の研究がある（『志賀町史　第四巻』一九九七年『北陸史学』23号一九七四年一一月）。

北陸線の通った地域は関西などへ働きに行くようになり、米移出も汽車積みに変って目立たなくなったから街頭型米騒動は減ったが、歴史的大都市の金沢は簡単ではない。伝統工芸の金箔打ちの職人集団が八月一二日晩、安政五年騒動の際と同じ宇多須神社境内に民衆を集め、城址周辺の米屋・大地主宅に軒並み押しかけて、総勢三千人に達し翌日に及んだ。橋本哲也の研究の紹介が『図説　米騒動と民主主義』二四七頁（駒田和幸執筆）にある。

第三期　（表4B）には県内の労働騒擾も八件に増えた。一九年の三月に能美郡の陶器画工の賃上げ要求、七月に金沢市の金箔工二千人、輪島町の漆器工二百人、山中温泉漆器工五〇人の賃上げ要求、八月に金石町の北國製鋼会社職工の賃上げスト、九月に金沢監獄看守の賃上げ要求、一二月の金沢電気ガス会社工夫の賃上げ要求で、二〇年三月にも上金石町の北國製鋼会社外六工場職工百人の賃上げストがあった。

第26節　福井県の市民運動と「米騒動」期

福井市では一九一六・七年に、大工場建設に対して地元新聞が環境問題を提起したことから、全市を揺るがす反対運動が起こって市民大会が会場を移しつつ八回も行われ、工場建設を断念させた。この実績が続くなかでの「米騒動」期に入った。

第一期は、一七年八月に大野町の製糸女工一八〇人の賃上げストがあり、表4Aには記載されていないが一八年五月三日にも、北陸電化社の工事現場（大野郡五箇村勝原）で賃上げストが起こっていた。四月一日に県下市町村吏員は「給与三割を増給」され、四日には市町村教員給与の増額も行われた。五月一日に県は在米調査をして、一二日に福井市で県市の係官を集めて外米廉売を協議、一四日に米穀商を招致して具体策を固め、一八日には敦賀市も外米廉売方式を決定した。六月四日に福井市で商工会議所斡旋の外米小売りに米商の不公正があると声が上がり、武生町（現・市）でも白米に台湾米混入の不正が摘発された。

第二期（一八年後半）には表4Bに記載の二件の他にも、八月四日に武生町の打刃組合のストライキ、六日に敦賀港人足の賃金争議が起った。そして福井市を流れる足羽川の九十九河原で一三日に開かれた市民大会は、善福寺の梵鐘を鳴らし軍隊出動の大暴動となった。その経緯は『図説　米騒動と民主主義』三〇〇頁（末広要和執筆）に詳述されている。

この県の第三期の労働騒擾は、表4Bには四件記載されている。一九年七月に福井銑鉄会社仕上工四二人の賃上げ要求、八月に福井市の印刷工百人の賃上げ要求と南条郡の製糸女工四三〇人の賃上げスト、一〇月に福井市靴所工の賃上げストである。

第27節　岐阜県の「米騒動」期

日露戦後の集会・騒擾から見て行こう。

一九〇五（明治三八）年九月一二日　岐阜市で数千名の講和反対大会（同五日の東京の講和条件反対の大暴動の影響）

一九〇八（明治四一）年　岐阜県で小作料納入の際に加えさせられる「込米」の撤廃闘争が起こる。日露戦後～明治四五年の小作争議・紛争の全国件数は平均で年一〇三件で、明治三一～三八年の二・四倍に達する。

一二月　中津川で中央製紙会社に対し公害反対運動が始まる。

一九一四（大正三）年七月二日　岐阜市で電灯料金値下げ要求の市民大会が騒擾化。

「米騒動」期の労働騒擾は表4Aで見るように第一期から七件も起っている。一七年七月に大垣市の東京毛織会社大垣工場職工のスト・暴行、吉城郡広瀬郵便局集配人の局長への不満スト、八月に大垣駅仲仕の賃上げスト、一二月に中津川町の蚕業取締所の過労不満スト、一八年一月に岐阜市の日本毛糸会社の染色工賃上げスト、二月の同スト再発、三月に多治見陶器荷造り工の賃上げストで、毛織・蚕業・毛糸・紡績など繊維関係が多い。

第二期には表4Bで見ると労働騒擾は一件だけ（八月下旬に大垣市の大日本紡績女工一三〇〇人の賃上げスト）だが、岐阜市商業会議所は早くから外米申込みを受け付け、市議会が公設市場の開設・廉売を建議して、八月一〇日に市の補助と有志寄付を決議している。街頭騒擾は多治見など土岐川沿いの窯業労働者が活躍したのが特色で、『図説　米騒動と民主主義の発展』二八九頁に加藤庄一執筆の詳報が見られる。

第三期の労働騒擾は表4Bで見ると五件で、一九年七月に土岐郡の陶工一〇五〇人の賃上げスト、八月の大垣駅機関庫機関手・助手二〇人の不満休職要求と岐阜市の川原澱粉工場職工百余人の賃上げスト、九月に高山町の飛騨電灯会社職員・工夫六〇人の賃上げスト、一〇月に三井神岡鉱業所鉱夫七〇人の賃上げ要求である。

前記のように一九〇八年から小作争議が多く一七年二四件、一八年五五件、一九年一二〇件、二〇年六九件と全国最大件数である。

第28節　愛知県・京都府・大阪府の騒擾期比較

日露戦直後からの名古屋・京都・大阪の集会・騒擾を見ておこう。

年	出来事
1905（明治38）年	9月11日、大阪市中之島公会堂で全国非講和市民大会に1万人（9月5日の東京日比谷での講和条件反対国民大会の大暴動化が影響）。 9月12日、京都市でも円山公園で数千名が講和条件反対大会。 9月21日、名古屋市でも御園座で非講和県民大会、同様の大会が3府16県に達する。 『大阪朝日』から始まって新聞・雑誌の発行停止処分を受けたもの全国で39にのぼる。
1908（明治41）年	2月、全国365の商業会議所・実業組合などが大会を開き、増税とその原因の「過大な軍備」に反対を決議。
1909（明治42）年	2月8日、京都市岩上座で西陣織物同業組合が織物消費税廃止要求で演説会 2月23日、同組合・同機業団体連合会による同要求デモに5千名が京都税務署へ。 4月6日、名古屋市で新聞・雑誌・通信の174社300人が第二回全国記者大会を開き、新聞紙法第19条の改正を期す。
1912（明治45）年	11月27日、二個師団増設が国家財政に累を及ぼすと、全国商業会議所で反対決議。 12月27日、新聞記者・学者ら憲法擁護大懇親会。翌1月にかけ全国で護憲・閥族打破の県民・市民大会。
1913（大正2）年	1月12日、大阪市での憲政擁護大会に1万名。 1月13日、大阪市西長堀の岸松館で憲政擁護大演説会、尾崎行雄・『大阪朝日新聞』代表ら参加。 2月11日、大阪市土佐堀青年館で演説会。警官による中止に激昂、2万人が5新聞社・3代議士宅・電車13台を襲う。（前日東京で議会を囲んだ数万群衆が休会を繰返す政府に怒って大暴動となった影響）。 2月17～19日、京都市の立憲青年会の演説会が青年会館に入りきれず円山公園に移り、3万人余が中安・浜岡代議士宅・京都日報・日出新聞・国民新聞支局・派出所十数カ所を襲い、京都憲兵分隊の全員が出動。17日夜に92名検挙、19日夜までに188名検挙、うち77名が懲役1年又は罰金2千円。
1914（大正3）年	2月1日、京都市での2千人、名古屋・大阪市など21カ所で憲政擁護会主催の悪税廃止大演会

1916（大正5）年
・市民大会。 この1～2月に東京はじめ全国で行われた廃税決議・集会は600件以上。 2月23日、京都市で廃税問題市民大会（五条倶楽部）で一時交通不能となる。 9月、京大の河上肇『貧乏物語』の『大阪朝日』連載が始まる。 10月12日、全国記者大会、元老の政権私議、閥族・官僚政治の排斥を決議。

(1)「米騒動」第一期の愛知県・大阪府・京都府較

愛知県では表4Aによると労働騒擾が一七年に三件あり（六月に名古屋市の撚糸工千人の賃上げスト、七月に一宮町の紡績工の賃上げ要求、九月に名古屋市の木挽き職工の賃上げスト）、小作料の減免争議も一七年秋に、鳴海町本部部落を中心に起っている。一八年前半の尾張一宮町では「職工の食物に困りぬいた揚句、一三の工場が共同炊事する」試みを始め、「一人一日二二銭かかった食費を一八銭で行えることに成」り（読売3・17）、「八百人の為に共同炊事」（報知6・1）を行っている。

京都府の労働騒擾は一七年に五件（七月に京都市電従業員の賃上げ要求、八月に京都市の煙管工の賃上げ要求、東山逢坂山のトンネル工夫二百人と京都市の石工賃上げスト、九月に京都市の畳工の賃上げスト）、一八年前半に二件（京西陣撚糸工の賃上げストからの打毀しと京都電鉄従業員の賃上げ不穏）である。西陣撚《より》糸《いと》工三〇〇人による機業家宅打毀しについては、『米騒動という名の大正デモクラシーの市民戦線』九二頁に詳述されている。

第一期の労働騒擾は上記のように愛知県三件、京都府七件だったのに、「煙の都」大阪府では（表4Aで見るように）一桁多く二八件も起こっていて全国一である。一七年に一四件（六月に一件、七月に八件、八月に三件、九月・一〇月に一件ずつ）、一八年前半にも一四件（一月に四件、二月に五件、三月・四月に一件ずつ、五月に二件、六月に一件）あった。一八年の大阪では「市教育課長の談によれば、物価騰貴の影響が甚だしいので学用品乃至日用品を廉価に販売、三千五六百の教員の為にもなる」と「廿万の小学校生の為に購買組合」を計画中である（大朝3・17）。四月になると今宮の自彊館附近に、「労働者に廉い食物を供する」「平民食堂」を「警察部の計画で」準備し、「九条にも計画」（大朝4・11）している。四月一五日から公設市場が開かれると大繁盛で、野菜類は九時に売切れた（大毎4・16）。「大阪の公設市場」は各区一個所、計四カ所開設」（国民5・19、20、21）の予定で、注文した外米に市民が殺到して一日で売切れ（大毎）である。

(2) 第二期（一八年後半）の愛知県・大阪府・京都府比較

(イ)街頭騒擾

名古屋では鶴舞公園の「市民大会」の演説から始めて、米屋町を目指す行動に移って泥江橋付近で阻止される群衆行動を（最後の大須観音の縁日の前後を別にすれば）一週間近く繰返し、構造が比較的単純である。また愛知県内検挙者には市内で起訴された者に被差別部落民が多くないなど、歴史的要因を感じさせるものが少ない。詳細は『米騒動という名の大正デモクラシーの市民戦線』一四二頁、『図説　米騒動と民主主義の発展』一七二頁（久保田貢執筆）に記されているが、以上の特徴は名古屋のみならず東京・横浜など中部以東の東海都市に共通な型と云えよう。

これと対照的に京都の場合は、最大の被差別部落から始まる。京都府には市の内外に一八も被差別部落があり（二一年の調査で五六〇〇戸二四四二五人）、最大の柳原部落（一六〇四戸）の二〇年を例に見ると、最多が皮革・靴・草履などの自宅職五一三人、次に日雇二二七人・人力車夫二二一人・下駄職（直しを含む）一六〇人で、不安定な低賃金部門に集中していた。京都市の一八年六月の日当が、男で日雇一円一〇銭・陶器職七五銭・土工七〇〜五〇銭で、天候で休む日もあり、女房や娘の内職は一日四〇銭どまりだった。当時の家族は六、七人が普通で、米は一日三升前後は必要だったから、一升が四〇銭も越えた八月には、米だけでも家計は破綻し、父親がその日の日当をもらって帰ってくるまで、水を飲んで待っている家が増していた。だから街頭騒擾はこの柳原町から始った。

八月一〇日の夕方、柳原町の七条署巡査派出所が施米券が来ていないかと問われ、その問答を見て通りがかった者たちが集まって来て集団になり、同じ頃に風呂屋で「新聞で見ると米屋を毀せば米が安くなる」と話が出て、ここでも二〜三百人の塊が出来た。合流して日頃恨んでいた大きな米屋（七条高瀬川）へ押し寄せ、「白米一升三〇銭」という貼紙を出させた。打ち鳴らす太鼓の音で女子供を含む大集団になって、下京一帯の米屋に同様の貼紙を出させ、夜中の二時過ぎに自然解散して行った。上京では、西陣方面の街々に貼られたビラで北野神社楼門下に六百人の集団が発生し、時代劇の映画撮影所「日活」の小道具係が演説を繰り返した。右京では警察の依頼で千本倉庫をまもる侠客の配下と、西三条部落の集団がわたりあい、捉えられた仲間の取返しに「暁の市街戦」が展開された。

一般庶民も多く加ってはいるが、このように被差別部落住民が主導しており、騒擾罪が適用された地区一五カ所のうち七カ所が被差別部落で、内四部落が市内だったが、市周辺の一八の部落のすべてから市内の騒動に参加していた。差別で不安定・低収入の職にしかつけず、米屋が侮蔑的な言葉を投げて差別し、値を下げてくれと頼めば嘲笑されるばかりだったからである。部落内の支配層による搾取が貧しさの度を高めていたことも、注意されねばならない。彼等は米屋をも営み日常生活用品をも売り、土地・貸家を持って質屋をも兼ねるというように、部落民の生活万端を手中に収め部落という封建性の強い、社会外の社会を握る一方、部落内の血縁的つながりを利用し、「厚い人情味」を売物にしていたから、官憲も彼らを通じて騒動を鎮圧しようとした。以上についての詳細は『米騒動という名の大正デモクラシーの市民戦線』一四五頁、『図説　米騒動と民主主義の発展』一八〇頁に纏められている。

京都の街頭騒擾のこのような起こり方は、名古屋以東の東海側都市でのそれが「市民大会」起点型だったのと対照的である。これは被差別部落や前近代的な伝統工芸の経営や、時代劇をつくる映画労働者など歴史的な要因が働いているからである。第25節での金沢市の伝統工芸職人の場合と多少似ている。

前述の名古屋の鶴舞公園からの出発を繰返す「市民大会」起点型と、京都の歴史的要因が主導する型と比べ、その両面を持つのが大阪の場合である。その上に大阪は関西最大の都市で、造船業をはじめ紡績・綿織物業・機械・化学工業が活発で、綿製品の中国・インド・東南アジアへの輸出の途も開けていたから、市部と隣接する町村の人口が急増し、西成郡区南部四町村と東成郡区南部一二町村を含む南大阪はその典型であった。府が社会事業を嘱託していた小河重次郎博士は「簡易食堂と公設浴場を」（大毎7・23）と訴え、このような接続町村の存在を「一つの驚異」、「いつ爆発するかもしれない火薬庫を眼前に控えているようなもの」と指摘していた。八日には大阪監獄の看守も増俸を要求していた（大朝8・9）。

したがって、大阪の街頭騒擾は一八年八月九日にその西成郡の部落民・釜ヶ崎貧民の集中する今宮町から拡がる一方で、天王寺公会堂の「市民大会」から溢れ出た群衆からも起こった。それらが合流し、軍隊・警官隊出動下に一四日まで続く。郡部では一五日以後も起っており、二八日の西成郡千船村の騒ぎが大阪府としての最後の街頭騒擾であった。「米騒動」で死亡者が始めて出たのが大坂であり（民衆側二名）、警官・軍人・消防夫も含む重傷九名・軽傷者三七〇名で、二〇〇名が起訴されている。以上についての詳細は『米騒動という名の大正デモクラシーの市民戦線』一五〇頁、『図説　米騒動と民主主義の発展』一五七頁（浅井義弘執筆）にまとめられている。

(ロ)労働騒擾

第二期の労働騒擾は(表4Bによると)愛知には無く、京都府では七件(七月中旬に京都市の金箔職工一二五人の賃上げスト、下旬に紀伊郡の奥村電気商会社員の待遇問題、八月上旬に京都市電従業員の賃上げ要求、一〇月に西陣織物模範工場男工と下京区の松風工業会社職工の賃上げ要求、一一月に向日町郵便局員の賃上げストと京都市井戸掘り人夫の賃上げ要求と)起こっている。工場・市電の労働者が八月に同盟請願書で日給二〇銭の賃上げ要求し、その情勢を見て鐘紡・日本電池・奥村電気・島津製作所・京都ガスなどでも、手当てや救済策を出し不満を和らげた。しかし大阪府で、京都の三倍の二四件も起っていて、最高の福岡県と並ぶ。

(ハ)消費者運動

名古屋は公設市場開設要求が強く、市内一三カ所で行われた白米廉売の停止した翌日一一月一日から開設すると市が決議し、実際には一五日からになったが一四カ所設置した。宗教界有志も寄付を募って、勤労者のための簡易食堂も生まれている。

大阪でも「自彊会」が「十銭の食堂」を大阪南区日本橋一丁目に開いた六月五日には、「知事・内務部長始め二百名の来賓」(大朝6・6)が試食し、「朝も昼も大入り大繁盛」(同6・7)、市でも日用品公設市場を研究中という(読売6・7〜14)。このような状況下に政府も「公設市場問題について」、農商務省商工課長岡実が談話を発表した(時事6・1、2)。大阪府が嘱託していた前述の小河博士が「生活難の薄給者に」「簡易食堂と公設浴場を」と訴え(大毎7・23)、八月五日から始った四カ所の公設市場での朝鮮米廉売に、「暗いうちから続々」「血眼」（大朝8・8）の群集が押し寄せた。九日になると今宮町（西成郡）で米屋を襲い、飯屋の休業に騒ぎ、朝鮮米販売を要求したので（大朝8・11）、米穀取引所仲買人が市長に貧民救助用にと一万円を寄付し、市当局は公設市場・売り捌き所での廉売用外米の買付に商工課長を神戸に走らせた（大朝8・11）。一〇日からは大阪市・西成郡・東成郡などで、数千名の群集が行動する大騒擾となったので、知事は住友など三〇余名を府庁に招いて義捐金を勧説した（大朝・山陽8・11）。

(3) 第三期

第三期の労働騒擾は急増する。表4Bによると愛知県で四〇件、京都府で三三件、大阪府では一〇四件に達する。京都府・大阪府・兵庫県のいわゆる京阪神の計は二一〇件で、東京府・神奈川県のいわゆる京浜の二八九件よりは少ないが、関門北九州の倍に達している。

第29節　滋賀県の「米騒動」期

表4による限り労働争議は、「米騒動」第一期には見られず、第二期には一八年八月上旬に一件、第三期の一九年一〇月に一件（製糸工の賃上げストが）起こっている。

第二期の街頭騒擾は琵琶湖東岸だけで起っている。一八年八月四日に一升四〇銭だった米価が九日には五〇銭を超えたので、一〇日に県知事が郡市長会議を開き、売り惜しみを禁じるなど指示していたが、一〇日から二六日にかけて大津市など八市町村で大小の事件が起こった。大津市では一〇日夜から被差別部落を含む複数個所に「一揆をおこすべし」などの貼紙・投書があり、一二日夜の市南部では暴動の噂もあったが、警戒厳重で現実化しなかった。しかし蒲生郡宇津呂村（現・近江八幡市内）と甲賀郡長野村（現・信楽町内）では大きな騒動となった。蒲生郡では一三日に宇津呂村の被差別部落で施米が行われていたが、配給方法に不正があると百数十名の女性が晩に、地元と隣町八幡町の米商へ押しかけ、一升二五銭要求に応ずるのが遅かった八幡の米屋を乱打・投石した。また外米廉売を（九日から）行っていた区長・副区長にも不正があると、一四日午前一時に百数十名が会所に押しかけて石や火鉢を投げつけ、部落内有力者の仲介で謝罪状を書かせ、内地米一〇俵ずつを一升一五銭で得ることを約束させた。一五日朝には長野村でも貼紙が出て、夜に小学校前の神社に集まった若者数百名が、一六日午前一時に米屋に押しかけて一升二五銭売りの証書を書かせた。

八幡では女性一名を含む二四名が公判に付され、懲役三年～六カ月を課されたが、下駄職一〇人など履物関係が目立った。長野村でも一一名が公判に付されて、懲役二年～一〇カ月を課された。以上の街頭騒擾については、『図説　米騒動と民主主義の発展』の二八四頁に、八耳文之が地図・表付きで詳述されている。

表6に見るように、検事処分人員に占める被差別部落民の割合が六八・六％と全国最大で、被差別部落民中心の「米騒動」だったことが判る。小作争議も表3に見るように第二期の一八年秋に四件、第三期の一九年に三件起こっているが、二三（大正一二）年には他の関西諸県と同様急増している。

第30節　神戸の「米騒動」期と兵庫県

神戸は幕末の開港地で京都・大阪のように古くはないが、国際的な大貿易港・造船・鉄工業で急成長して、新興財閥と謂われる「鈴木商店」など綜合商社が、三井物産穀肥部・湯浅商店・岩井商店（本店は大阪）などと競いあっており、中国・朝鮮などからの商工人口、瀬戸内の労働人口を吸収してスラムまでを形成していた。

鈴木商店は初代岩次郎が開港場神戸に明治七年頃開業し、外国『商館』の輸入する「洋糖」を仲次ぎ販売し樟脳なども手がけていたが、明治三〇年の金本位制採用までは『商館』との払い渡しは洋銀だったので、洋銀引替商の看板も掲げて神戸八大貿易商の一つとなった。高知の砂糖商で丁稚をしていた金子直吉が岩次郎に認められて、明治一九年から鈴木商店に入り、岩次郎が世を去ったとき後継ぎがまだ一二歳だったので、金子が番頭として店を任されることになった。日清戦争で台湾が獲得され、その特産物が樟脳だったことが金子に、台湾民政長官になった後藤新平に近づく機会を与えた。後藤は日本のこの最初の植民地の統治財源に、（世界の需要の八九割を占めていた）樟脳を専売化しようとして業者の猛反対を受けていたところ、金子が独り賛成し樟脳関係の経験を提供してくれたので絶大な信頼をおくように成った。鈴木商店は台湾産の樟脳油（樟脳の副産物で再生樟脳の原料）の六五％までの販売権、台湾銀行からの特権的融資や砂糖など台湾物産について、後藤の職権の許す限りの権益を得て海外貿易に乗り出し、自社船をもつ「綜合商社」へ急膨張した。ロンドン・ハンブルグ・ニューヨークに代理店を置き、ペテルブルグやオーストリアなどにも人員を配置して、世界の商品相場を他社に先んじて暗号電信で収集していた。

明治三八年九月五日に東京日比谷で日露戦講和条約暴動が発生すると、神戸でも七日に湊川公園での市民大会に三万人の群衆が警察隊と衝突し、伊藤博文の銅像を引き倒すなど大暴動と成ったが、その中心勢は葺合区新川のスラム民であった。新川というのは明治初年に生田川の付け替え工事でできた新生田川の略称で、下流の低湿地帯の最大のスラム名でもあった。明治四二（一九〇九）年のクリスマス、医師に死を宣告された二一歳の賀川豊彦は「キリスト者として死のう」と、新川のスラムに住み込み、路傍伝道をしながら貧民救済を始めた（賀川豊彦『死線を越えて』）。少しの雨でも一面水浸しの不衛生、一戸に畳が二畳から四畳ぐらいしかない棟割長屋が、庇をくっつけて幾十棟と並ぶ。路地幅は二メートルもなくて陽があたらず、浅い溝から汚水があふれ、水道栓は共用のが数えるほどあるだけ。半裸・裸足の子供たちの腹は（栄養失調で）ふくれ、頭は吹き出物でジクジクしており、「住民の殆どがトラホーム（眼病）を病んでおり、わたし自身も感染して困っている」と、賀川自身目をしょぼしょぼさせていた。そこでは身障者や寡婦、失業による困窮者そして被差別部落民が、マッチ工場の職工や仲仕は良い方で、履物直し・皮革職人・手伝い・掃除夫・葬式人夫などで糊口をしのぐ。「五ツぐらいから働きに出ている子供がおり、修学年限に達した子供のうち、学校に通えるのは数％に過ぎない」。日露戦後不況でスラムは増えて明治末には八五〇〇人二〇〇〇戸数になり、大戦開始の一九一四（大正三）年時点でも増え、「行き場のない病人の何人かは、わたしの家に引き取って世話をしている」と語る賀川は、一七年頃からは労働運動にも参加するようになった。

一方神戸は植民地米・東南アジア米の輸出入中心で、それで巨利を得ている綜合商社が競いあっており、政府の米穀政策に手をかす公共の敵としてクローズアップされていたから、「米騒動」は眼前に標的を持つ、他の大都市以上に激しいものとなる。栄町四丁目には鈴木の元本宅があり、東川崎町の鈴木の本店はパトロンで当時は外相だった後藤新平が名付け親のミカド・ホテルを改装したもので、鈴木の兵庫精米所、鈴木の日本樟脳会社、吹上脇の浜の神戸製鋼所や神戸信託、その向かいには鈴木の御用新聞と見られていた松方財閥経営の『神戸新聞』もあった。

鈴木商店は「番頭」の金子直吉が、大戦勃発とともにロンドンや世界各地から打電されて来る情報で相場を予測していたので、開戦後三カ月という時点で世界各地で買いまくり、全欧州で食糧・物資が騰貴するなかで巨億の利を得た。お蔭で一七年の年商は三井物産の一・五倍になったという。鈴木のロンドン駐在員の高畑はイギリスの船舶省・食糧省と渡りをつけ、それを通じて連合国全体に売り込んだので船舶・食糧の注文が殺到し、手付金としてイギリス人さえ見たこともない五〇万ポンドという小切手が渡されたり、北海道の豆類・穀物・澱粉を満載して船ごと売る有様で、欧州戦線の塹壕には鈴木のマーク「ＳＺＫ」のついた袋が土嚢に使われていたという。しかし欧米へ売ればそこの高値がアジア・日本にも入って来る。「米騒動」の原因をアジアに引き入れることに他ならない。日本とともに、米輸入国だったフイリッピン・マレー・インドネシアが、後述のように暴騰・飢餓に襲われることになった。

(1)「米騒動」第一期（一七年春〜一八年六月）

兵庫県では労働騒擾が、一七年中には表４Aによると八件（四月に神戸のマッチ箱工場の賃金スト、五月に尼崎市の不平スト、七月に尼崎市の鉄工所と灘五郷の酒樽工が賃上げスト、一〇月に神戸のダンロップ会社と神戸港艀夫のスト、一二月に阪神電鉄従業員と神戸の中国人ペンキ塗り工のスト）起こっていた。一八年前半にも八件（二月の神戸市海岸通り倉橋組仲仕と明石の藤見造船所の賃上げスト、三月の姫路水力電気会社の賃上げスト、兵庫電鉄の工夫スト、川辺郡小田村の紡績会社の賃上げスト、六月に尼崎市の製鉄職工の賃金スト、神戸市荒田町マッチ工の賃上げ要求）が起こっている。

表4Aに含められていなかったが、一八年四月に播磨造船所に食堂暴動があったのを見ておこう。今日は新幹線も止まる相生市（当時は赤穂郡相生町）に、最初に造船が企てられたのは日露戦後のいわゆる第二次産業革命期で、県会議長で県漁業組合の指導者でもあった相生町長唐端清太郎が、深く入り込んだ湾形が造船に適すると発想し、神戸財界の小曽根貞松を社長に明治四〇年に設立したものである。船渠《ドック》完成直前に渠口崩壊で頓挫し、大正元年に再建した会社も営業不振だった。それに目をつけたのが鈴木商店で、大正五（一九一六）年四月末に買収し船台を五台に増し、一二万二二〇〇噸《トン》の建造を計画した。鈴木商店はほかに鳥羽造船所・大阪浪華造船所も経営していた。相生町は播磨造船所が出来たため、一四年に六二五九人だった人口が、一八年には一万二二三〇人と倍化していた。殊に造船所職工が鈴木買収の当時の二五〇人から一八年には五一〇〇人へ急増したのは、大船建造の施設が欠けていて手造りし、職工の未熟さもあったなど急拵えの現れでもあった。未曽有の造船ブームのなかで職工争奪戦を繰り拡げ、本土のみならず沖縄・台湾・朝鮮・中国福建省からも募集して、朝鮮人・中国人部落も建設した。一戸建てを社員社宅、長屋建てを工員社宅と呼んで、山を削って造成した藪谷地区の埋め立て地の家族持ち共同合宿所「三〇〇軒長屋」を始め、那波丘にも工員社宅が急設された。今日は旭町四・五丁目と呼ばれ、長い棟続きが幾棟も残っており、鉢植えの草花などを一杯に並べて庶民の生活感が溢れている。産業史の貴重な遺産として市が保存すべきものと思われる。

一八年四月二一日、この籔谷の共同合宿所の工員たちが会社の直営食堂・事務所を攻撃・破壊する。賃上げを要求して過日来不穏であったが、合宿所の賄いに対しても不満で、二一日夜「物凄きときの声をあげ、瓦礫を投じて大狂暴を演じ」、「百余名の者」が那波駅から乗車して神戸の「造船所主鈴木商店に対し直接要求に繰り出」そうとして居たところへ、那波分署の警官隊が駆けつけて乱闘となり、十数名が重軽傷で二人が姫路赤十字病院へ担ぎ込まれた。首謀者4名以下八十余名を予審に付され、布施辰治法律事務所提供『大正七年米騒動資料集　八巻』は神戸地方裁判所の記録集に、同地裁姫路支部の大正七年八月の三つの日付の判決文が入っている。『神戸又新日報』二四日号にも記事があるが、詳細は『米騒動という名の大正デモクラシーの市民戦線』九八頁にまとめられている。

(2)「米騒動」第二期（一八年後半）

(イ)労働騒擾と労働者組織

争議は表4Bに見るように一九件と多く、大阪府・福岡県に次ぎ東京府と並ぶ。三菱造船所は労働条件・賃金が極めて悪かった上に、購買部の米の値上げに対し製缶部三〇〇名が賃上げを八月九日に技師を通じ要求したが容れられず、午後ストライキ状態となった。会社側が一〇日に出した「賃金歩増改正計算方法」では、却って賃下げになると一一日に談判したが、購買部米価を一升三五銭に下げると発表しただけで、それも「在米不足と称して」販売量を制限したから遂に暴動となった。平素から最も重労働なのに賃金が他部以下と不平だった製缶部の四五〇名が一二日朝から事務所・製缶部食堂を襲い、機械部が同調して千名となって、午後二時には全工場に波及した。会社側が帰宅させようとして二時半過ぎ門を開いたため、数万の群衆が周辺に押し寄せて見守り、夕刻からの鈴木商店本店焼打ちへの導火線になったと謂われる。三菱倉庫常田浜仲仕一〇〇余人も賃上げストに入り、倉庫・事務所・支配人をおそう暴動となった。因みに第一期にも神戸港では、一七年七月に神戸桟橋会社艀船夫賃上げスト、同一〇月に神戸市艀人夫スト、一八年二月の倉橋組仲仕が最低賃金八〇銭を一円二〇銭に賃上げげストが行われていた。

マッチ製造業でも六月に日本燐寸荒田工場で三割賃上げに成功したが、米価は七月二日の一升三四・三銭から八月八日には六〇・八銭に急騰したから（『神戸新聞』８・９）、七月一七日～九月七日に兵庫県内で六五件の労働争議が起っている（兵庫県高等課の調査）。七月には兵庫鉄道（山陽電鉄の前身）、姫路・尼崎の市役所など相次ぐ賃上げ争議、神戸市在住の「外人から公設市場設置」の要請もあって（「又新日報」７・26）、兵庫県当局は神戸でも朝鮮米の指定販売を行うと、八月五日に農商務省に打電している（大朝神戸版８・８）。八月上旬には神戸郵便局・中央電話局の配達夫・交換手らが三宮郵便局・三宮電話局のそれらと連携し、西武逓信管理局に増給陳情書を提出している。

以上についての詳細は『図説　米騒動と民主主義の発展』の一九五頁に上野祐一郎・徳永高志執筆で、三菱造船所暴動を中心に記されている。三菱・川崎の二つの巨大造船所と鈴木商店経営の神戸製鋼所があって、大戦期の輸出ブームで工業生産が四倍に、殊に機械生産は七倍にもなったから、労働者組織の友愛会も（一四年に神戸製鋼の職工三〇名で葺合支部を始めたのが、）一七年四月には葺合・神戸・兵庫・池尻・尼崎の五支部一五〇〇人に拡大していた。一八年七月に賀川豊彦・久留弘三の指導下に入って、川崎・三菱両造船所中心の友愛会鉄工部神戸連合会が、友愛会最初の地方機関紙『新神戸』を八月二二日に創刊した。当時の神戸の工場労働者六万二千の内二万が川崎造船所、一万が三菱造船所におり、開明的な松方幸次郎が社長の川崎造船所が、友愛会神戸支部の拠点になっていた。

(ロ)街頭騒擾の始まり

五日夕から連夜一団の人びとが湊川新開地で仕事帰りの労働者などを掴まえ、米価問題のため人民大会を開こうと訴える姿が見られた（「又新日報」８・８）。六日の「神戸新聞」は「米価暴騰と人心の危機」と題し、「言うに言われぬ一種の危機が逼迫するように思われる」・「何等かの不測の禍因を包蔵しつつある」と書いている。新川部落でも八日頃から、こんなに米価が高くては働き甲斐が無いとふて腐れる者がおり、こうなったら家賃だけは一切払わないと申し合わせた一郭もある(「又新日報」8・12)。当時市内の部落民の大半は兵神館が経営する長屋に住んでおり、その数日前に日掛家賃を値上げされたばかりだった(「中央新聞」9・8)。一〇日朝に湊川公園に通じる大開通二丁目に「十日午後七時から湊川公園一大市民大会」との貼紙が出たが、警察側が引き剥がし警戒していたので、平素より人数は多かったが騒ぎには成らなかった。しかし同晩京都・名古屋などの事件が伝わると(「又新日報」8・11)人心が高まり、一一日八時から湊川公園に群衆が集まり、大声で米屋への談判廻りを提案した理髪屋田中千太郎らを先頭に、五〇〇名が行進に移った。新開地筋を下り聚楽館前の演説でも加わったので、千名が湊町一丁目などの米穀商で値下げ交渉をしたが埒があかず、湊川公園に戻り、一二日晩の再集合を約して解散した。

(八)「市民大会」の暴動化

一二日夕方、湊川遊園地から降りて来た鍛冶職山本鶴松(二〇歳)は、新開地の松本座の前で友人の仲仕坂出敬信(二一歳)と出会い、石炭箱の上に立って「一升二五銭で売るよう談判に行く」、「聞き入れなければ最後の手段を取ろう」と演説した。山本はヤクザ仲間で白足袋に向う鉢巻で日本刀を携えており、百人を従えて東川崎町の米屋に行き、米桶を覆して騒ぎ「一升二五銭」の張り紙を出させ、人力車を拾って車上に日本刀を突き立てて指揮をとり、湊川遊園地に戻ってきた。彼の一団が納涼者・野次馬が集まっている湊川遊園地に乗り込んで来ると、忽ち三五〇〇人の大集団に急増した。

憲政会院外団を自称する仲仕米沢幸三郎(三三歳)が、後藤新平のお蔭で大きく成った鈴木商店が米価を暴騰させていると演説し、群衆は宇治川筋を鈴木商店本店へ(途中の米屋で二五銭の貼紙を出させつつ)向かった。その建物は後藤新平が粋を凝らして建て顕官たちが出入りするホテルにしていたのを、鈴木商店の手に移したものである。湊川遊園地からの大集団が八時二〇分頃に加わると数千人に達し、内三カ所から火の手が上がったが、本郷強（二二歳）というヤクザが犯人と名乗っている。消防のホースを群衆が切断したので南隣の井上医院にも燃え移り、結局二〇余戸が全半焼した。鈴木本店と四つ角を挟んで斜め向かいの神戸新聞社も放火された。栄町四丁目の鈴木旧店に放火した別働隊は、鈴木傘下の神戸製鋼所に達して変電所などを破壊し、放火して全焼せしめ、同じく鈴木経営の日本樟脳製造所をも焼いた。このように鈴木商店関係がみな焼打ちされたので、全国の鈴木商店支店・系統会社へも襲撃が広がった。神戸の三井物産・湯浅商店も同じ一二日晩一緒に焼く予定だったというが、警官の阻止のうえに建物が堅牢で成功せず、一三日晩再び企てられたが軍隊の出動で辛うじて免れた。同夜、沖合に停泊していた三井物産の貨物船には、ハワイ向け輸出の内地白米三万石が積まれており、三井の社員が武装して夜警に当たっていたが、手当てが一日一円五〇銭で米三升の値打ちしかないとストが起こったという。近郊の国鉄鷹取工場でも翌一三日に一五〇〇人の賃上げ暴動が起った。以上についての詳細は『図説　米騒動と民主主義の発展』の一八九頁に、徳永高志執筆で記されている。

借家管理業者も攻撃

同晩湊川公園から水木通りを西に向かった一隊は、家賃を騰貴させ取り立てが非道で、広く恨みを買っていた借家業の兵神館本店とその兵庫支店を打毀した。ヤクザ山口組の四天王の一人といわれる渡辺藤吉が子分五、六人と共に先頭に立っていたという。六万二千の労働者を抱える工業都市・国際的港湾の性格から造船所労働者（三菱造船所が一万人、川崎造船所が二万人）と運輸労働者（仲仕）が多数で、また近畿・瀬戸内という歴史的地域に滞留していた過剰労働力・被差別部落民が流入して、人口が急膨張していたから借家難で、一八年の家賃は前年の倍に暴騰、借家の七割を支配する兵神館・神港舎が攻撃されたように、押しかけ対象には家主層も入っていた。

大戦による輸出ブームで都市化が進み、人口の一二%、六一三万が六大都市に集中し、都市スラムの拡大、住宅難と借家・借地問題、地価高騰による土地投機の弊害が深まって、「都市問題」が現出していたから神戸だけでなく、大阪市西野田中江町でも八月一三日の騒動で借家管理業兼金貸業が襲われ、陶器産業の和歌山県黒江町でも春から一〜五割の家賃値上げで「米騒動」時に家主たちが襲われた。

(ニ)一三日未明からの姫路師団出動、部落などを包囲捜査

県知事の要請で一三日未明から姫路師団が出動したが、夕七時に湊川遊園地に集まった群衆も三万に増す。幾つかの集団に分かれて米屋・食料品点などを襲い、外米輸入商湯浅商店にも押し寄せ、新川スラムからの参加者が多く逮捕された。一四日には宇治野・宇治川の被差別部落が軍隊二個中隊と警官二五〇名で包囲され、三二名の起訴者を出した。午後六時以降の無用の外出を禁じ湊川公園一帯を軍隊で封鎖、午後七時には西部の番町も兵士二五〇名と八〇名の警官で封鎖され、個別の家宅捜査が行われた。

(ホ)なぜ神戸でだけ、徹底した焼打ちが繰り返されたのか

大阪の方が人口に比例して参加者が多いが、被襲撃者数も検挙者数も神戸の方が倍近い。神戸の検挙者には仲仕など港の労務者が非常に多い。湊川遊園地で鈴木商店批判の演説をした米沢幸三郎、山本鶴松と一緒に人力車に乗っていた坂出敬、鈴木商店焼打ちに加わったことを武勇談として語っている所を逮捕された大東仲蔵(五七歳)はいずれも仲仕である。八月二三日までの神戸市内検挙数五七八人中には職工六四人に対

し二〇四人もの労務者（仲仕・人夫・車夫・船夫・日稼ぎ手伝《てだい》）がおり、その一一三人までが仲仕であった。

そして焼打ちという決定的な行為として現れたのが、ヤクザの登場・指揮である。「市民大会」起点で一一日までは暴力と全く無縁だったのが、ヤクザ山本鶴松が登場して人力車上から指揮し始めた一二日からガラリと変わった。神戸新聞焼打ちは山本が、鈴木商店焼打ちは本郷強が、兵神官打毀しは山口組の四天王の一人といわれる渡辺藤吉とその子分五、六人が実行したと、それぞれヤクザの名が証言されている。「市民大会」集合地だった湊川遊園地が「新開地・番町」と隣り合わせで、そこが労務者の手配などを兼ねるヤクザ・カタリ・山口組などの温床だったことが、一二日段階から彼らが指揮するようになった原因である。しかし京都では右京の千本倉庫を守るのに侠客が警察に頼まれて西三条の部落民と戦い、後に見る宇部でも炭坑支配層の遊興施設である遊郭をヤクザが守って、それを打毀そうとする炭鉱夫たちと闘っている。「男をあげる」、つまり「頼りがいのある」暴力専門集団であることさえ示せれば、どちらにでもつく存在なのだろうか。そうではない。神戸のこのヤクザ達は、皆それ以前に仲仕など不安定雇用の労働者であり、また少なくとも手配師として彼らの生活に関わっていた存在だったからである。

(へ)行動的労働者が「ヤクザ」姿をとっていた義憤段階

本郷強（二一才）は友人の七野安孝とともに川崎造船の旋盤工で、友愛会に入っており貧富の差に義憤をもっていた。「階級的な自覚への動きやその自覚を促す環境もありながら、それを確かに掴めないところで、行動的な労働者がヤクザの姿をとる」段階にあったのであろう。(1)「侠気を出して荒田町の富永惣十郎という親分のところへ、米屋にかけあってくれるようにと、四、五人つれだって談じ込みに行きました。あれは八月の四、五日頃だったと思いますが、その頃印刷工場の紙裁ちをやっていた山本鶴松や、同じカジヤの七野安孝と一緒でした。この富永惣十郎という親分は土建請負が生業で、……『神戸の市民が米が高こうて困っているのや。オッサンも神戸の侠客の親分やないか、オッサン一つやらんかい』いうと、どう思ったのか『ヨッシャ』というてひきうけてくれました」[2]。「ツル（山本鶴松）は公判記では鍛冶職とあるが本郷強談では当時印刷裁断工のヤクザだった。五尺そこそこの小柄ながら」度胸のある男で、坂出の方は「当時東出鉄工所で、山口組の臨時仲仕[3]」で、「佐倉惣五郎やなんて思うて」[4]行動したという。兵神官打毀しの渡辺藤吉らがいた山口組も今日のような暴力団ではなく、初代春吉による人夫供給の仲仕組で、浪曲興行に手を出していた程度だった。

本郷は鈴木商店本店に火をつけたのは自分と七野安孝だという。本郷は七野のことを褒める。「いま思うとえらい男でした。昼の休みでもいつも難しい本読んでた」。「平素から彼の言うことがいつの間にかわしらのような者の頭にもしみ込んでましたんやろな。いまでも覚えとるのは、彼がこの騒動ときに〝こうしたことがあるたびに世の中がようなるんや〟いうてた言葉だす。……わしがその後、友愛会が分かれた直後の評議会に入ったりしたのも、やっぱり七野が口ぐせのように言うてた〝人間は勉強せなあかん〟ちゅう言葉に影響されとったんだっしゃろな[5]」。本郷・七野は川崎造船所にいたとき電気部技師吉田栄吉から教えられていた。「吉田は吉田マルクスと言われ、神戸で多くの先駆的労働者を教育した人物である。吉田は長崎県出身、長崎の電気学校で苦学し、山川均の影響をうけて『資本論』を原典で読解したといわれ[1]」た人で、総同盟連合会の神戸労働学校校長などを務め、三・一五事件ののち『海員新聞』編集を担当し、兵庫県無名戦士の碑に合祀されている。以上については『米騒動という名の大正デモクラシーの市民戦線』一五八頁に詳述がある。

（3）「米騒動」第三期（一九年と二〇年春）

友愛会神戸連合会機関紙『新神戸』第4号で連合会主務の久留弘三は、「民衆はかの暴動によって自己の力の偉大なことを発見せること、富豪階級は案外臆病にして腰の弱きことを知った」と書いている。兵庫県の労働者が自らの力を自覚したことは、表4Bに見るように一九年の争議件数が六四件に跳ね上がっていることに現れている。東京府・大阪府に次いで多く福岡県と並ぶ。

「米騒動」期に続く大戦後デモクラシーの労働運動を飾ったのも神戸の、川崎・三菱造船所争議であった。一九二一年六月に総同盟の神戸・大阪・京都連合会の指導の下で、重工業の二大企業に対して団体交渉権獲得を要求し、戦後恐慌期の困難のなかで三カ月に亘って闘われた大争議であった。

【註】

（1）阿部真琴『兵庫米騒動記』新日本出版、一九六九年、四九〜五二頁

（2）安達正明「米騒動（神戸の）前提についての一素描」の註46、『歴史と神戸』一九六四年八月）

（3）前掲『兵庫米騒動記』五〇頁

（4）座談会「米騒動のころ」『生活タイムス』一九五七年八月二五日

（5）同座談会

第31節　岡山県の「米騒動」期

この県の労働争議の第一期は表4Aによると一九一七年六月以後に五件、一八年前半に四件で計九件（造船・鉱山・紡績・織物など）で、大阪・東京・神奈川・兵庫・愛媛・福岡につぎ七番目である。第二期（一

八年後半）も表4Bによると六件あって、福岡・大阪・兵庫・東京・神奈川・京都につぎやはり七番目である。

街頭騒擾は一八年八月八日に川下げ移出地帯である真庭郡の落合町で始まり、翌九日に岡山市の米取引所で仲買人が、一〇日には倉敷町の米屋七軒が襲われて全県的に一〇月五日まで続く。合計八一件（『米騒動という名の大正デモクラシーの市民戦線』一八一頁の表）で全国最多で、本書の図6でもそれが判る。但し、大都市は人数が多いのに一日一件にしか数えられていないので、大都市県より激しかったという意味ではない。並ぶ広島県も六八件と多いことにも現れているように、山陽の平野部の特徴、京阪神への米移出地帯で移出反対と被差別部落の多いことによっている。したがって表6でも「米騒動」検事処分者数が大都市県なみに多く、その中の被差別部落民の割合が近畿並みに多い。街頭騒擾についての詳細は『図説　米騒動と民主主義の発展』二一七頁の（坂本忠次執筆）に記されている。

第三期の労働争議は全国で急増するので、岡山県の一二件は一四位に止まり、工鉱業地帯・大都市には及ばない。

第32節　鳥取県の「米騒動」期

労働騒擾は（表4Aによると）第一期には無く、第二期（一八年後半）には表4Bによると八月上旬に五件（鳥取市・米子町の駅前仲仕、境町の港仲仕、国鉄米子工場の職工、鳥取市の靴工の賃上げ要求など）、中旬には倉吉町の織物会社の職工百人の賃上げスト、九月上旬にも米子製鉄所溶鉱職工七〇人の賃上げストがある。街頭騒擾は鳥取市の八月一一日以来脅かされていた米商に二一日夜に押しかけたこと、二二日に東伯郡高城村（現・倉吉市）の部落民百余名が役場に押しかけて積立金の分配を要求したこと、米子が神社頓集の噂で一時不穏だったこと、八頭郡用瀬村で中旬に脅迫状が米商に送られたなどが挙げられる。街頭騒擾については『図説　米騒動と民主主義の発展』三五三頁に大森正治執筆の詳報がある。

第三期の労働騒擾は表4Bによると、七月に気高郡の西部小学校教員の賃上げ、九月に日野郡の河尾鉄道工事の朝鮮人工夫二〇人の賃上げ要求のサボが行われている。

第33節　島根県の「米騒動」期

労働騒擾は「米騒動」第一期（表4A）には、一七年七月に二件（松江市の山陰新聞印刷工と八月の室満山鉱山夫八九人のスト）、第二期（一八年後半、表4B）には四件（七月下旬に簸川郡大津町の製鋼所職工のスト、八月上旬に松江市の人力車夫二〇〇人の賃上げ要求、中旬に松江市の安来製鋼所職工、下旬に松江市の下駄工の賃上げスト）に増えるとともに、街頭騒擾も図6に見るようにかなり発生している。八月一三日に邇摩郡温泉津町で米の安売りを求める貼り紙が出てから、県下四〇市町村で群衆集会・脅迫・貼り紙・投書・流言が生じた。米移出港でもあった浜田町では騒動参加者が二千名に達し、軍隊が翻弄されて六八戸（米商四一・遊郭六・問屋四・資産家三・酒商二・醤油業二・呉服商・料理屋など）が攻撃された。これら街頭騒擾については吉岡吉典の三部作論文があり、それをも引用した詳報が『図説　米騒動と民主主義の発展』三三六頁（内田融執筆）にある。この県の街頭騒擾が際立っているは、港湖・鉱山にも恵まれた歴史ある「出雲」の富商たちの存在があり、殊に近世の「西回り航路」以来の米移出が、漁民たちの目についていた故と思われる。

第三期の労働騒擾としては、一九年九月に浜田町の製糸工場女工数十人の賃上げなど要求のサボが有り、一二月にそれがストに成っている。

第34節 徳島県・香川県の「米騒動」期

日露戦期来の重税・軍拡による慢性不況のため廃税運動が盛んで、一九一四年二月一日には憲政擁護会主催の悪税廃止大演説会・市民大会が徳島市を含め全国二一カ所で行われた。その五カ月後に第一次大戦が始まったが、ドイツ軍国主義と闘っているリベラルな気分も加わってか、一五年には香川県鷺田小学校で、学級編成での部落児童差別や部落出身教師の排斥に抗議行運動が起こっている。

(1) 徳島県では「米騒動」第一期を見ると一七年八月に徳島市の紡績会社発電所男工の、一八年二月に同社の紡績工千人の賃上ストがあり、三月中旬に撫養町の塩田人夫の賃上げ要求があって五月初旬にはストに入っている。第二期には表4Bでは漏れているが、八月一〇日前の那賀郡平島村の建具雨具信用組合の職工の賃上ストと、撫養町川東塩田労働者の賃上げ要求があった。街頭騒擾も八月一〇日に名東郡新居村（現・徳島市内）で始まって小松島町・撫養町にも広がり、下旬には見能林村の漁民騒動も起こっている。詳論は『図説　米騒動と民主主義の発展』二三六頁（中内輝彦執筆）にある。

(2) 香川県では「米騒動」第一期の労働争議は（表4Aによると）二件（一七年八月に木田郡潟元村の塩

田人夫一三〇〇人の賃上げストなど）起こっているが、第二期には山本繁『香川県の米騒動』（一九五九年）によると、一八年七月下旬に木田郡潟元村の大塩田の釜子が賃上げスト入り、八月七日には同塩田人夫一〇〇〇人が賃上げ要求、同九日には木太村でも塩田労働者が賃上げスト、九月二三日には大川郡三本松町の仲仕の米移出停止のサボタージュが起っている。一期・二期を通じて塩田労働者の賃上げが多く、徳島県と共通性があるが徳島県以上で、瀬戸内的特色といえよう。街頭騒擾は八月九日午前に高松市の漁民女房百数十人が市役所・県庁へ廉売斡旋を要求に押しかけたことで始まるが、同日晩には小豆島草壁町でも被差別部落民三一〇名が役場に陳情に来る。以後九月二日まで続き、「不穏」レベルまで数えれば二〇件を超えて二市五町七村に及び、うち六カ町村が被差別部落民である。『図説　米騒動と民主主義の発展』二一一頁に山本繁による詳論がある。

（3）「米騒動」第三期の一九年には労働騒擾が（表4Bによると）、両県とも六件ずつ起っている。二月の徳島市の紡績工の賃上スト、七月の徳島市吏員の賃上要求などである。

第35節　愛媛県の「米騒動」期

日露戦期からの重税で不況が続くなかで米価が騰貴した一九〇七（明治四〇）には、全国的に労働争議件数が急増し、この県でも別子銅山で安米給付範囲拡大要求の争議が六月四〜九日に続いた。一四（大正三）年一月三一日には全国商業会議連合会の営業税撤廃決議を受けて、二月一日に宇和島市で悪税廃止の市民大会が開かれた。

この県の「米騒動」期は第一期から労働争議が多く（表４Ａによると）一四件ある。一七年六月に越智郡津倉塩田人夫二九人の、七月に松山市の麻裏製造職工と越智郡伯方島木浦塩田人夫二百人の、九月に菊間町の伊予瓦工二一〇人の賃上げ要求、同月に周桑郡の製蝋工二五人の賃上げスト、一〇月に温泉郡三津浜の造船所船大工の賃上げストと周桑郡の製紙工の賃上げスト、一八年一月に東宇和郡の宇和水力発電所員四三人の賃金スト、二月に松山市の伊予鉄道火夫三〇人のサボ、五月に喜多郡内子郵便局集配人の賃金スト等である。

第二期（一八年後半）は表４Ｂで見ると五件で、八月上旬に新居郡の四坂島精錬所鉱石人夫二百人の賃上げ要求、中旬に今治町の織物合資会社織工の賃上げ要求、一〇月に菊間町の伊予瓦工一五二人の賃上げ要求、一一月に西宇和郡の東洋紡西之石分工場女工のスト、一二月に西宇和郡の柳谷鉱山西宇和郡の鉱夫三一人の賃上げ要求ストである。街頭騒擾は八月九日に今治町漁民女房連の米積み出し妨害に始まり、一八日間に一市九町村で一六件が発生したが、大規模なものは現伊予市・現松山市・現宇和島市内の三件である。詳細は『図説　米騒動と民主主義の発展』一三二頁（山口孝義執筆）で見られる。

第三期の労働争議は表４Ｂに見るように急増し、三五件で京都並みである。この県の争議の多さは塩田、米積み出しなどの瀬戸内的特色の上に、鉱山の存在によるゆえと思われる。

第36節　米騒動期（一九一七～一九一九年）の高知市

吉田文茂

はじめに

　高知県における米騒動は、大都市に比べると規模も小さく、目立った動きは高知市などわずかにしか過ぎなかった。これは、県や高知市などが米の廉売などで迅速に対応したことや、警察の取締りが功を奏したことが主な理由とされる（『高知県警察史（明治・大正編）』高知県警察本部、一九七五年）が、それでも、その後の高知県の民衆運動へ少なからず影響を及ぼしていったことは紛れもない。

　これまでの高知県の米騒動についての研究は、井上清・渡部徹編『米騒動の研究』（以下、『研究』と略す）第四巻所収の「高知県」分以上のものはほとんどなく、『高知県警察史（明治・大正編）』や山本大・福地惇著『高知県の百年』（山川出版社、一九八七年）も『研究』をベースにしての記述にとどまっている。また、『研究』をはじめとする、これまでの高知県の米騒動の研究は街頭騒擾の起こった一九一八年八月という短期間の動向に焦点が据えられ、それを詳細に記述することに精力が注がれている。しかし、井本三夫氏の一連の研究によって、街頭での「騒動」のみに限定することの限界が明らかにされてきた。そこで、本稿では高知県の米騒動の中心地である高知市を中心に、一九一七年から一九一九年までを射程に入れて、米価の変遷と米価の高騰が何をもたらしたのかを具体的に見ていくことにしたい。

一、『研究』が明らかにしたこと

「細川資料」（法政大学大原社会問題研究所蔵）がベースとなっているため、『研究』は一九一八年八月前後の「騒動」の状況しかとらえられていない。それでも、高知市での八月一五・一六両日にわたる「騒動の実情」を「警察資料」と「高知市資料」、新聞記事によって詳細に再現することに成功している。『研究』に示された内容を簡単にまとめると、次のようになる。

高知市では従来から県産米のみにては不足し、阪神地方からの移入米によって補充していた。それが、八月になって阪神地方で米価の高騰が生じると、高知市でも不自然ともいえる破格の高騰を見るに至った。そのような折、一九一八年八月九日、一〇日の二日間にわたって、市内各所の電柱や掲示板などに「急告」と題する呼びかけ文（「米ハ益々昇ル、人民ハ遠カラスシテ餓死セントス。市ノ富豪有力者何事ゾヤ。時ハ刻一刻トセマリツツアリ。先般来富山ニ一揆ノ起ルアリ。マタ止ムヲエズ。余人民ノタメ八月一五日ヲ期シテコトヲ決セントス。米価ニ苦シムノ士ハ同夜公園ニ集合スベシ。富豪・有志如何ノ情アリヤ。ソレ市民時ナリ憤起セヨ。貧民救済主謀者大塩平八郎」）が貼られたことによって、街頭での騒動が勃発することになる。

この貼り紙は県内各方面に衝撃を与え、すぐさま有力者による施米が開始され、ついで、商業会議所、商工連合会の発起による「高知市米価調節会」が組織され、一五日から市内八ヵ所で一人三合あて、一升三〇銭で米の廉売が開始される。有志による寄付金と高知市の資金をもとにして、米穀の購入、外国米の廉売がすすめられ、一時は内国産米も併売された。販売所は第一から第六及び江ノ口の七尋常小学校で、外国米は一升につき一五銭から二〇銭、内国産米は一升二五銭から三〇銭の価格で販売された。

また、これとは別に富豪宇田友四郎が個人として購入した米を侠客の鬼頭良之助が「細民救済」のために施米を実施し、市民の間で「鬼頭米」として評判となったのもその頃であった。

このように、有力者や高知市などによる米の廉売がすすめられる一方で、高知署による連日にわたる警戒、貼り紙をおこない市民を煽動したとの理由で三名が召喚・説諭されるなど、緊迫した状況下で一五日を迎えることとなった。

八月一五日夜、高知公園三の丸には続々と民衆が詰めかけ、民衆は高知署警察官の制止を振り切り、大川筋の中島市長宅に押しかけ、ついで追手筋から本町に出て川崎幾三郎邸に殺到したが、憲兵隊、四十四連隊、警察官などの警護により阻まれ、やむをえず電車通りに出ていった。その時には、集まった人びとは二千人にまで増え、電車の交通も遮断されるほどであった。さらに、数百人の人びとは菜園場から山田町巡査派出所東側にある米穀商方に押しかけ、一時投石騒ぎとなり、逮捕者も出たりした。やっと、午前二時になって集まった人びとは散会するが、翌一六日も柳原公園や高知公園に多数の人びとが集まり、米穀商へ廉売の要求をおこなったり、派出所、米穀商への投石などが繰り広げられたりし、前日同様二千人ほどの民衆が警察と対峙する場面がしばしば見られた。しかし一六日も前日同様深夜の自然解散となり、二日間にわたる高知市における米騒動は終わりを告げた。

高知市の米騒動は県内各所へも波及し、一六日に須崎町（現須崎市）において電柱など一八ヵ所に「米価暴騰ニ付町民大会ヲ開ク」ので参集せよとの貼り紙がなされ、一七日には甲浦町（現東洋町）、高岡町（現土佐市）において貼り紙が、安芸町（現安芸市）では役場や富豪宅への米価の値下げや寄付金の要請などのハガキが送られたりした。さらに、一八日には美良布村（現香美市）、一九日中村町（現四万十市）、二二日は御畳瀬村（現高知市）でも貼り紙がなされ、米の廉売要求、寄付金の要請がおこなわれた。最終的には、高岡町、御畳瀬村及び室戸町（現室戸市）で民衆参集の動きが散見されたが、規模としては大きなものとはならなかった。

このようにして高知県での街頭における米騒動は終了し、米騒動にかかわって起訴された人びとも他県より少ない三名にとどまった。

以上が、『研究』が示した高知県の米騒動のあらましである。八月一五、一六日の「騒動」に焦点をあてて、その前後の動きについては詳細に論じているが、八月以前や八月以後の動向についてはほとんど論じられていない。したがって『研究』で描かれなかった、長いスパンでの米価の変動と米価高騰に伴う高知市における対応の具体策を見ていくことは、一九一八年の米騒動がその後の高知市の社会・経済にどのような影響を及ぼしたのかを考える機会となると思われる。

二、一九一七〜一九年の三年間の米価の変動

大正期に入ってからの米価の変動を内国産の上米(一石)について見てみると、表1(すべて各年次『高知県統計書』による)のとおりであり、一九一七年になると米価の高騰が顕著となり、それは一八年から一九年まで続いていることが確認できる。ここで注目しておきたいのは、街頭「騒動」の起こった一八年よりも翌一九年の方が米価が高かったことである。また、二〇年以降米価の高騰は沈静化するが、一六年までの水準には戻らず、高止まり傾向で推移していることがかわる。

表1 上米一石の価格

年	価格
1912	20円93銭
1913	21円12銭
1914	13円40銭
1915	15円30銭
1916	16円05銭
1917	25円35銭
1918	44円00銭
1919	55円50銭
1920	33円00銭
1921	39円50銭
1922	32円50銭
1923	34円50銭
1924	41円50銭
1925	39円50銭
1926	37円50銭

では、米価の変動の大きい一九一七年から二〇年までの米価の移り変わりはどうであったのかを次に見ていこう。まずは、一七年一月から二〇年一二月までの米価の変遷を月ごとに見てみることにする(一石あたりの米価を月初めの新聞記事から拾い、該当米価が見当たらない場合は、前後の日付の新聞に拠った)。

年月	上米	中米	下米
一九一七年			
一月	一五円七〇銭	一四円七〇銭	一三円二〇銭
二月	一五円四〇銭	一四円五〇銭	一三円五〇銭
三月	一五円一〇銭	一四円二〇銭	一三円二〇銭
四月	一五円一〇銭	一四円二〇銭	一三円二〇銭
五月	一五円八〇銭	一四円七〇銭	一三円七〇銭
六月	一九円一〇銭	一七円七〇銭	一六円二〇銭
七月	二一円五〇銭	二〇円三〇銭	一八円八〇銭
八月	二二円五〇銭	二一円三〇銭	一九円八〇銭
九月	二三円一〇銭	二一円九〇銭	二〇円四〇銭
一〇月	二二円五〇銭	二〇円五〇銭	一九円五〇銭
一一月	二四円三〇銭	二三円一〇銭	二二円八〇銭
一二月	二五円四〇銭	二四円二〇銭	二二円七〇銭
一九一八年			
一月	二四円八〇銭	二三円六〇銭	二二円一〇銭
二月	二五円〇〇銭	二三円八〇銭	二二円三〇銭
三月	二六円五〇銭	二五円三〇銭	二三円八〇銭
四月	二七円二〇銭	二六円〇〇銭	二四円五〇銭
五月	二八円〇〇銭	二六円八〇銭	二五円三〇銭
六月	二八円二〇銭	二七円〇〇銭	二五円五〇銭
七月	三〇円〇〇銭	二八円八〇銭	二七円三〇銭
八月	三六円五〇銭	三五円三〇銭	三三円八〇銭
九月	三八円五〇銭	三七円三〇銭	三五円八〇銭
一〇月	四八円〇〇銭	四六円八〇銭	四五円三〇銭
一一月	四三円〇〇銭	四一円〇〇銭	三八円五〇銭
一二月	四三円〇〇銭	四一円〇〇銭	三八円五〇銭
一九一九年			
一月	四三円〇〇銭	四一円〇〇銭	三八円五〇銭
二月	四三円五〇銭	四一円五〇銭	三九円〇〇銭
三月	四四円五〇銭	四二円五〇銭	四〇円〇〇銭
四月	四一円五〇銭	三九円五〇銭	三七円〇〇銭
五月	四三円五〇銭	四一円五〇銭	三九円〇〇銭
六月	四三円五〇銭	四一円五〇銭	三九円〇〇銭
七月	四五円〇〇銭	四三円〇〇銭	四〇円〇〇銭
八月	四六円〇〇銭	四四円〇〇銭	四一円五〇銭
九月	四五円〇〇銭	四三円〇〇銭	四〇円五〇銭
一〇月	四五円〇〇銭	四三円〇〇銭	四〇円五〇銭
一一月	四五円〇〇銭	四三円〇〇銭	四〇円五〇銭
一二月	四五円〇〇銭	四三円〇〇銭	四〇円五〇銭
一九二〇年			
一月	五六円〇〇銭	五四円〇〇銭	五一円五〇銭
二月	五五円五〇銭	五三円五〇銭	五一円〇〇銭
三月	五六円〇〇銭	五四円〇〇銭	五一円五〇銭
四月	五五円五〇銭	五三円五〇銭	五一円〇〇銭
五月	五三円〇〇銭	一四円七〇銭	一三円二〇銭

六月	五〇円〇〇銭	四七円六〇銭	四三円八〇銭
七月	四二円〇〇銭	三八円〇〇銭	三三円〇〇銭
八月	四九円〇〇銭	四五円八〇銭	四一円八〇銭
九月	五四円〇〇銭	五〇円〇〇銭	四五円〇〇銭
一〇月	四三円〇〇銭	三九円〇〇銭	三四円〇〇銭
一一月	三五円〇〇銭	三一円〇〇銭	二六円〇〇銭
一二月	三三円〇〇銭	二九円〇〇銭	二三円〇〇銭

米価は一九一七年六月頃から上昇傾向を見せはじめ、一二月にはそれまでの最高値を示す。そして、翌一八年当初は高値のままで米価は推移していく。それが、三月以降、緩やかな上昇を見せ、七月を迎える。この頃になると、米価の高騰にとどまらず、物価全体の上昇が見られ、街頭「騒動」の起こる八月中旬を迎えることになる。ただ米価に関して言えば八月以降も上昇は続き、一〇月から一九年末までは四五円前後で推移していた。そして二〇年当初には一八年八月の米価の一・五倍の米価を記録するまでに至っていた。

次に、一八年七月から九月初めまでの米価の動きをさらに詳しく見てみることにする。

年月	上米	中米	下米
一九一八年			
七月　一日	三〇円〇〇銭	二八円八〇銭	二七円三〇銭
四日	三〇円五〇銭	二九円三〇銭	二七円八〇銭
一五日	三一円五〇銭	三〇円三〇銭	二八円八〇銭
一六日	三二円五〇銭	三一円三〇銭	二九円八〇銭
一八日	三三円〇〇銭	三一円八〇銭	三〇円三〇銭
二三日	三六円五〇銭	三五円三〇銭	三三円八〇銭
八月　一日	三六円五〇銭	三五円三〇銭	三三円八〇銭
八日	三五円五〇銭	三四円三〇銭	三二円八〇銭
一二日	四〇円〇〇銭	三八円八〇銭	三七円三〇銭
二一日	三八円〇〇銭	三六円八〇銭	三五円三〇銭
二三日	三九円〇〇銭	三七円八〇銭	三六円三〇銭
三〇日	三八円五〇銭	三七円三〇銭	三五円八〇銭
九月　二日	三八円〇〇銭	三六円八〇銭	三五円三〇銭

約二ヵ月間の米価の変動状況を見る限り、全体としては米価が高騰していることがうかがえ、八月半ばの頂点の時期に高知県でも「騒動」が勃発することになる。背景としては、米価高騰による生活難の状況があり、それに他府県での「暴動」の連日の報

道による外的影響が加わって、高知県でも「騒動」が発生したと言えよう。

なお、米価高騰と他府県での「騒動」状況のなか、高知市行政や高知県内の有力者は手を拱いていたわけではなく、具体的な対応策を模索し、実施に踏みきっている。

次節からは、米価の高騰に対して高知市などがどのような対応をとっていったのかを順次見ていくことにする。

三、一九一七年〜一八年前半の段階における米価高騰への対応

新聞にはしばしば値上げ広告が掲載される。一七年以降を見ると、五月二八日『土陽新聞』に高知足袋卸商組合による「原料暴騰」を理由として四銭の値上げ広告が掲載された。この値上げ広告以後、六月には七日の豆腐、一三日の酢、一五日の牛乳、味噌、一六日の酒、二〇日の薪と連日のように生活必需品の値上げ広告が頻出する。これ以後、値上広告はほぼ常態化する。さらに、一〇月には高知新聞社と土陽新聞社の連名で、「新聞用紙暴騰」のため、一一月より一ヵ月につき五銭の値上げおこなう旨の「新聞紙値上広告」が掲載された。

一方、労働者の賃金をめぐっては「本県労銀低下」と、関西方面に比べ半分以下に過ぎないと『土陽新聞』(一七年六月一九日)で報じられているものの、米価高騰の直接の影響についてはほとんど重視されていなかった。

なお、米価の高騰に関しての論説は一九一七年中はあまり見られず、高知県内の現状にも言及した論説としてあげられるのは「米価の暴騰と食糧問題」(『土陽新聞』一七年六月一六日)くらいである。その論説では、今後の「食糧問題は益す急迫を告げ其の欠乏を訴へつつある」という認識を示しながらも、今から「講究し置くべき重要問題」だと指摘するにとどまっており、米価高騰への具体的対応策が示されたわけではなかった。

一八年になると、前年同様、米価は緩やかに高騰

し、醤油、牛乳、味噌をはじめ各種生活必需品の「値上広告」が頻出されるが、米価の上昇に対する生活難の訴えや対応策などは年度当初の新聞記事からは全く見られない。むしろ、五月二四日付『土陽新聞』に新聞社の講習会講師が「物価騰貴が何んだ」の見出しで、昨今の物価高は取るに足らず、問題なしとの論説を掲載しているくらいである。「物価騰貴と生活難」は「自然に来るべき世の大勢」であり、「従来最下級の生活者と認められた労働者」の場合でも「一日一円の収入は易々たるもの」で「仮りに米が三十銭としても三升余り買へる、以て六人を食うに足るではないか」と楽観的な評論に終始していた。

このように、新聞報道では米価高騰が労働者の生活にどのような影響を及ぼしているのか、その正確な実態を十分に把握せずに安易な論評にとどまっていたのが実情であった。それでも、実際には外米の輸入量の不足を指摘する声（五月二五日付『土陽新聞』）や高知慈善協会が外米の取次ぎをおこない、原価販売を開始するようになったことが報じられ（五月二四日付『土陽新聞』）、さらには、西山合名会社、西山亀七商店、横田亀太郎商店の三者が五月二六、七日頃より「政府売下外国白米大売出」を開始する旨の広告（五月二五日付『土陽新聞』）も掲載されるようになる。また同日の新聞報道として、高知市穀物組合が「政府の調節外国米販売に関する協議をなしたるに全員一致を以て政府の払い下げに係る外国米は凡て元価にて販売をなす事に議決し」たと報じている。このように、五月下旬になると、外国米の原価販売が米価高騰への対応策として始まったのである。この外国産米の原価販売は順調なスタートを切り、開始わずか一週間で二つの店が入荷した二千五百袋すべてが売り切れてしまった（『土陽新聞』一九一八年六月七日）。

ところで五月二六日付『土陽新聞』は、水野錬太郎内務大臣が五月一五日の地方長官会議で現状につき「物価の騰貴は世界的の趨勢で人為を以て之を抑制するは至難の業」としつつ、「公共的の市場を設け仲買人の手を経ずして直接生産者より需要者に日用必需品を供給するの途を開かば生活難に苦しみつゝある中流以下の階級を幾分救済する事が能《で》きる」として、大阪市における公設市場の例をあげて他県もこれに倣うべきことを指示したと報じている。この公設市場設置という構想はのちに高知市でも具体化することになる。

四、一九一八年七・八月の米価高騰への対応

七月一日より新聞代の値上げに呼応するように新聞広告料金も値上げとなる（『土陽新聞』一九一八年七月一日）。そのような状況下で、逸早く貧困者救済に乗り出したのは高知慈善協会であった。早い段階から米価騰貴にともなって「細民救済の必要」を認め、外米取次ぎを実行していたが、さらなる米価高騰への対応策として貧困者救済のため、高知市及び附近町村の「赤貧者百余戸」を対象に「外米五升宛の原価販売」実施を決定したことが七月二日付の『土陽新聞』に報道されている。高知慈善協会はその後も定期的に外国産米の原価販売を実施していく。

民衆の生活難についてはほとんど報道されることなく、やっと七月二三日に『土陽新聞』が「高知市民飢餓に瀕す」の見出しで、「打ち続く天候の不穏に県外との交通が絶えて米穀の輸入不可能と見て取った県下の農家では米価の暴騰を見越して売惜みをし出し」たため、「昨日（二二日）は出米皆無という惨めさで此状態にして二三日継続せば高知市民は飢えるの外はない」と報道されるくらいであった。一方、米価高騰への対応策を講じざるを得なくなった高知市当局は「義侠家の西山亀七」と県庁を訪問して今後の方策について協議した結果、大阪商船と土佐運輸会社が臨時船を出して朝鮮米を輸入することに決定した。朝鮮米一千俵の輸入を実現させて「焦眉の急を救はん」としたのである。このような緊迫する状況下でも、『土陽新聞』（七月二三日）は「来月の二十日過ぎになれば新米が潤沢になるだろうから多少は緩和される」と楽観的予測を示していた。同紙の楽観的予測はしばらく続き、翌日の一面トップの

論説で「米価調節」の必要性を主張する一方で、翌々日の紙面で「在米一千五百石」があるため「憂ふるに足らず」、「飢へるものか」との高知市役所の見解を掲載し、楽観的予測の姿勢を崩してはいない。このような報道姿勢は『土陽新聞』と対抗する『高知新聞』も同様で、八月二日付の紙面で、前日（八月一日）の大阪商船臨時船が外国産米二千三百俵を輸入したことと、県内の早稲の刈入による市場への早期出回りが実現すれば、「県下の米価は頓に下落すべし」と楽観視していた。

事態が大きく転回するのは、八月八日付『高知新聞』に富山県の騒動記事が掲載されてからである。「女一揆蜂起す／漁師の女房子供八百余名町内を練り米屋を襲撃す」との見出しでセンセーショナルに取り上げられたのであるが、これ以後、各地の騒動記事が連日のように掲載され、「騒動」の全国的な広がりの波は高知まで届くことになる。

全国各地の「騒動」の高知への波及と連動するように、高知市内の富豪層が動き始める。大富豪の川崎源右衛門は「貧民救助」の趣旨で「現米十石二斗余」を高知市役所に寄附し、それを受けて、高知市役所は八月七日に四石六斗三升を七一戸一一一人に施米し、第二回の施米も予定されているとの記事が『高知新聞』（八月八日）に掲載された。さらに八月一一日の同紙には山川精米所の「白米大安売／一升四拾銭／百石限り」の廉売広告が掲載される。八月一四日付の同紙には高知市内の五富豪（宇田友四郎、川崎幾三郎、野中幸右衛門、臼井鹿太郎、井上善次）が「貧民救済」のため米百石を提供し、一般窮民に無償提供されることとなり、「晴天なら今日（八月一四日）から」との記事も掲載された。翌八月一五日付け同紙の投書欄「つぶやき」には、米百石の無償配布を聞きつけた一市民が小官吏の代名詞とされる「一腰弁」の名で「鬼頭氏へ」と題する短文を投稿している。「聞けば市富豪の醵金で、鬼頭氏が百石の施米をせらるゝ相ですがその施米は穴勝ちお櫓、菜園場裏町弘人屋敷といふ場所のみに限らず実際困つた中流階級、官公吏社会を主として施米が願ひ度ひと思ひます。所謂細民は今日大儲けしておる一方吾々腰弁は最も苦しい立場にあります」との投稿であるが、では実際の米百石の無償配布はどのようにおこなわれたのであろうか。同紙（八月一五日）は「恥も外聞も忘れて／施米に喜ぶ細民の群」の見出しで「米櫃馬穴《こめびつばけつ》風呂敷を持つて施米車を圍繞して大騒ぎ」との記事を掲載している。

米価暴騰に泣く細民救済の施米は義侠なる富豪の手に整へられた、愈々予定の如く昨十四日の晴天を幸に九反田鬼頭良之助方店員数名は▼施米三十俵を三台の大八車に積載して高知署竹村巡査付き添ひ、鬼頭良之助氏施米の監督として市役所及高知署の調査せる細民等に施米すべく市本町お櫓の貧民窟に出掛けたのは昨日の午後九時頃であつた。施米と聞いたお櫓の▼細民数十名はいづれも戸外に飛出し見物してゐたが「これから皆さんに施米を差上げますから御遠慮なくお出でなさい」との声を聞いて老若男女の嫌なく忽ち数十名の者は手に米櫃馬穴風呂敷ムロブタ等を持つテ施米を積載した。▼大八車を圍繞し乍ら「妾の宅は五人暮しですから」「私の家は三人暮しで—」「妾の方は子供と一所に七人ですよ」と、口々にその窮状を訴へ乍ら三升の白米を馬穴に貰つて喜んで帰るお内儀さんもあればムロブタに量《く》まれた白米を横抱きに立去る▼老婆があるやら。労働者体の男やら見窄《みすぼ》らしい子供があり四辺は細民の黒山を築く、小箪笥の抽斗《ひきだし》を抱へて施米を貰ひに来るお内儀さんがあり、風呂敷を道路へ広げる老婆があるやらで宛然千姿万態—後から後からと▼押寄す細民の為めに白米を量む鬼頭方店員は一升桝を片手に大汗の体、瞬く隙に一台の大八車に積まれた五つの米櫃に盛上げられてあつた八俵の白米は早くも半ばに減じ、お櫓の細民に施されてやがて▼弘人屋敷《ひろめ》に住む細民に施米すべく一同はそれより北へ帯屋町へと大八車を曳いて行つた。それから永国寺町中ノ橋元でも数十名の細民に施米を報ずると忽ち江ノ口附近の貧民が群をなしてわれ先にと▼救済を受けて喜んで帰つて行く。―それから帯屋町下土橋附近から弘岡町、納屋堀―掛川町、八軒町、片町方面の細民に漸次施米して七十俵の白米は忽ち量り切り、途中雨に逢つたため一先づ休憩して農人町細民窟へと施米をやつて、第一日を終つたのが午後六時過ぎであつた。

八月一三日より白米の廉売を開始した山川松次郎商店の白米の廉売については「山川米穀店の義挙」(『高知新聞』八月一五日)と報じられたように、八月一三日の廉売初日には、販売価格を内国産米一升三〇銭、外国産米一八銭に設定したこともあって、早朝より多くの人びとが押し寄せ、警察官の出張を依頼するほどであった。結局予定された内国産米二〇石、外国産米一〇石は午前中にすべて売り切れたとのことである。翌一四日も同様に「七八百名の群衆詰掛け先を争ふて犇めき合ひ遂に一名の負傷者さへ生じ」るほどの大盛況であった。

一方、米不足状況への何らかの対応を迫られた高知市は施米ではなく、廉売によって逼迫状況の打開を図ろうと、県と連携して米価調節会を組織し、内国産米だけでなく外国産米も輸入して市民のために廉売する計画を立てた。そして計画実施のために県内外の富豪に呼びかけて金銭や米穀の寄付を依頼したのである。皇室からの下賜金四一七七円と各方面からの寄付金四三〇〇〇円余を基金として、三、四〇〇円余で米穀を購入し、八月一五日からまず外国産米の廉売を開始した。その後八月二〇日より内国産米をも併売したが、九月二六日以降は再び外国産米のみを取り扱うことになった。

当初米穀販売を担ったのは高知市吏員であり、高知市米価調節会の決定に基いたものであった。その「廉売事業要領」(高知市史編纂委員会編『高知市史中巻』一九七一年)によれば、「廉売機関、外来の廉売は市吏員に於て之を担当し監督、会計、販売等の分担を定めて其事務を処理せしめ、又内地米の廉売は当初米価調節会に於て正副会長及び委員を設けて事に当らしめしが、八月二十日より内外米を併売するに至りて之を合併し、臨時救済部を設置して助役を其部長とし供給係長、販売係長、会計係長、庶務係、寄附金係、販売係を置き、各課長及び書記を以て之に充て、一面内地米に関しては市内の有志者より相談役、販売委員、価格協定委員を選定、特に共販売に就ては市内を七区に別ち、毎区に委員長副委員長、各町に委員数十名を嘱託し、購売券の配布並に販売の事を担当せしめ、執れも献身的努力を以て之に従事し頗る好成績を収めたり」とある。販売所としては、第一、第二、第三、第四、第五、第六及び江ノ口の七尋常小学校があてられ、販売価格は外国産米は一升につき一五銭～二〇銭、内国産米は一升一五銭～三〇銭の範囲で幅をもたせた価格設定となった。販売数量は総石数六、一一一石（内国産米二、七九二石、外国産米四、三一九石）で、資金については「米価暴騰につき、辱なくも細民救済の思召を以て皇室より御内帑金四千百七十七円を下賜せられ、之を廉売の資に供したるは無上の光栄にして、聖恩の優渥なる誠に感激に堪へず。又在京の富豪並に山内侯爵家より多額の金円を寄付せられ、其他一般の寄付亦甚だ多額に達し、本市は特別会計救助費元資金三千四百余円の外多少の市費を繰入れたるのみにして此大事業を遂行し得たるは富者の自覚に負ぶ所多大にして実に欣幸と謂ふべし」と記されている。

八月一五日より市内五ヵ所の尋常小学校に臨時の公設市場が設置され、外国産米の販売が開始された。鬼頭らによる施米の記事と並び、「本日から公設市場で外米の売り出し」の見出し記事で公設市場の開設を伝え、開設初日の様子も「何処もく大繁昌」（『高知新聞』八月一七日）と成功裡にスタートしたことが大きく報じられた。

こうして八月一五日から始まった高知市の廉売は最終的には四ヵ月後の一二月一五日まで実施される。高値どまりであるものの、米価が高騰から脱したと判断された一二月に、その役割を終えたとして廉売事業の終了を宣言したのである（『土陽新聞』一二月一一日）。

五、一九一八年一二月の高知市公設市場の開設

高知市の廉売事業要領に「同年（一九一八年）十二月十一日、米価騰貴に伴ひ日用食用品もまた非常に騰貴し、中産以下の生活益々困難に陥るの状態なるを以て、是等日用品の販売を目的とする公設市場を設置しその需要を円滑ならしむると同時に、其価格を調節するの必要を認め、県の寄付金を受け、之に市費を併せて経費二千余円を投じ、帯屋町に敷地二千百四十坪を借受け、之に六十余坪の建物を建築し疏菜、果物、干物、其他日用品の市場を開設せしが、爾来成績良好なり」との記載がある。米価高騰を契機に日常の食料品を販売する常設の公設市場が誕生することになるのである。

すでに一八年八月の段階で、米価対策に限定せずに日用品供給場としての常設の公設市場の設置が検討され始めている。大阪市の例をとりあげ、「公設市場は市民に取りては非常なる利益」であることを強調しつつ、高知市では既に水、土、日の三回の街路市が設置されていることの兼ね合いをどうしていくのかが検討課題との指摘がなされていた（『高知新聞』八月一八日）。

その後も検討が加えられ、中島和三高知市長は公設市場の設置に伴って「日曜市商人の営業に打撃を与へ或は市内の八百屋商人等に失業的影響を及ぼす」ことが心配されているが、その点については「杞憂に過ぐるなき」ものとして一蹴し、「公設市場に採用するものを予め農会其他の適当なる機関に委託して信用ある生産者をして、市役所側其他追手門外の如き広場にバラック式建築物を拵へ無料にて使用せしむるに至らば価格も低下し、延ては日曜市其他のものゝ価格をも牽制せしむるを得るにあらざるや」（『土陽新聞』九月一八日）と述べ、具体策は研究中としていた。

公設市場開設の具体化が新聞紙上でとりあげられ

るのは一一月になってからであった。市会の賛成と農会の後援、さらには濱口駒次郎より高知商業高校の旧跡地の提供を受け、場所の確保も目途がついたことにより、当初は一一月中旬に公設市場が開設される予定であった。ところが、一〇月から流行しはじめたスペイン風邪の影響によって事務が停滞したため、開設は一ヵ月程遅れることとなった。

遅延するものの、公設市場開設に関しては期待も大きく、その進捗状況について『土陽新聞』や『高知新聞』は頻繁に経過報告を掲載している。開設に至るまでの新聞記事（高知とあるのは『高知新聞』、土陽とあるのは『土陽新聞』）を見出しのみ紹介する。

一一月　二日「市場開設期」高知
一一月　七日「市公設市場」高知
一一月一一日「公設市場開設△本月下旬」土陽
一一月一六日「市公設市場」「公設市場開期△来る十九日協議会」土陽
一一月一七日　投書「公設市場の私見」高知
一一月二〇日「公設市場設置協議会」土陽
一一月二〇日「市場設置協議」高知
一一月二一日「市の新施設△公設市場」土陽
一一月二一日「市場設置確定」高知
一一月二三日「郡公設市場」土陽
一一月二三日「公設市場奨励」高知
一一月二四日「公設市場開期　△十二月上旬中か」土陽
一一月二四日「公設市場工事」高知
一一月二七日「公設市場着手　△借地交渉纏まる」土陽
一一月二七日「市場開設期」高知
一二月　三日「公設市場進捗」土陽
一二月　七日「公設市場開設　△来る十日開場」土陽
一二月　八日「公設市場延期」土陽
一二月一一日「市の公設市場は　本日より開場毎日午前八時より正午迄」土陽

一二月は『高知新聞』は保存されていないため『土陽新聞』のみであるが、それまでは両新聞ともに高知市公設市場の開設にいかに注目していたかうかがい知ることができる。
公設市場の概要については、県、県および附近郡村農会の関係者を含めて一一月一九日に開催された公設市場設置協議会で決定された(『高知新聞』一一月二〇日)。

高知市公設市場設置計画の概要
第一　場所
高知市帯屋町元商業学校跡地内二百四十坪(但成績良好なると必要ある場合は市場を増加することあるべし)
第二　期間
大正七年十二月より向ふ四ケ月間
第三　設備
木造建バラック(販売場六十坪事務室使丁室物置五坪二合五勺便所〇坪五合)
第四　販売品の種類
日用食料品(蔬菜、果物、干物等)
第五　経営方法
一、公設市場は市民の日常生活に必要なる物資を生産者をして直接販売せしむ但し已むを得ざる種類のものに限りては除外例を認むることあるべし
二、腐敗の虞なきもの対する委託販売方に就ては目下考究中
第六　取締方法
一、公設市場に事務員一名使丁一名を置き別に県農会より一名派遣を請ひ諸般の事務を管掌せしむ
二、開市時間は午前八時より正午迄とするも必要ある場合はこれを伸縮するものとす但土日両日は休市するものとす
三、販売希望者多数にして其全部をバラック内に収容する事を得ざるときは屋外に曝露するも差支なき種類を露店とするものとす
四、販売品には種類毎に一定の単位を定めて価格札を附せしむるものとす

五、販売希望者

一、市内の者は高知市役所に申出で入場鑑札の下付を受くべし

二、郡部の者は所属農会に申出で高知市役所より送付しゐる入場鑑札の下付を受くべし

三、販売人は毎日入場鑑札を携帯し入場の際事務所に届出で且つ閉場後当日の売上金額を報告するものとす

第七　使用料無料

第八　公設市場販売人鑑札は大体左の通り之を割充つ

吾川二〇長岡二〇香美一〇

そして、幾度も延期となっていた高知市公設市場の開設が一二月一一日と決定されると、『土陽新聞』（一八年一二月一一日）は「市の公設市場は／本日より開場／毎日午前八時より正午迄」との見出しで、準備万端整った様子を報じた。高知市は新たな公設市場の開設を市民に周知していくために、小学生を通じての各家庭への周知と「東西屋」による市内各町への宣伝活動をおこなったのである。また、農産物などの販売価格に関しても「青物市場に於ける原価同様の相場」に設定している。

一二月一一日の公設市場開設初日はあいにくの雨模様であったが、それでも人通りは絶えることなく、初日の様子を紹介した同紙（一八年一二月一二日）も「初めてとしては上々の成績」と次のように好意的に報じた。

続々詰掛て来て販売者は眼の廻る様な忙がしさ若い娘が一把五銭と云ふ大根を買うて恥かしさうに片手で抱へて帰つて行くものもあれば年を取つた婆あさんが田芋を風呂敷に包んで重たさうに提《さげ》て行く一方では小僧を連れた商家の奥さんが大根や人参を沢山買ひ込んで風呂敷包みにして小僧さんに背負はして行くのもあり鼻下に八字髭を貯へた立派な紳士が肉でも焚く積りか葱の一把を藁で括つてブラ下げて帰るかと思

ふとコートを着けた令嬢が下女同道で蜜柑や葱を買つて忙がしさうに出て行くと云ふ有様、之れに反して長屋住居の嬶達が片ツ端から代価を調ながら五銭の大根を四銭に負て呉れと云つて販売人と談判が始まる結局公設市場は高く売るが目的でないから高い相場は立てゝ居ない、性質から云つても負る事が出来ぬと出張員に跳付けられて是非なく其の儘買ふのもあつて予想外に売行好況で係員も此の向なれば市場の繁昌請合なりとニコ〳〵顔山と積まれた売品は何時の間にか無くなつて了ふ明日からはモ少し沢山持つて来ると喜んで帰途に就く販売者もあつた、何を云つても大根、蕪、ネギ、菠薐草《ほうれんそう》が売行よくニンジン、田芋、蜜柑の様な物もよく売れた。

その後も連日にわたって、同紙は公設市場の大盛況の様子を詳しく紹介し続けた。

一二月一二日「公設市場成績」

一二月一三日「公設市場大繁盛　二日目は約千人の購買者　市長や郡長もお客さん」

一二月一四日「日増に好況　昨日の公設市場」

一二月一九日「公設市場状況」

一二月二四日「泥濘の公設市場」

一二月二五日「公設市場繁昌　売上累計五百円　土曜日にも開場」「昨日の公設市場」

連日の大繁盛を受けて、公設市場は四ヵ月の予定が半永久的に設置されることとなり、敗戦まで継続されていくことになる。

おわりに

米騒動のもたらした副産物に高知市公設市場の開設があった。高知市では日曜市、水曜市、土曜市に街路市が古くから開催されていた（その歴史については高知市産業振興総務課編『街路市資料集　土佐の日曜市』高知市産業振興総務課、二〇〇四年が詳しいが、公設市場の設立の影響などについての記述はない）が、新聞紙上で見る限り大きな反対運動は見られず、棲み分けがうまく行ったようである。高知市の公設市場開設は位置関係もあって、高知市民にとどまらず、近隣町村の住民にとっても利用しやすいものであった。

一方、米騒動後に民衆運動そのものの高まりも見られるようになり、普選運動の高揚や一九二〇年七月の物部川水利問題をめぐる香長平野一三ヵ町村農民の決起となって現れた。そして緩やかながらも様々な社会運動の勃興期を迎えることになる。特に注目されるのは、「細民救済」目的で施米をおこなった鬼頭良之助を中心として二三年に結成された土佐労働同盟会であった（土佐労働同盟会の活動の全貌については、拙稿「土佐労働同盟会と『どんぞこ』『高知市立自由民権記念館紀要』No.一八、二〇一〇年を参照のこと）。侠客の鬼頭が労働運動に関係するきっかけは、西宮での争議の際に鬼頭が関西労働同盟会の幹部である藤岡文六と知り合い、その縁で高知出身の労働運動家安芸盛と昵懇の間柄になったことによると、入交好保『高知県社会運動史』（高知市民図書館、一九六一年）には記されている。この同盟会の結成は高知県の労働運動の幕開けとも呼べるものであり、土佐労働同盟会の会報である『どんぞこ』には「労働者も人なり」と叫んで労働組合を組織していった経過や「資本家ある所労働者あり。労働者ある所団結あり」として、労働組合への結集を呼びかける文章などが掲載されている。会長には鬼頭良之助が選出され、侠客を代表者とする労働組合が高知県の労働運動の素地を創ったことは注目されてよいであろう。

第37節　『論集Ⅰ』掲載

是恒高志「広島県の「米騒動」・大戦後デモクラシー」の要旨

広島県の近・現代化には三つのルートがある。明治二三年に呉に海軍工廠が置かれてそこから近代重工業が始まったこと、日清戦後の明治二九年に東部の因島で民間の造船業が始まり、日露戦中の海運保護政策で成長して明治四五年から大阪鉄工所因島工場として発展したこと、第三に県都広島に第五師団・陸軍幼年学校・糧秣支廠・被服支廠・兵器支廠・陸軍運輸本部が置かれ、アジア侵略の兵站地となったことである。それぞれの地域で労働騒擾など各種社会運動が広がり、呉では日清戦後の一九〇一（明治三四）年以来、〇二年・〇三年・〇六年と争議続きで、一二年（明治四五年）の元号交替期米騒動のさ中に街頭化し、第一次護憲運動・普選運動にも合流した。日露戦後からの推移を見ておこう。

年	出来事
1905（明治38）年	8月29日、呉市民大会（非講和運動）。9月7日、広島市民大会に4千人が集る（東京日比谷の9月5日の暴動の影響もあり）。 9月10日、福山市大国座で非講和大会。 9月17日、広島市非講和県民大会に1万人、憲政擁護・人権尊重を掲げる。
1907（明治40）年	広島県でも米穀検査制度による小作農民の負担増に対し争議が始まる。
1908（明治41）年	2月、全国の商業会議所・実業組合など365組合代表が連合大会。増税と原因の「過大な軍備」に反対。
1912（明治45）年	11月27日、二個師団増設反対決議が全国商業会議所で。翌1月にかけ護憲・閥族打破の各県市民大会。

1914（大正3）年	2月1日、広島市で廃税市民大会。2月3日、呉市、2月10日、福山市。
1916（大正5）年	3月11日、広島市・呉市で海軍汚職糾弾政談演説会。
	10月12日、全国記者大会、元老の政権私議、閥族・官僚政治の排斥を決議。
1917（大正6）年	1月、広島県世羅郡甲山町の小学校で校長の年頭訓示に差別的言辞があり、登校拒否で抗議行動。

「米騒動」第一期（一九一七年六月～一八年六月）には因島で二度（沼隈郡の奥田造船所船大工と御調郡の備後ドック）と、広島市内の塗物師、安佐郡可部町のブラシ工のストライキが続き、他方で西備織物同業組合の協議休業、賀茂郡での酒造税増徴反対運動、県税増徴反対の県民大会、特別家屋税増徴反対の市民運動も起こっていた。

第二期（一八年後半）には街頭騒擾が、県北米移出地帯の八月九日の三次町・十日市町の移出反対から始まって、一一日の広島市内数千人の騒動となって第五師団が出動。一三日に始まった呉では翌日に三万人の（多数の工廠労働者・数十人の海軍水兵を含む）大暴動となって海軍陸戦隊が出動、死者と九〇名の傷者を出した。尾道市・福島市・因島などでも事件があった。

第三期（一九年と二〇年春）には、広島市の仏壇塗職工、尾道市の鍛冶工、福山市の印刷工、製針朋友会・造船工（因島）・洋服工などの争議が行われ、呉はじめ各所で労働運動の組織化が進み、新聞記者団なども加って普選運動が始まって大戦後デモクラシーが開花する。

第38節　宇部炭鉱と山口県の「米騒動」期

第一期の労働騒擾には（表4Aによると）四件（一七年八月に岩国郵便局集配人と、九月九日・一〇日に宇部町で最大の沖の山炭坑夫六百人の賃上げスト等）があり、表4Aには漏れているが六月八〜一〇日には沖の山坑で賃上げ要求がなされていた。大島久賀では酒屋の娘の追善供養という形ではあるが一八年一月に三回の施米、六月一二日には徳山・玖珂本郷で米穀商による外米廉売も行われた。

第二期（一八年後半）になると表4Bに記載の争議は、七月上旬の下関港で関門連絡船八隻の下級船員九六人の賃上げスト、八月中旬の玖珂郡柳井町郵便局集配人の賃上げ要求があり、宇部町「沖の山」炭坑夫の賃上げ要求は市街地を巻き込む大暴動にとなった。大戦期の輸出ブームによる炭価の騰貴でボロ儲けの坑主たちが経営する商店街、彼等が芸者をあげて騒ぐ料亭・遊郭などが、八月一七日から二四日までに四〇〇戸が焼かれ打毀され、多少とも被害のあった家屋は一二七〇戸に及んだ。軍隊が一四名を射殺し多数が重傷を負った前後の状況については、『図説　米騒動と民主主義の発展』三五八頁に日野綏彦が詳述がしている。八月下旬には都濃郡で日本金属会社徳山精錬所人夫百人の賃上げストもあった。周防灘沿岸の街頭騒擾についても日野綏彦が同書三〇六頁に詳述している。

「米騒動」第三期の労働騒擾は表4Bによると八件で、第二期の倍に跳ね上がっている。

第39節　『論集Ⅱ』掲載　井本三夫「北九州の「米騒動」期」に加筆

概要を見るため、その稿の目次を見よう。

はじめに／1．炭田の歴史／2．田川市石炭・歴史博物館と山本作兵衛コレクション／3．第一次大戦末「米騒動」とその三区分／4．「米騒動」第一期：炭坑騒擾と八幡製鉄所・若松港などの賃上げ／5．「米騒動」第二期の八幡製鉄所争議と都市の騒擾／6．「米騒動」第二期の炭鉱騒擾／7．「米騒動」第二期における軍隊の無用の殺りくと虚偽発表／8．「米騒動」第三期の八幡製鉄所ストライキ／9．大戦後デモクラシー期の労働運動。

福岡県をはじめ北九州は大陸侵攻の関門であると共に、炭田に恵まれ製鋼所・軍工廠・造船所が設けられて、阪神・京浜と並ぶ工坑業地帯だったので労働騒擾が多い。「米騒動」第一期は表4Aによると福岡県一〇件（炭坑・造船・工廠・製錬所・製鋼所・朝鮮人夫・仲仕・築港夫など）、佐賀県二件（炭坑・唐津人夫）、長崎県五件（造船・鉄工・炭坑など）で、計一七件である。暴動化も一七年八月の福岡炭鉱争議から始まり、一八年五月には同じ筑豊の中鶴炭坑でも一六〇〇名が賃上げストで事務所・坑長宅を襲撃する。米価急騰と大戦期ネルギー需要による労働強化に加え、納屋制度・「人繰り」と称する前近代的な労務管理が原因である。九州の第一期争議は『米騒動という名の大正デモクラシーの市民戦線』八二頁の表に纏められている。

第二期（一八年後半）の労働騒擾は、表4Bによると福岡県二五件・佐賀県六件・長崎県三件・熊本県五件の計三九件に急増して京浜を超え阪神に迫る。『図説　米騒動と民主主義の発展』の三五八〜四〇三頁には、門司・若松港の仲仕争議、八幡製鉄所争議、筑豊・三池炭鉱での軍隊の無用の発砲による暴動化が、新藤東洋・重松隆・上田穣一・伊達章らによって詳述されている。

第三期（一九年初め〜二〇年春）には表4Bに見るように、更に九五件（福岡県七三件・佐賀県四件・長崎県一四件・熊本県四件）に跳ね上がっている。

第40節　軍港・工廠都市（舞鶴・佐世保・呉）の騒擾比較

舞鶴・呉・佐世保のような軍港都市の場合、人口の大きな部分が工廠労働者なので、「米騒動」期の街頭騒擾も工廠労働者の賃上げ争議と絡むことが多い。

舞鶴の「米騒動」当時の職工数は約六千人だったが、内三千人が余部町・新舞鶴町に住み、工廠の門のかたわらの指定店から買っていたので、工廠退出時の労働者が門外で市民と混じった際に、両者混みの大暴動に発展した。佐世保（長崎県）の場合も職工数が一万を超えていた。工廠共催組合の指定店へ残業帰りの職工一五〇名が押しかけたが、同組合理事長・技師らと佐世保署刑事が居合わせたので、話合わせ、一〇時という時間帯のため同調市民も少なかったので徐々に解散し、事なきを得た。

呉は海軍鎮守府と兵器製造所が置かれたのが明治二二年で、舞鶴・佐世保より一〇年早く、職工数も舞鶴・佐世保より五割多かった。水兵と人口の一〇%を占める職工の消費生活を賄うサービス業が町の稼業だったが、「米騒動」当時には人口一四万、軍港適地は交通不便で米が広島より高かったから、区民大会から米屋襲撃に移り翌日の深夜には三万人が動いた。憲兵が出動したが、逮捕者の三二%を工廠職工が占めている。

三市比較の詳論が『米騒動という名の大正デモクラシーの市民戦線』一七五頁にある。

第41節　佐賀県の「米騒動」期

「米騒動」第一期には労働争議が（表4Aによると）、一九一七年七月に一件（三菱芳谷炭鉱賃上げスト）と九月に一件（多久炭鉱の賃上げスト）、第二期には一八年八月の下旬に六件（三菱芳谷炭鉱賃上げ争議、貝島鉱業岩屋炭坑賃上げ暴動、高取鉱業杵島炭坑賃上げ暴動、三菱鉱業相知炭鉱坑賃上げ暴動、多久炭鉱賃上げ暴動、三菱芳谷炭鉱賃上げ争議）、九月上旬に一件（西松浦郡の秋元炭坑不穏）、第三期は一九年の七月に二件（三井・三菱・安川商店の仲仕賃上げスト、唐津町石炭仲仕賃上げスト）、一二月に一件（佐賀警察署巡査五〇人賃金争議）が起こっている。芳谷・岩屋・相知・杵島炭坑の坑夫暴動を一覧しよう。

(1) 北波多村の三菱芳谷炭坑

一七年（大正六年）七月に坑夫四〇人が五割賃上げの嘆願諸を出したが相手にされず、三千人がストに立って、労働条件改善と日当一〇銭増しで一応の妥結したが、まだくすぶっていた。翌一八年八月に山口県の宇部、福島県の筑豊炭鉱群と炭坑暴動が続くと、第二坑の五百名が第一・第三坑より採炭条件が困難だからと再交渉し、一割賃上げで妥結した。

(2) 貝島鉱業岩屋炭坑と三菱鉱業相知炭坑

三菱芳谷炭坑の一八年八月の争議の影響が及ぶことを怖れていた貝島鉱業所では、九月一日から賃金一割増しを予告していたが、その程度では不満な青年労働者が八月二八日夜に、三割賃上げと日用品二割値下げなど六項目にまとめ、四百人の集まりで二九日午前三時に要求書にし、認められない場合は全員退坑すると伝えた。会社側も緊急重役会を開いて譲歩に傾いたが、午前五時半には五五〇人が行進に移って事務所に爆弾を投げ、米倉庫・坑主貝島邸・社宅などを破壊し、次長を人質にし、相知炭坑からの参加者と一八〇〇人が劇場に立てこもった。県警が一〇〇人の警官を非常呼集し、午後三時半以後は三〇〇人の武装兵士が佐賀五十五連隊から到着して、三人が負傷した。

隣の相知炭坑にも広がり、夕四時の交替時に五割賃上げと十一カ条を要求して、五千人が事務所や倉庫を破壊しだしたので、佐賀五十五連隊から岩屋炭坑に派遣中の二個中隊の内の一個中隊が相知に送られた。その兵士の着剣が先頭の労働者に触れて負傷させたことに端を発して、殴り合い投石が始まり、「マイト！」(ダイナマイトを！)と叫びが有ったことから中隊長が「撃ち殺せ！」と叫び、死者三人・重傷者一人、九人逮捕の惨劇が起った。

更に翌三〇日には佐賀地方裁判所から検事正たちが到着し、軍隊の包囲下で岩屋で七六人、相知では九五人が検挙された。

(3) 高取鉱業杵島炭坑

入坑していた一〇〇人が同八月二九日午前二時に上がって来て神社で集会し、五割賃上げ・白米値下げ・薬代無料化などを要求したが、会社が二割の賃上げしか回答しなかったので、午後九時に六百人が支払所・

総務・坑務主任宅など二〇棟を破壊し、午後一一時には千人に膨れ上がって、カンテラに火をつけて事務所に彫り込んだので、近隣の二五棟を焼く大火となった。軍隊一個中隊が出動し、三〇日正午までに一八〇人が検挙された。

多久炭坑でも不穏、芳谷炭坑でも再燃のな動きがあったが、軍隊を増強して抑えきった。

以上の事件は、『図説　米騒動と民主主義の発展』の三八三頁に、地図・表付きで重松隆により詳述されている。この県の検事処分人員は二九八人と多い。小作争議も表3に見るように第二期の一八年に一八件と多く、二〇年代前半も同様に多い。

第42節　長崎県の「米騒動」期

長崎県は朝鮮半島への渡り口に壱岐・対馬、中国への渡り口には五島列島を備え、平戸・佐世保・長崎と良港に恵まれて、その国際的な歴史は枚挙にいとまない。また県都長崎市の人口の三分の一が造船所関係で、周辺では造船所・炭坑などで早くから労働問題が起っていたから、一九一六（大正五）年に香焼島炭坑が鈴木文治を迎えて友愛会支部を結成し、翌年には三菱造船所にも同支部が出来た。佐世保が軍港にされたのは呉と同じ明治一九（一八八六）年で、その三年後に鎮守府と一緒に設置された佐世保造船部が、後に海軍工廠となった。日清戦後米騒動期の明治三一（一八九八）年には職工数二七八三名を数え、最初のストライキ（四日間）が行われた。職工数は日露戦後の明治三九（一九〇六）年には七〇七一人に急膨張し、第一次大戦期には一万二千人を超えていた。

「米騒動」第一期の労働争議は、（表4Aによると）一七年六月に一件（三菱造船所賃上げスト）、九月に二件（阿保炭坑賃上げスト、長崎電気軌道会社賃上げ争議）、一八年六月に一件（三山鉄工所賃上げ争議）、第二期には（表4Bによると）一八年七上旬に二件（三菱造船所臨時人夫賃上げ争議、松尾鉄工場香焼分工場賃上げスト）と一一月に一件（海軍工廠鋲打工争議）で、街頭騒擾も佐世保で八月二〇日夜一〇時頃、工廠労働者一五〇人が工廠から町への入口にある田中丸商店へ、押しかけることで始まった。以上の事件など長崎県の第二期については、『図説　米騒動と民主主義の発展』の三九九頁に、伊達章が佐世保中心に地図付きで詳述している。

第三期には（表4Bに見るようにように）急増している。一九年五月に一件（松島炭坑スト）、八月に三件（長崎市の重誠舎印刷所賃上げスト、三菱造船所立神工場の職工賃上げスト、同社員賃上げ争議）、九月に三件ずつ（端島炭坑賃上げスト、三菱造船所立神工場の職工賃上げスト、南高来郡守山郵便局賃上げスト）、一〇月に二件（長崎電気軌道会社の賃上げスト、佐世保市役所吏員の賃上争議）、一一月に三件（端島炭坑賃上げスト、長崎市の田原帆船工場賃上げスト、三菱造船所立神工場の職工賃上げ要求サボ）、二〇年一月に二件（杵島村石炭仲仕賃上げ争議、三井・三菱所属石炭仲仕賃上げスト）が起こっている。

長崎県の小作争議は表3に見るように一八年に二件、一九年に一件であるが、二〇年代前半（大正後期）も同程度で続く。

第43節　熊本県の「米騒動」期

「米騒動」第一期には（表4Aでは）労働争議が見られず、第二期には（表4Bによると）一九一八年八月の上旬に二件（日本窒素肥料鏡工場と岩屋銅山鉱夫の賃上げスト）と下旬に一件（日本セメント八代工場賃金争議）、九月上旬に二件（万田炭鉱夫の賃上げ暴動と日本窒素肥料水俣工場の地上げ争議）が起っている。第三期は一九年の三月に一件（日本窒素肥料鏡工場の争議）、七月に二件（日本窒素肥料鏡工場と同水俣工場の地上げ争議）、一〇月一件（日本窒素肥料鏡工場の賃上争議）が起こっている。

工場ごとの歴史を見ておこう。

(1) 三井三池炭坑万田坑の「米騒動」期

三井鉱業会社の三池鉱業所万田坑は玉名郡荒尾村（現・荒尾市）にあった。同宮原坑（現・大牟田坑）とともに、一九九八（平成一〇）年から国重要文化財に、二〇〇〇年には史跡に指定された。万田坑は一八九八（明治三一年）年に第一竪坑が開鑿され、一九〇二年に本格的出炭に入り、東洋一の大竪坑とたたえられて日清戦後産業革命のシンボルとなっていた。

しかし低賃金のため、坑夫は妻や子供まで坑の内外で働かねば生活できなかった。採炭・運搬夫が熟練して出炭率があがると会社側は、一九一五（大正五）年から時間制賃金に替えて実質賃金を下げる狡猾さであった。そして第一次大戦で石炭需要が高まり人員を急増しなければならなく成って来ると、一七年一月には再び出来高払いに切り替えた。未熟練者が増えて時間当たり出炭率が下がったからである。米価・物価が騰貴するなかでこんな狡猾さだったから、一八年八月中旬には不穏の噂が流れた。隣の大牟田市でも三池精錬所亜鉛工場で、五割賃上げ要求の争議（八月二三～二九日）や宮原坑の四割賃上げ要求、電気化学工業カーバイト工場でも四割賃上げ要求争議（九月一～四日）が起っていた。

三井三池鉱業所側が九月一日に定期昇給の一割内外の増額と発表したが、そんな程度ではと勝立坑の二〇〇人が二日・三日にストを決行した。万田坑でも同じ不満が溢れていたうえ、石炭の検量が四割も厳しくなり売店の日用品も値上げされたので、遂に怒りが爆発した。四日二〇時頃、一採炭夫が検量が厳し過ぎると役員に抗議していると、多数が集まってきて採炭事務所の破壊となり、暴動化した。一八年当時の三池炭坑の従業員二万人のうち、四八〇〇人が万田坑にたといわれるが、そのうちの千人以上が高級社員社宅などを破壊して回った。五日未明に憲兵、歩兵四八連隊（久留米）第一大隊が到着し、万田坑・宮原坑・勝立坑・大牟田市を制圧した。

万田坑では一五四人が起訴され、五人の無罪以外は懲役罰金を科されたが、翌一九年末には日本労働組合総同盟友愛会大牟田支部を結成し、二四年の「三池争議」へと結集してゆく。

(2) 日本窒素（日窒）争議

日窒の八代郡鏡町にある鏡工場は、一九一四（大正三）年三月一日から空中窒素固定法による硫酸アンモニア（硫安）とカーバイトの製造を開始し、同県内の水俣工場に比べても主力工場であった。第一大戦によるブームで一六年以降は石灰窒素・セメントと共に大増産し、日窒の株式を高配当にした。しかし米価・物価は上がる一方だったので、一八年七月一九日に行われた日窒鏡工場製造課の職工幹部の懇親会が、日給の賃上げと物品供給所の米価をもっと下げることと、工員の団結を図る「労友会」結成を図ったところ、会社側が探知して首謀者への辞職勧告などで挫折させた。八月一日ころ再び製造課の職工幹部が集まって、日給四〇銭増・物品供給所値下げ・職工退職手当明文化などを嘆願する決議を行い、五日には硫安職工二〇〇人が嘆願書を専務取締役・製品部長に提出した。それが八日ころまでには全職工に及んだので、一〇日に工場内で集会を開き回答期限を一三日とした。同日、大阪本社から戻った専務が一四日に、日給二〇銭増、日本米を一人一升に限り二五銭で給与し、外米は一升一五銭で販売する回答したが、職工側は不服で一四日午後三時ストに入り、一五日午前八時に神社での全職工集会で交渉委員を選出した。

鏡町の町長ほか八名が調停に入ったが進展せず、一六日に硫安職工が飲酒して工場正門に押しかけて事務所を、一部は物品供給所をも襲った。同日夕カーバイト職工も幹部職員社宅を襲って破壊した。専務が県知事に朝廷に調停を一任したので、事実上職工側の要求が受託され、賃上げが七月二一日まで遡って実現した。しかし水俣工場では会社側が異なった条件を押し付けようとしたので、カーバイト職工三〇〇人が九月八日三時からストに入り、一〇日までに鏡工場並みの改善を受託させた。しかし鏡工場では四八人が騒擾罪・窃盗罪で起訴されて、二人の免訴、七人の無罪以外の三八人が懲役二年から罰金五〇銭までを課せられた。したがってこの県の検事処分は、表6に見るように三〇九人で佐賀県なみに多い。

これらの争議を経験した日窒鏡工場・水俣工場は、友愛会と連携した組織的運動で一九年三月二一日から一〇月まで、数次にわたる怠業などで、八時間労働制を実現させた。以上の事件などこの県の米騒動期については、『図説　米騒動と民主主義の発展』の三八九頁・三九九頁に、上田穣一が地図・表付きで詳述している。

小作争議は表3に見るように第一期の一九一七年に一件、第三期の一九年に一件であるが、二〇年代前半(大正後期)に急増している。

第44節　大分県の「米騒動」期

「米騒動」期の労働争議は（表4によると）、第一期には一九一七年九月に一件（大分市駅前仲仕の賃上争議）、第二期には無く、第三期には一九年一〇月に二件（立石町の成清工業会社の賃上げストと日出町役場吏員のスト）である。

大分県は一七・一八年と台風のため米が不作だった上に、大分連隊のシベリア出兵部隊が別府に分宿していたため米価が急上昇し、第二期の街頭騒擾は別府から始まった。八月一三日午後、町民大会の噂が広がり貼紙も六カ所に出て、晩には港町の魚市場付近に集まれと触れ歩く者がいて、数百人以上が集まった。明日米屋を集めて対策を講じるとの警察署長の説得で解散したが、松原公園に集まった四～五百人が南立田町の精米所に押しかけて、投石・破壊したので、翌日から一升二五銭の貼紙が出た。数体に分かれた群衆が別府・浜脇の米屋数十軒を襲って、一四日午前一時以後解散した。臼杵町でも一三日から貼紙が出て、一五日晩に公園で三〇〇人ほどが集まったが、警官の誘導が巧みだったので騒動にはならなかった。大分市・竹田町・佐伯町・高田町・佐賀関・鶴崎などでは貼紙、不穏の兆候程度ですんでいる。以上の事件など第二期の一八年八月については、『図説　米騒動と民主主義の発展』の三一二頁に、矢田宇紀が地図・表付きで詳述している。

小作争議は第二期の一八年に七件起こっているが、一九年に起こっておらず、以後もあまり増えていない。

第45節　宮崎県の「米騒動」期

表4によると「米騒動」第一期の労働争議は二件で郵便集配人と林業関係で、第二期（一八年後半）には無く、第三期には二件（七月の鉄道朝鮮人工夫と一〇月の指物工の賃上げ要求）である。第二期の延岡の街頭騒擾については、詳細が『図説　米騒動と民主主義の発展』四〇四頁（福田鉄文執筆）に述べられている。

第46節　鹿児島県の「米騒動」期

労働争議は表4によると、「米騒動」第一期・第二期には無く、第三期には一件ある（一九年一〇月の靴工の賃上げスト）。第二期の街頭状況については『図説　米騒動と民主主義の発展』四一一頁（川嵜兼孝執筆）に述べられている。

第47節　沖縄県の「米騒動」期

「米騒動」期の労働争議は表4によると、第一期には一七年九月に電気会社軌道部従業員一六人のストがあり、二期（一八年後半）には無いが、第三期には一九年一一月に二件ある（製糖会社人夫四百人の賃上げス

ト と同社燐鉱部人夫八百人のスト)。　第二期の街頭状況については『図説　米騒動と民主主義の発展』四一六頁(駒田和幸)に述べられている。

第三章　日本の米穀侵略と東アジア諸民族の自立運動

日本の明治期以来の米騒動の歴史は、朝鮮・中国・台湾などへの侵略、したがってその地の米穀の買い叩き、略奪の歴史を伴っていた。第一次大戦末「米騒動」期には、すでに朝鮮・台湾は植民地化されていたので、図5に見るように第一期の一九一七年以来、第三期の一九年一杯まで一貫して日本本土へ移出させられている。

この章ではその米穀略奪史を、その被害を受けた東アジア諸民族の自立運動とともに見て行くことにする。

第1節　明治政府の対外膨張戦略の批判的検討（2）

司馬遼太郎における「明治論」、「日清戦争」を中心に

村上邦夫

はじめに

『米騒動・大戦後デモクラシー百周年論集Ⅳ』に掲載した同タイトルの報告をしたので、今回は（2）と付ける。前回の冒頭で、私は北陸の一寒村で初老の有志が集い、二〇一五年頃から行っている「昭和史セミナー」（以下、セミナーと略す）という歴史同

好会の公開学習講座について報告した。そのときは、二〇二一年三月までの例会の概要を報告したが、それから現在まで二年ほど経過したので、この間の動きにも簡単にふれておきたい。

（1）二年間で三五回の企画を開催

二〇二一年四月から今年二〇二三年三月までに開催した「昭和史セミナー」は、関連企画を含めると三五回を数える。内訳は公共施設などの研修室を使っての座学が二四回（そのうち四回は外部講師を招いたもの）、ZOOMを利用したシンポジウム二回、映写会二回、フィールドワークが七回である。フィールドワークが比較的多くなったのは、地元の富山県下新川郡旧宇奈月町（現、黒部市）の山麓の杉林に、戦前に建立されていた朝鮮人墓標を二〇二〇年一一月に〝再発見〟したことが契機になっている。[1] この朝鮮人墓標については現在もほとんど解明できていない。ただ、観光名所にもなっている黒部第四ダム、いわゆる黒四《くろよん》の前身である黒部第一、第二、第三ダムの建設のために大正末期から昭和初期にかけて動員された朝鮮人徴用工の関係者であろうという推測にとどまっている。この墓標のほかにも一九八七（昭和六二）年七月に建立された「萬霊之塔」の由緒書きである「縁起」には、宇奈月に来て黒部奥山の高熱隧道工事で犠牲となった朝鮮人の白衣の葬列が記されており、セミナー内外で関心が寄せられた。その関連のセミナー企画が二〇二一年一月から五月まで続いた。こうして全く予想もしなかった戦前の植民地朝鮮と地元地域との関わりを、どのように扱っていけば良いのか現在も模索しているところである。またこの年の一二月に植民地・台湾についても、「戦前の台湾―日本の植民地支配を探る―」と題して開催した。この企画の学習成果も本稿の後半で生かすことができるのは偶然とはいえ嬉しいことである。

（2）戦前の日本を想起させたロシアのウクライナ侵攻

年が明けて二〇二二年の二月には突然、ロシアによるウクライナ侵略が勃発した。戦前の日本軍の大陸侵攻と極めて似た状況が発生したことに驚いていると、七月に今度は、元首相が犠牲になる銃撃事件も起きた。これらの状況に対応して三月に、「大元帥は〝立憲君主〟で〝平和主義者〟だったのか⁉」で昭和天皇の戦争指導を跡付け、四月のセミナーの冒頭で、李香蘭（山口淑子）のフィルム「遥かなる旅路―中国、ロシアに」を視聴した。フィルムでは、李香蘭が幼少期を過ごした撫順近郊を数十年ぶりに訪問するなかで、撫順の平頂山虐殺記念館に足を運び、自分もこの事件の目撃者の一人だったと語る印象的な場面が現れた。二〇二二年春のウクライナ・ブチャの虐殺は平頂山事件が九〇年後に再現されたのだという重い史実を突きつけられた。六月は平和映画祭と銘打ち、二日間にわたり六本を上映した。そのうちの一本は日中戦争突入を描いた山本薩男監督の名作「戦争と人間Ⅱ部」で、三時間を超す長編だが十分に見ごたえあるものであった。七月のテーマは、「被葬者の〝外交政策〟と国葬を振り返る」として、戦前と戦後の「国葬」を検証した。

（3）郷土兵がかかわったウエーキ島攻撃と南京戦

こうして現在も戦争が進行する状況で戦前の日本の戦争に関心が向くようになり、地域で世話役をしている会員から、最近の高校生に〝真珠湾〟と云っても、〝三重県にあるんですか？〟という答えが返ってくるという話題が出て[2]、日本のあの奇襲攻撃を忘れてもらっては困ると考え、一二月セミナーは、「12・8〝真珠湾の日〟を考える」のテーマで真珠湾攻撃を取り上げた。そしてこの取り組みのなかで、真珠湾攻撃の直後に強行された中部太平洋海軍作戦のウエーキ（ク）島攻撃の結果、一九四一（昭和一六）年一二月二三日に戦死した海軍特務少尉の遺族と連絡がつき、九〇歳を越す御長男から貴重な聞き取りをさせていただいた[3]。その際、太平洋戦争がはじまった昭和一六年の旧下新川郡の戦没者数に比して、日中戦争が本格化した昭和一二年の戦没者数が四倍近くにのぼることも確認できた。また昭和一二年といえば、七月の盧溝橋事件以降、一二月の南京事件まで続くが、旧下新川郡では特に一〇月から一二月に戦没者が集中していた。その経過を確認するなかで現在でも一部に〝幻説〟、〝捏造説〟などが存在する「南京事件」に関して会員間でも話題になり、地元の南京戦での戦死者の遺族を探しだし、聞き取りを実施した。この南京事件については、今年二〇二三年三月に二回とりあげ、陸軍第一六師団の中島今朝吾師団長日記や第一三師団歩兵第六五連隊兵士の軍隊手帖などを読み合わせて、聞きしに勝る日本軍の大量虐殺の実態を確認した。

（4）明治と昭和を断絶させる論調

このようなセミナーを開催するなかで時々、次のように「解説」する参加者がいる。「昭和に入ってからの軍隊はあのように残酷だったことは確かだけど、しかしそれ以前の、明治・大正までの日本軍隊は国際法を守り、捕虜にした外国人兵士も大切に扱っていた」等という具合である。この基調は司馬遼太郎の、「（昭和は、）どうみても明治とは、別国の観があり、べつの民族だったのではないか[4]」といった「明治論」に通じるものがあり、近年まで活躍した半藤一利も似た主張をしており、私も以前、言及したことがある[5]。このような司馬遼太郎「明治論」を半ば鵜呑みにした論調を克服するうえでも、司馬「明治論」の分析と批判は重要である。こうした観点から本稿前半は、司馬の『坂の上の雲』（以下、「雲」と略す）や一九八九（平成元）年九月に刊行され、二ヵ月で九刷を重ねた『「明治」という国家』（日本放送協会、一九八九年）から司馬「明治論」の論理と構造を批判的に検討し、後半では、「雲（二）」の「日清戦争」の章を手がかりに司馬が叙述しなかった日清戦争に関連する四つの局面を紹介し、検証する。

一、司馬遼太郎の「明治論」

（1）明治維新の「あたらしい秩序」とは何であった

のか。

「雲（二）」に出て来る「威海衛」は、日清戦争の開始から半年余りたった一八九五（明治二八）年二月の海戦場であるが、この海戦のとき清国の北洋艦隊の丁汝昌司令官に、伊東祐亨連合艦隊司令長官は降伏を迫り、勧降伏を渡した。そこにはかつて、「日本帝国がいかに困難な境遇にあり、いかに危険な災厄をのがれ得たかということは閣下のよく存ぜらるところであろう[6]」とし、「その当時の日本は、自分の独立をまったくする唯一の道は、一国の旧制をなげすててあたらしい秩序にきりかえる以外にないとおもい、……それを断行した[7]」。今の日本があるのは、〝旧制〟の革新、明治維新の断行があったとし、「雲（あとがき）」でも「千数百年、異質の文明体系のなかにいた日本人という一つの民族が、それをすてて、産業革命後のヨーロッパの文明体系へ転換したという世界史上もっとも劇的な運命をみずからえらんだ[8]」と誇らしく述べている。さらに清国に対してもあたらしい秩序に切り替えなければ、「早晩滅亡をまぬがれぬであろう[9]」と忠告している。

さて、明治の「あたらしい秩序」、あるいは「産業革命後のヨーロッパの文明体系へ転換した」こととは一体何を指すかといえば、廃藩置県を含む明治維新で成立した「四民平等」・「徴兵制」・「地租改正」・「学制」などであり、明治が目指したものとは、「〝国民国家〟の創出[10]」だったと司馬は主張する。さらに「自由民権運動もまた国民の創生運動だった[11]」と規定する。自由民権運動の運動目標が、国民が政治に参加する「〝国会〟という場」と「それを保障する〝憲法〟」であって、〝国会〟と〝憲法〟、「それがおおかた」で、なかでも主眼は「―政治の場」であって、「―基本的人権を。という声は、ごく小さなものでしかありませんでした[12]」というふうに理解している。

（2）自由民権運動を担った「国民」

では史実をみてみよう。最大で最後の士族反乱であった西南戦争の翌年の一八七八（明治一一）年九月、愛国社[13]が再興されたが、依然、西日本士族に偏った民権運動であった。しかしその後、福島県の豪農・河野広中が土佐の立志社を訪問し、両者が政府に「国憲を立て、国会を起こす」ことを要求することで合意し、一八七九（明治一二）年一一月の愛国社第三回大会では東北・福島のほか、北陸・福井にも拠点を置くに至った。つまり従来の士族民権から地方の地域民権派に運動が拡がり、一都一府二七県の代表が結集した。当時結成された在地型の民権結社も今日までに二一一六社確認されている[14]。国会開設の建白と請願は一八八〇（明治一三）年にピークを迎え、請願署名だけでも九万五千を優に超していた[15]。こうした自由民権運動の高まりを受け一八八一（明治一四）年、政府も素早い動きを見せた。政府内で二年後の国会開設を求めた大隈重信を追放し、開拓使官有物払下げは中止。一八九〇（明治二三）年の国会開設を発表したのである。これが世に知られる「明治一四年の政変」であるが、この政変後、民権結社が基礎となって自由党（地方豪農層中心）、立憲改進党（都市商工業者、地方資産家が支持基盤）が結成された。この政党運動によって、それまでの請願・署名活動で民衆をまとめ、政府に迫る運動形態から、演説会などによって民心を喚起し、組織を拡大する活動に転換した[16]。

こうして全国に広がりをみせた自由民権運動に対して明治政府は、先の「政変」で譲歩して国会開設を約束する一方、民権運動を弾圧する方針を明確にした。それは、一八八二（明治一五）年六月に集会条例を改定したことにはじまり、警察に、党名・党則・本部・名簿の届け出を義務づけさせ、集会弾圧と政党の活動を規制した[17]。これ以降、「各地の警察署は管轄内の政党幹部を召喚して、主義・綱領・内規から党員数の多少に至るまでを詳細に尋問し、その結果、政党として認可し、あるいは認可しないとの措置をとっ」た[18]。つまり、警察が政党を監視・統制下におき、政党の生殺与奪の権を掌握したのである[19]。加えて政党は地方支部の設置を禁じられ、自由党の地方組織はもちろん、立憲改進党も解散を余儀なくされた。こうした弾圧の結果、一八八二（明治一五）年の一年間の集会条例違反者は八六人。集会・結社の解散は三五一回にのぼった。同年一二月には地方の府県会期を三〇日以内とする規則に改正し、県令の権限を強化した[20]。このとき岩倉具視は当時、民権派が行った演説や新聞での政府批判の状況を、「あたかもフランス革命前夜を思わせる」と述べ、「政府の威信を回復し、民心を転換しようとするなら、断固いったん府県会を中止し、政府の主義を一つにして動かず、陸海軍と警察の威力をもって凛然として、「下」に臨み、民心を「戦慄」させるべきだと主張した[21]」。明治政府が自由民権運動を、明白な弾圧対象だと宣言したものである。したがって明治社会においては、明治政府とそれに対峙する「下」＝民心という対抗構造が鮮明となる。

「下」＝民心の立場で明治を見るなら、「これほど暗い時代はないであろう」と司馬も言う。なぜなら、「庶民は重税にあえぎ、国権はあくまで重く民権はあくまで軽く、足尾の鉱毒事件があり小作争議があり」だが、それは「被害者意識[22]」で見るからであると司馬はいう。前稿でもみたとおり司馬は、戦後歴史学が日清戦争は「天皇制日本の帝国主義による最初の植民地獲得戦争である[23]」とする規定や、「朝鮮と中国に対し、長期に準備された天皇制国家の侵略政策の結末である[24]」とした見解に対して、「歴史科学は近代精神をよりすくなくしか持っていないか、もとうにも持ちえない重要な欠陥が、宿命としてあるようにおもえる[25]」と烙印を押していたので驚くに値しない。が、ここで司馬に同調、共鳴して登場したのが歴史家・坂野潤治（当時は東大教授）である。両氏は岩波書店『世界』誌（以下、「世界」と略す）で特別対談「日本という国家」に臨んでいる。そこで坂野は明治の〝栄光〟を語る。「（地租改正の結果、米作農民のお金で鉄道・鉱山開発・紡績工場など近代化を果たした等の）明治の民主化の努力は、大正時代に受けつがれていった」から、明治以降の歴史を「軍国主義で、天皇親政で、みんなが侵略して、みんながひどいめにあったことばかりを戦前史ととらえますと、我々の中には民権の伝統も大正デモクラシーの伝統も残らない[26]」とする。両氏の視点では、明治のみんなが協力して戦争を勝ち抜いたという結論になるのではなかろうか。次節で確かめてみよう。

(3) 司馬遼太郎の「国民」と〝明治政府〟は同義語

一八八九(明治二二)年、明治憲法が制定され、天皇は立憲君主として君臨したが、一方、民衆は弾圧立法下に置かれ、明治政府が抑圧的な専制体制であることが明白となった。しかし司馬と坂野両氏の見立ては全く異なる。司馬は「国民」を次のように語る。「明治維新は、……自分たち士族の特権を停止し、国民という一階級の社会を創出し[27]」たが、維新当初は、まだ「国民」になっていなかったとする。「明治国家も、初期は法がととのわず、西洋流の法治国家とはいえ[28]」ず、「〝政府あって国民なし〟といわれたように、国民すら存在しなかった[29]」が、それを根本から変革したのが明治憲法の制定であったというのだ。その憲法制定について司馬が、「明治憲法が発布された時、新聞はみんな喜んで書いて[30]」おり、「新聞記者だけではなくて、みんな喜んだと思う[31]」と語る。この発言を受けて対談相手の坂野は、そうした「国民」が成立した以降、「(征韓論が)日清戦争の時には全国民のものになるのは、……先生(司馬のこと:引用者)がおっしゃる「国民」になっていたから……。議事録を読むと、審議も何もなしに満場一致で臨時軍事費支持です[32]」との日清戦争認識で両者は完全に一致する。つまり、両者が確認した「国民」とは、日清戦争を主導した明治政府と一体の存在であったということになる。したがって、「国民」みなが支持した「日清戦争」という観点にたてば、関連する幾つかの史実は極めて不都合な真実となる。それにふれること自体避けなければならなくなるのである。帝国主義の華やかな弱肉強食の時代にあって、明治政府が主導し、あるいは容認した積極的な殺戮—それも大量殺戮や暗殺という局面は、「雲」から排除されなければならなかったが、次節からその四局面を検証することにしよう。

二、『坂の上の雲』が叙述しなかった「日清戦争」にかかわる四局面

(1) 〝愛国的栄光〟で包んだ「日清戦争」と三人の主人公

「雲(二)」は八章から成っており[33]、はじめの「日清戦争」で戦いを描き、正岡子規が従軍する「根岸」と続き、最後の章「列強」は一九〇〇年の義和団戦争を描く。

冒頭に置かれた「日清戦争」の章は、七頁から一二二頁までである。内容は、二五頁まで正岡子規に関して綴られ、二六頁で日清戦争とは何かと司馬は問い、この戦争には「日本帝国の存亡が賭けられていた」と答え三〇頁まで続く。三一頁以降は日清開戦に絡ませた小村寿太郎の出世の道程で四五頁に至る。その四五頁は「そろそろ、(日清)戦争の原因にふれねばならない」とし、「原因は、朝鮮にある。……朝鮮半島という地理的存在にある」という有名な一節があり、この先、韓国、朝鮮がいかに遅れた酷い国であるか、朝鮮の宗主権を主張している清国はさらに腐敗している等の叙述があるほか、この時代の戦争をとらえる価値観は今と大幅に異なるとして次のように強調する。「人類は多くの不幸を経、いわゆる帝国主義戦争を犯罪としてみるまでにすすんだ。が、この物語の当時の価値観はちがっている。それを愛国的栄光の表現とみていた[34]」のだとして、日清戦争を愛国的栄光で包む。そして戦争の現場を仕切った参謀次長・川上操六が陸奥外相、伊藤首相、大鳥圭介京城公使らと緊密に連携して戦争を開始する場面が六一頁まで続く。六二頁からは主人公の一人・秋山好古とその秋山が批判した連合艦隊司令長官・伊東祐亨の海軍を解説し、八七頁にいたる。八八頁からはいよいよ秋山好古が出征する。九五頁で、一〇月二五日に秋山は遼東半島の花園口という旅順に近い海浜の寒村に上陸し、第一師団への命令「金州および大連湾付近を占領」を受けて、一一月の初陣を迎える。好古にいわせれば誰もが戦争を怖がるが、「悠々と仕事をさせてゆくものは義務感だけであり、

この義務感こそ人間が動物とことなる高貴な点だ」とみる。また自分たちの騎兵は、「きわめて効果的な奇襲に成功することができる」が、「凡庸な作戦家の手にかかっては、騎兵はただ全滅するだけ」だと認識している。旅順は「東洋のセヴァストーポリ」といわれたほどの堅固な要塞であったが。好古は、一一月一七日、第二軍の大山司令官に意見書「旅順攻撃のもっとも簡単な方法」を送った。その内容を司馬は評価する。翌一八日朝、好古は営城子を出発し、おびただしい敵と遭遇した。当然退却すべきだったが、退却は士気に影響するので、攻撃を決意。土城子の戦場で騎兵第一中隊は下馬し散開したが、第二中隊は乗馬戦で西側本道を行った。こうした戦闘の場面が最終一一二頁まで続く。

「雲（二）」ではもう一人の主人公、巡洋艦「筑紫」の乗組員・秋山真之は多くは登場しない。が、正岡子規が結核の療養をひと月できりあげ、故郷の松山に戻り、夏目漱石が二階に子規が一階に間借りした一軒家に、呉軍港に寄港した真之が訪ねてきた場面がある。

（2）日清戦争の経過と関連する四局面

日清戦争が「七月二三日戦争」から始まったことは『論集Ⅳ』収録の「明治政府の対外膨張戦略の批判的検討　司馬遼太郎氏らの「朝鮮観」を手がかりに」で述べた。第一期作戦の七月二五日、海軍が豊島沖で清国軍艦を攻撃、陸上では第一軍[35]（山県有朋司令官）が二九日に成歓で清国軍を撃破した。八月一日、明治天皇は、朝鮮を清国から独立させることを理由に清国に宣戦布告した。九月に入り一六日に平壌の戦いで清国軍を破り、鴨緑江を渡り、一〇月二三日、清国内に侵入し安東県・九連城を占領した。このころ、大山巌率いる第二軍[36]は連合艦隊の協力を得て遼東半島に上陸、攻略を開始し、一一月六日に金州城、大連湾に達し、二一日旅順口を占領した。第二期作戦では第一軍が直隷平野の決戦を目指す計画だった。年が明け一八九五年二月、日本の連合艦隊は清国艦隊の根拠地があった山東半島の、先に言及した威海衛を攻略、同艦隊を降伏させ、三月、さらに澎湖諸島に上陸した。この頃、米大統領・セオドア＝ルーズベルトの仲介で講和交渉が進み、四月一七日に下関条約が結ばれた。その直後に独仏露三国の干渉があり、日本は遼東半島を返還した。

『論集Ⅳ』掲載の前稿の「七月二三日戦争」では、清国軍を駆逐させるため朝鮮に親日政権を誕生させたことを見た。このことに「雲」は僅かにふれるだけで、陸奥宗光外相と大鳥啓介朝鮮大使とのやりとりには言及しない。また開戦直前の第一次東学農民戦争については、不正確だが「東学党ノ乱」という語や指導者・全奉準の名前をあげて叙述している[37]。しかし、七月二三日の日本軍の朝鮮の王宮占領に対して憤って民衆が蜂起した一八九四（明治二七）年夏以降の第二次東学農民戦争について「雲」は、全くふれない。また、秋山好古の騎兵隊も加わった第二軍による遼東半島の攻略で旅順を占領した際に起こした旅順虐殺事件や、下関条約で日本が領有した台湾で一八九五年春以降、台湾民衆が「台湾民主国」を宣言した抗日武装勢力を、鎮圧・平定した台湾植民地戦争[38]にも全くふれない。さらには下関条約から半年後、日本の影響を遠ざけロシアに接近した朝鮮政府を転覆するために、日本本国と連携して朝鮮公使が主導した閔妃殺害事件も完全に無視している。

小説「雲」の構成や展開は作家の料簡に委ねられることは当然としても、「この小説は、……事実に拘束されることが一〇〇％にちかい[39]」と表明した司馬の姿勢とは両立し難いといわなければならない。

次節以降、日清戦争に関連して日本が深くかかわった第二次東学農民戦争、旅順虐殺事件、台湾植民地戦争、閔妃暗殺事件の概要を確認し、司馬遼太郎の史実に向かう姿勢を検討する[40]。

(3)『坂の上の雲』から排除された「日清戦争」に関する四局面

(1) 一八九四（明治二七）年夏以降の第二次東学農民戦争

先に戦争経過でふれたように、日本軍が鴨緑江を渡って中国領に侵攻したころ、朝鮮中南部で第二次東学農民戦争と呼ばれる農民軍の大蜂起が発生した。韓国の全羅道を南とするなら、その北に位置する慶尚道・忠清道・京畿道の農民軍は、日本軍の兵站線[41]に攻撃を加えた。忠清道に潜伏していた東学の二代目教主・崔時亨が指導したのがこの三道の「北接」[42]農民軍である。一方、朝鮮南端の西側には全羅道地域の「南接」農民軍がいた。「雲（二）」で司馬が名をあげている全琫準[43]のほかにも指導者はいた。[44]「南接」農民軍の蜂起は一〇月一二日の「起包」[45]宣言を合図にはじまり、続いて「北接」農民軍も一六日に「起包」を宣言した。農民軍は、「北接」の土地に設置されていた日本軍の軍用通信線を切断し、日本軍の兵站部陣地をゲリラ的に攻撃した。最近の研究では、この第二次農民蜂起は七・二三王宮占領事件から、わずか一ヵ月後の八月からはじまっていたとされる。[46]

陸軍が清国軍を破り、鴨緑江を渡り一〇月二三日、清国内に侵入した時期を上原勇作少佐（後の陸相）が回顧して、平壌から鴨緑江までは「行程六十余里」[47]、約二四〇㎞あり、行軍「三十余日を費」やし「行進の遅々たるに驚かざるを得ない」[48]うえ、第一軍全軍に白米どころか粟や小豆が僅かにあるだけの難行軍であった。広島の大本営直轄となった日本軍兵站部の現場指揮は、通称、仁川兵站監部といわれる「南部兵站監部」がとった。仁川兵站監部は「北接」農民軍の蜂起前、大本営に二中隊[49]派遣を要請し、農民軍討伐を準備していた。一方、大本営で指令を下していたのが川上操六少将（参謀次長兼兵站総監）だった。川上は、派遣要請を保留にし、代わりに京城（ソウル）守備隊の三個中隊を派遣するように仁川兵站監部に連絡した。

第一軍が鴨緑江を渡河し中国領に侵攻した一〇月二五日、「北接」の忠清道東学農民軍二万人が一斉に蜂起した。これに慶尚道や江原道、京畿道の農民軍も加勢した。この朝鮮農民軍に対し日本軍は、すべて殲滅せよと命じた。川上が仁川兵站監部に下した命令は、「釜山今橋少佐より、左の電報あり。川上兵站総監より電報あり、東学党に対する処置は激烈なるを要す、向後悉く殺戮すべしと」(一八九四(明治二七)年一〇月二七日晩九時半)[50]というものだった。翌二八日夜七時過ぎに慶尚道洛東兵站司令部の飛鳥井少佐から、昨日、尚州城で捕まえた者二名は白状しないが首領とも思えない、「右様の者は、当部において斬殺して然るべきや」の問いに、仁川兵站監部は「東学党、斬殺の事、貴官の意見の通り実行すべし」[51]と回答している。これをさらに裏付ける日誌も見つかっており[52]、川上兵站総監の命令が忠実に実行されたことがわかる。

日本の交戦国でない朝鮮農民に対する殺戮命令は、国際法からいって全くの違法だった。しかし、全権公使として赴任した直後の井上馨も、忠清道の「北接」農民軍の蜂起を伊藤総理に伝え、軍を朝鮮に増派し、「(今)東学党を討ち平らげること肝要なり」と打電した[53]。大本営は大邱街道・清州街道・公州街道の三つの幹線道路を制圧して東学軍を殲滅する作戦が必要だと判断していたため、朝鮮に派遣された三中隊には、「党類を撃破し、その禍根を掃滅し、もって再興、後患を遺さしめざるを要す」[54]との命令が発せられていた。こうして一一月一二日、三中隊は、ソウルの日本軍陣地・竜山から一斉に三つの街道を南下していき、公州街道を下った第二中隊は一一月二〇日から東学農民戦争最大の激戦地、二次に及び二〇日間続いた公州の戦いをへて一二月、翌年一月にまで討伐・殲滅命令を実行した。その結果、日清戦争での最多の「戦死者」は朝鮮人であるという研究が近年、提起されている[55]。

(2)一八九四(明治二七)年一一月の旅順の虐殺

大山巌率いる第二軍が一一月二一日、旅順口を占領したとき、海外のマスコミに報道され、明治政府が対応に苦慮した事件が発生した。旅順虐殺事件である。旅順占領後の日本軍の市内掃討作戦の局面について、本稿は二〇〇一年以降発見された次の二点の従軍記録に基づく[56]。一つは軍夫という、昭和でいえば輜重兵の役割を担った丸木力蔵(東京都港区新橋出身）の日記『明治二十七八年戦役日記』（以下、「戦役記」と略す）と、あと一点は、第一師団歩兵第二連隊の関根房次郎上等兵（千葉県柏市、我孫子市出身）が記した『征清従軍日記』（以下、「従軍記」と略す）である。これを入手した一ノ瀬俊也によれば、「関根は丸木が後方から運んでくる飯を食って戦争をしていた[57]」ということになる。

この事件の報道や証言から虐殺数をあげると、①国際法学者の有賀長雄[58]『日清戦役国際法論』は五百名、②イギリスの新聞『タイムズ』（一八九四・一一・二八）は二百名、③『ニューヨーク・ワールド』（一八九四・一二・二〇）は二千名。ただし残虐行為による不法殺害者数に限ったもの。④フランス人ソバージュ大尉『日清戦史』（一八九七年）では一五〇〇名、⑤日本占領後の清国人の旅順行政長官から大山巌第二軍司令官への報告は、一五〇〇～一六〇〇名（便衣兵を含む死体の数）と犠牲者数にかなり幅がある。一方、旅順が清国に返還された後、清国側の遼東接収委員である顧元勲が同地の遺骨・遺灰埋葬地点に万忠墓を建設し、「ここに遭難者約一万八千人[59]」と記した。第二次大戦後の一九四八年に建立された「重修万忠墓には、およそ二万人余の犠牲者があった[60]」と記録している。

関根「従軍記」では、一一月一八日の土城子の戦闘において日本軍兵士たちがすでに激高していた。旅順から三里（約一一・八㎞）離れた土城子で第三連隊第一大隊が強敵と戦い苦戦を強いられたと関根は聞いていたが、その土城子で清国軍がわが軍に加えた「残酷甚しき処置[61]」に「忽然各兵憤懣し、団体長が部下の兵に、敵をみても清国兵か住民か区別し難いから、「今後は容赦なく壮丁者悉皆兵農の区を分けず射殺せしと達せられ」たところ、関根たち「各兵士は幸いに元気満々[62]」になり、この日は渤海湾に面した朱家屯で警戒して休んだが、「我軍は瞬間も早く旅順を陥落せんとする志気は満々」で、体じゅうで敵討ち・復讐を誓ったと決意を綴っている。

一一月二一日、いよいよその日がやってきた。この日の「従軍記」は、旅順砲台を正午には占領し、

「我が第一大隊は……黄金山砲台占領の命を受け、午後三時三〇分発、……途中近隣の兵営を捜索す。敵は退路なきに躊躇し、かつ狼狽するを撃殺しつつ進行し」た。[63] また敵の敗残兵が旅順口を泳いで、あるいは小船で逃げようとしているのを発見すれば、「砲台上より一斉に射撃をなす。海より海軍これを睨撃す。命中夥し」[64]。夜に入ってなお敵兵が小船で逃れようしたが、風雨が強くなり、全部転覆してしまった。これを見て、「実に愉と言わんか快と云わんか、到底鈍筆の尽す能わず処」であったと記している。[65] こうして清国の敗残兵を皆殺しにした有様がこの二一日分の日記に綴られている。一ノ瀬は関根と同じ千葉県出身者の小川幸三郎予備役一等卒[66]が従軍中のメモを整理した『征清日記[67]』で補足している。それは、小川が二一日午後三時ころ、家屋を捜索していたとき、「日本兵の首三個遺棄あるを見、殊に土城子の戦我負傷者の残酷の切殺を思い起すと憤怒押い兼ね[68]」た直後、市内の左方高地において、「果たして清兵の一家屋に少なきも三四人、多きは七八人潜伏しあり、俵及び蓆の間にあり土民に換ゆるあり、裏板の上に隠るもあり」、「皆戸外に引き出し、突くもあり、切りもあり、同市の街道は横死したるもの幾百人か、幾千人かその数算はうるを得ず」。その背景には「集合知（地）出発の際男子にして壮丁なる清人は皆逃さず、生かさず、切殺すべしとの命令」が下り、「兵士の勇気皆溢れ」たとあり、関根の記述と符合する。そして翌日以降も〝敗残兵狩り〟が続いた。二二日こそ、「僅々一二、三人の捕虜」だったが、二四日、旅順本隊に復帰をして造船場や軍用倉庫、鉄道などを見学し、「その壮麗と云い堅固と言い精巧を極めたるも、我が軍のため攻撃を受けしかば、精神腐敗の清兵何ぞ支ゆるを得んや、終に逃去せんとするも退路なきに躊躇し、かつ我が軍も去る一八日の処置を酬いんとせしかば、各兵営及び砲台は勿論、市中に残匿する兵まで射斬したるを以て屍は積みて山を成す、血は流れて川を成す、屍を以て遮ぎられ、歩行に不便を来したり。また港内の如きは屍浮漂して丘をなす[69]」に至った。日本兵に対する仕打ちを〝敗残兵狩り〟で報復しているが、数十人などでは全くなく大規模な殺戮現場となったとみられる。(70)この日、連隊本隊は旅順駅で「湯を焚き湧し、将校以下入浴することを得たり」と関根が四十数日ぶりに入浴できた喜びを記している。

そして先にみたように虐殺事件は海外メディアによって報道され明るみにされた。

司馬は「日清戦争」の章で、「旅順の虐殺」の直前にあたる一一月一八日、旅順近郊の土城子で秋山好古らが清国軍と戦ったことを叙述している。(71)その場面は、一万二千の清国兵が守備する旅順要塞の攻略方法を、秋山が「捜索騎兵隊長」の肩書で大山巌第二軍司令官に意見具申した一七日からはじまり、一八日朝七時、宿営地の営城子を出発し、騎兵中隊を指揮して敵陣に突撃する場面に通じる。誰もが退却すべしと思うほど清国軍勢の防衛が固いなか、「わしゃ旅順へゆけといわれているんじゃ。退却という命令はうけとらんけん、……」(72)と勇ましく戦った。結果オーライであったがゆえに、「あとで戦場を視察した第一師団の参謀たちはいった「秋山の蛮勇じゃな。戦術的になぜさっさと退却せなんだか」と、「参謀たちはささやいた」(73)とあり、司馬の得意な、〝明治という時代はそういうピカピカの真新しい時代であったのだ〟という台詞が聞こえてきそうである。

秋山好古が土城子戦だけに従軍したならば、旅順虐殺事件の直接の責任はない。しかし、伊瀬知好成大佐が率いた第二連隊と同一五連隊第三大隊が、土城子戦の直後に日本軍死傷者の鼻や耳をそがれた生首が道路脇の柳や民家の軒先に吊されているのを目撃していた。日本軍が、清国軍によるこれらの陵辱行為を確認したことが事件の伏線にあったことは先の関根、小川の日記から明らかである。そしてこの指摘はすでに明治から存在していた。秋山好古の戦場に近接し、その直後に起きた世界的事件に司馬が全くふれないのは小説という虚構の世界であったためだろうか。

(3)一八九五（明治二八）年五月以降の台湾植民地戦争

「雲（二）」の終章は「列強」である。そこで司馬は語る。「この一九世紀末というのは、地球は列強の陰謀と戦争の舞台でしかない。謀略だけが他国に対する意志であり、侵略だけが国家の欲望であった[74]」。さらに続けて、「帝国主義の時代である。そういう意味では、この時代ほど華やかであった時代はなかったかもしれない。列強は、つねにきばから血をしたたらせている食肉獣であった。その列強どもは、ここ数十年、シナというこの死亡寸前の巨獣に対してすさまじい食欲をもちつづけてきた[75]」。司馬は、日本が日清戦争に勝って帝国主義列強（食肉獣）の仲間入りをしたことを当事者の如く誇っている。さあどなた様から召し上がりますか？「―シナは、すでに死んだ肉で、死肉である以上、食用にさるべきであり、それについての後先などはない。さきにナイフを突きたてた国のかちである[76]」。そういう食肉獣の立場にたてば台湾征服の植民地戦争[77]は日本が突き立てたナイフの一つに過ぎない。そのナイフの捌き具合を次にみようではないか。

〔i〕一八九五年春には終わらなかった日清戦争
―台湾植民地戦争の開始

日清戦争は、下関講和条約では終わらなかった。戦いはそのまま台湾植民地戦争に移行した。日本はなぜ台湾にこだわったのか、台湾の取得はいつから意図されたのかなどを簡単にみていきたい。

(ア)日清戦争開戦前から主張された台湾領有

台湾領有の考えは、日清戦争中から松方正義にもあり、〝我邦の前途は、北に守りて南に攻るの方針〟、つまり「北守南進論」を松方は一八九四（明治二七）年冬に川上操六参謀次長に提案していた[78]。さらに、陸奥宗光も、意見書「台湾島鎮撫策に関して」で、大陸や南方に進出した際の根拠地とし、台湾の資源開発・工業の育成・通商利権を語った。また参謀本部「日清戦史」草案中の「第一六編第七二章第二草案」（福島県立図書館蔵）では大本営参謀の佐官らが協議して南方作戦で、「若し今回戦争の目的をして単に朝鮮を扶掖するに在らしめば則ち已む。苟も東洋全局の平和を将来に図るに在らしめば必ず先ず澎湖島、台湾を領有すべしと主張していた。[79]さらに第一軍参謀長だった小川又次少将は、一八八七（明治二〇）年二月、「清国征討案[80]」で、帝国が領有する地域に旅順半島・山東省・舟山群島・澎湖列島・台湾島・揚子江沿岸一部の六か所をあげていた。つまり台湾領有は日清戦争以前から日本側の獲得目標であった。司馬流にいえば、明治半ばから、〝シナに突きたてるためのナイフを磨いていた〟ことになる。

(イ)台湾社会の成立

一九世紀に入って台湾では茶業と糖業が栄え、欧米との貿易が増え中国本土からの移住も進んだ。三大港（台南府・鹿港・艋舺）を中心に繁栄し、林本源一族や陳中和一族など土着の商人資本家も現れた。一八八五（明治一八）年、清国は一行省として台湾省に昇格させ、都市化を促進させた。清国の洋務派・劉銘伝巡撫により地租改正が行われ、電気・電灯、電信、鉄道など近代的社会設備が整えられた。特に、一八八七（明治二〇）年から九三（明治二六）年にかけて基隆―彰化―台北―新竹の間に鉄道が竣工した。こうした台湾の発展に乱暴にも横槍を入れたのが、狭義の「日清戦」後の下関講和条約による台湾の日本への割譲だった。

(ウ)台湾植民地戦争と抗日武装抵抗

台湾領有後、伊藤首相は五月、樺山資紀・海軍大将に台湾総督と台湾陸軍軍務司令官を兼任させた。台湾では一八九四（明治二七）年から唐景崧が巡撫代理を務め、日本への台湾割譲を阻止しようとしたが、清国本国が同意しなかった。他方、台湾の士紳・大地主らに支持された唐は、五月二三日、台湾民主国の独立を宣言した。ここから台湾の植民地戦争がはじまった。その時期は三期に区分される。[81]第一期は台湾民主国が宣言された一八九五（明治二八）年五月から一八九六（明治二九）年三月までであり、第二期は、中国系の平地住民の武装蜂起を弾圧した一九〇二（明治三五）年までの七年間のゲリラ的抵抗である。第三期は山地の少数先住民族を軍事弾圧した一九一五（大正四）年までの約一三年間である。本稿の検討は第二期までだが、概略にとどめざるを得ない。ただ第三期以降も先住民の抵抗が続いていたことは明らかである。[82]

〔ii〕台湾の第一期支配（一八九五年五月から一八九六年三月まで）

五月二三日、「わが台民敵に仕うるよりは死することを決す[83]」とする東アジアで最初の共和国となる台湾民主国宣言を平地に住む漢族が発し、唐景崧を総統に推挙した。しかし六月に近衛師団が上陸すると唐は清国に亡命し、抵抗したのは「民主国大将軍」を名乗った台湾幇辦軍務・劉永福将軍であった。劉は、清仏戦争でも戦った愛国者で、以後の抗日戦争を指揮した。一方、樺山総督は六月一七日に台北巡撫衙門前広場で「始政式」を行い、台湾の日本領有を宣言したが、抵抗が激しいため同月二九日、増派を要請した結果、政府は遼東半島にいた第二師団から混成第四旅団を抽出し派兵した。[84]先に上陸した近衛師団は八月八日、新竹城に侵攻し制圧した。さらに苗栗を根拠地とする数千の民主国軍と義軍を砲撃と突撃で撃退し、二八日、近衛師団は彰化城の東の八卦山に攻撃を集中させ抗日武装勢力を破った。[85]

大本営は八月六日、台湾総督府条例を定め軍政を布き、二個師団の司令部を総督府に置いた。[86]近衛師団は一〇月九日、嘉義を占領し台南府に攻勢を強めると劉将軍も台湾から逃亡した。[87]樺山総督の台湾平定宣言は一八九五（明治二八）年一一月一八日で東京の大本営に報告された。しかし武装抵抗はやまず同年一二月、台湾北部の宜蘭が包囲された他、翌年元旦には台北城が襲撃されるなど高山族の蜂起が続いた。

〔iii〕台湾の第二期支配（一八九六年四月〜一九〇二年までの約七年間）―武装蜂起した中国系平地住民によるゲリラ的抵抗―

平定宣言後、樺山は台湾総督府条例を廃止し、一八九六（明治二九）年四月に軍政から民政に移行した[88]。樺山総督の後任の桂太郎総督（陸軍中将）は一八九六（明治二九）年六月から一〇月の四か月余の任期中に台湾守備混成旅団を率いて「土匪[89]」対策を強め、同年六月一六日から二二日にかけて台湾中部の雲林地方の「大坪頂」山地で抗日ゲリラ勢力千余人を「討伐」した。四二九五戸の民家が焼かれ、六千人の非戦闘員が虐殺された[90]。「漢民族社会そのものを破壊[91]」したとされ、国際的非難を浴びたこの事件は雲林事件[92]といわれ、天皇・皇后から雲林地方の住民に救恤金三千円が下賜され、守備歩兵連隊長、雲林守備隊長らが処分された。

　続く乃木希典総督（一八九六（明治二九）年一〇月）は、三段警備[93]

■台湾の地図

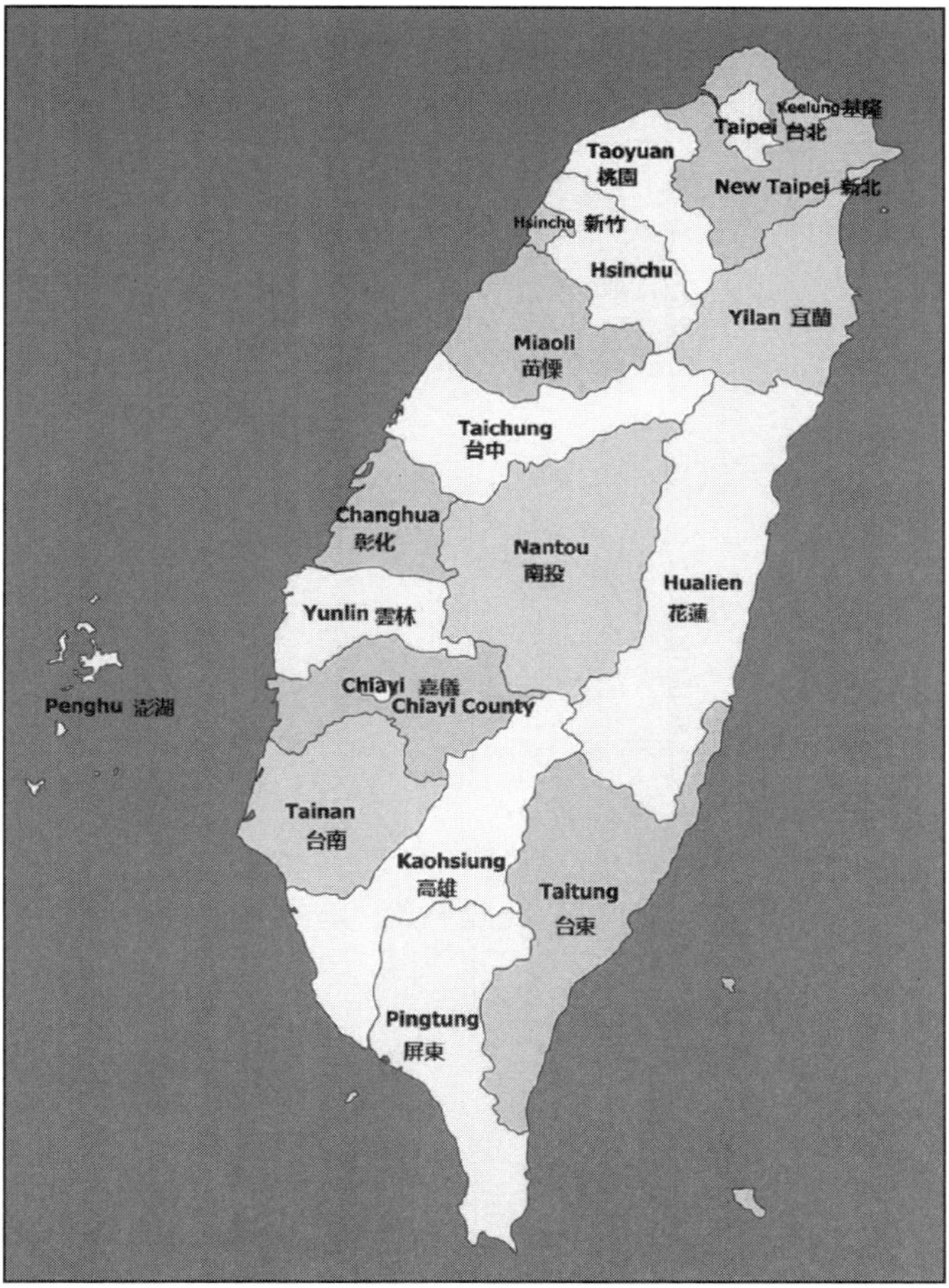

（「台湾留学センター」https://tw-ryugaku.com/taiwanmap/ より）

で「土匪、匪徒」を抑えこもうとしたが、警察と軍との間に軋轢が生じ失敗した。

第四代総督児玉源太郎は、一八九八（明治三一）年三月から一九〇六（明治三九）年まで八年余り在任した。このときの後藤新平民政長官の下で改革案「台湾統治救急案」は、性急な同化政策を慎み、鉄道・港湾・水道などを整備し産業を振興した。[94] 一方で児玉は山県有朋宛の書簡で「土匪之三分の二は帰順可致、其余りは到底石川五右衛門之類となすより外、手段無之情況に御坐候[95]」と述べ、懐柔と討伐を使い分けた。児玉の「土匪招降策」は、投降を条件に以前の抗日経歴を不問にするやりかたであった。一八九八（明治三一）年七月二八日、三百余名の「土匪」の招降の儀を行った。[96] これ以後、北部中部南部の「土匪」が次々と帰順し、彼らを道路開鑿・郵便逓送・「土匪」残徒の動静探索などに従事させた。一方、従来の独断討伐に一定の秩序を与え、「土匪討伐及捜索に関する訓令」として確立した。[97]

後藤は統治策として保甲制[98]を採用し、社会資本整備では台湾縦貫鉄道を敷設し、基隆港湾事業の第二次工事まで終え、[99] 台湾島内の物量円滑化を図った。また土地調査事業を実施し近代的土地所有権を確定した。こうして地租収入の増大を実現した。[100] また製糖工場の近代化を図り、蔗種の改良を進めた結果、一九〇〇年、台湾製糖株式会社が創設された。[101] 日本財閥資本の台湾進出が盛んになったのもこの時期の特徴である。

さて、「雲」には台湾という地名さえほとんど登場しない。僅かに下関講和条約を綴った「雲（二）」の「列強」の箇所で、「日本は、日清戦争の結果、二億両の賠償金と、領土を得た。領土は、台湾および澎湖島、および遼東半島である[102]」。その後の叙述は、三国干渉による遼東半島の返還に続き、遼東半島に加え満州まで実質支配していったロシア帝国の膨張政策に筆が及んでいる。「雲」では「三国干渉」の語句は出てくるが、台湾の抗日武装勢力、及びそれを鎮圧した植民地戦争と〝平定〟後の台湾の植民地化には全くふれない。それは司馬にとって台湾とは、食用にされるべき死んだ肉に過ぎなかったからであろうか。

(4) 一八九五(明治二八)年一〇月の閔妃殺害事件

下関条約後の三国干渉で、日本は、一旦は割譲した遼東半島を中国から賠償金を得て返還した。日本の国際的威信は失墜し、当時朝鮮公使の井上馨が進めていた内政改革も頓挫した。この情勢をみてとった朝鮮政府はロシアに接近する外交方針を明らかにし、朝鮮政府内の日本派を追放し、親日派武力の養成機関になっていた「訓練隊」を解散させようとした。日本政府はこれを苦々しく思った。

杉村濬代理公使は後年の著書『明治廿七八年在韓苦心録』で、王妃殺害事件について、「時勢に迫られ不得已に出でたるものにして、余は実に其の計画者の一人たるを免れず、否寧ろ計画者の中心たる姿なりし[103]」と記している。

杉村によれば、王妃事件は金弘集親日派政権を樹立するために、王妃を中心とするロシア党の排除が目的であった。そしてこれを朝鮮人同士のクーデターに見せかけるために「大院君」と「訓練隊」を使ったと告白している。

(1)事件直前の動き

一八九五(明治二八)年七月一〇日、杉村は西園寺外務大臣臨時代理(以下、西園寺外相と略す)から、「朝鮮の内閣のことに付ては、金宏集内閣の成り立つ様、内密に精々尽力せらるべし」との返電を受け取っているが、親日金弘内閣を成立させる一つの目的は、朝鮮国内の電信線を日本側が確保することにあった。ただ警備についていた後備兵[104]は日清戦争後に帰国させなければならなかった。つまり、後備兵を早急に現役の常備軍に入れ替える必要があった。先に第二次東学農民軍が日本軍の兵站線を攻撃したことをみたが、兵站線とは陣地、道路そして軍用電信線である。

井上馨朝鮮公使は、日清戦争後、一旦、朝鮮側に全電信線を返還する「電信線返還論」を展開した。

しかしそれは、本国の陸奥外相のみならず大本営の上席参謀・川上操六も容認しなかった。そして三国干渉後であっても明治政府は、朝鮮における全電信線を確保しようとした。それは日本軍自らが敷設したせいもあったが、清国からの戦利品として所有権を主張したものだった。[105] そのためには引き続き軍隊を駐屯させせなければならなかったが、しかし朝鮮側は、その電信線の返還と日本軍の撤兵を要求していた。

こうした時期に朝鮮政府側に融和的な政策を提案した井上公使と明治政府との間で亀裂が生じた。これが井上公使の更迭が決まった背景だといわれる。後任には三浦梧楼退役中将が推薦された。それまで外交に無縁だった三浦が固辞したにもかかわらず政府首脳は三浦を説得して受諾させた。ただこうして三浦中将を外交の表舞台に引っ張り出した詳しい経緯は今日も不明である。しかし、川上たちに背中を押される形で三浦が京城に赴任したのが一八九五(明治二八)年九月一日であった。

日本側が朝鮮の電信線の所有を要求するなら、駐屯軍はそれまでの後備兵では無理であった。このため、三浦公使の赴任を機に、後備兵から常備軍に入れ替える方針を明治政府はとったものと思われる。ただ杉村濬代理公使からは、「尤も国王には我兵の駐屯を好ませられざるやに漏れ聞けり[106]」との返信が夏前に政府側に届いていた。しかし日本側は朝鮮国王の不同意を知りながら、朝鮮政府の朴外部大臣から日本の外務省宛てに「駐兵依頼書」を出させていた。[107] 西園寺外相は、事情を知ったうえで「駐兵承諾書」を出し、既成事実化しようとした。

(2)朝鮮の国母斬殺

ソウル(当時は、京城)中心部にある王妃閔妃が住む景福宮は、市内五大王宮のなかでも最大で一二万六千坪[108]もあり、多くの建物と池の庭園をともない、その奥には門と塀で囲まれた宮殿・乾清宮があった。またその中に国王の居殿・長安堂があり、それにつづいて王妃閔妃の居殿・坤寧閣があった。一八九五

(明治二八)年一〇月八日早朝、日本公使の三浦梧楼や萩原秀次郎警部(109)らが指揮をとり、軍隊をこの景福宮に乱入させ乾清宮を取り囲み、岡本柳之助(110)ら「壮士」たちが日本刀を振りかざすなかで某陸軍少尉が閔妃(明成皇后)を殺害した。このとき、国王高宗は自ら庭に面した広間に出て、進入者たちが奥に入るのを防ごうとした。近侍の者は、手を大きく上下に振りながら、王に呼びかけ連呼した。しかし侵入者たちは、国王の傍らを、ときには国王の肩をつつきながら、王妃を求めて長安堂に侵入した。

その時、王妃は、宮女たちとともに長安堂の奥の間に潜んでいたが、侵入者たちの前に立ち塞がった宮廷護衛隊長・洪啓勳や宮内大臣・李耕植らは日本人士官にピストルで撃たれた。宮女たちが次々に部屋から引きずり出されるのを見た李耕植は、よろめきながらもなお王妃の傍らへ行こうとして廊下に出たところを、襟髪をつかまれて引き倒され、日本刀で切られた。王妃を含む三名の女官が、庭先に引き出されて斬り殺された(111)。

(3) 事件後の三浦公使

事件後、三浦は周囲に「是で朝鮮も愈々日本のものになった。もう安心だ」と語った(112)。三浦はしかし、午前中の電報では本国に事実を隠していたことが、報告を受けた原敬外務次官の次の日記からわかる。

「(一〇月)八日　京城に於て訓練隊は大院君を擁して王宮に入り侍衛隊と少しく争ひたるも、我守備隊の保護にて左までの事なし、三浦公使國王の招にて朝六時参内せり、王妃は行方不明、一説には殺害せられたりと云ふとの電報、公使館附我海陸武官よりの電報早く参謀本部に達したるも、三浦公使よりは一一時発にて午後に着電せしも甚だ要領を得ず(113)」であった。三浦は事前の計画を知らない原外務次官に事の真相を明かすには時期尚早と判断したのだろう。他方で三浦は、西園寺公望外相から午後一時に緊急の問い合わせを受け、次のように返電し弁明している。「過激のことは総て朝鮮人にてこれを行はしめ、日本人はただその声援をなすまでにて手を下さざる約束なりしも、実際に臨んで朝鮮人躊躇してその働き充分ならざりし前、時機を失はんことを恐れ日本人の中に手を下せし者ありと聞けり、もっとも右等の事実は内外人に対し厳重に秘密に致し置きたれども、その場に朝鮮人居りし由なれば漏れ聞きしことなきを防ぐ可からず……朝鮮政府よりは日本人は殺害等乱暴の挙動は一つも無かりしとの証明書を取り置きたり」と。[114]また、事件の計画も何も全く知らされていなかった内田定槌京城領事は、血刀を持って領事館に戻った実行犯を問いただし、状況をつかんだ後、当時の原敬外務次官に次のような書簡を送った。「韓兵および日本兵および壮士などはトキの声をあげ門内に侵入し、あるいは発砲しあるいは刀を振りまわし、国王王妃らの寝室に向かって押し寄せ、婦女両三名および男二、三名を殺害したる……右殺害せられたる婦女の一名は王妃なりとのことにこれあり、これを殺害したるものはわが守備隊のある陸軍少尉にして、その死骸は萩原（領事館警察署長）が韓人に命じこれを他に持ち運ばしめ直ちに焼きすてたりとの趣にて、ずいぶん手荒き所業をあい働き候……[115]」と報告するとともに、「如此事変の起るべき噂は数日前より薄々聞込居候」と告白し、「今朝五時半頃砲声に驚き起き出」たと、事変勃発時刻を正確に書き、また王妃を殺害したのは「我守備隊の或陸軍少尉」と明確にしている。[116]

今日でも一部に、日清戦争時に日本側によって追放された大院君が閔妃殺害事件の首謀者であるとの説がある。しかし、以上の経過から史実は明らかである。逆に日本の外交官が殺害を実行した翌日認めた手紙が二〇二一年になって発見された。ソウルにあった外交部領事館補であった堀口九万一が郷里、新潟県中通村（現・長岡市）の親友の漢学者・武石貞松に宛てた手紙である。日付は一八九五（明治二八）年一〇月九日付であり、現場の景福宮に侵入した後の殺害状況を伝えている。これを二〇二一年一一月一六日付け朝日新聞デジタルが報道した。それによると堀口は、王宮に押し入った者のうち、「進入は予の担任たり。堀を越え（中略）、漸く奥御殿に達し、王妃を弑し申候」……と、王宮の奥まで押し入り、閔妃を殺したことを打ち明けた。「存外容易にして、却てあっけに取られ申候」」と、感想まで添えていた。判読に協力した金文子さんは、「事件の細部や家族についての記述などからも、本人の真筆とみて間違いない。現役の外交官が任地の王妃の殺害に直接関与したと告げる文面に改めて生々しい驚きを覚えた。いまだ不明な点が多い事件の細部を解き明かす鍵となる、価値の高い資料」と話す、と伝えている。

(4)本国に召還された実行犯たち

すでにみたように事件は、全権公使三浦梧楼の指示で、日本軍隊、公使館及び領事館職員、領事警察署巡査、「壮士」とよばれた民間人によって引き起こされた。事件が海外に伝わるにつれ、国際的非難に慌てた日本政府は、関係者全員を本国に召還して、四八人の非軍人を広島監獄署に、八人の軍人を広島憲兵隊本部に収監して取り調べた。しかし三ヵ月後には、全員が免訴になった。[117] 次に判明している実行犯を示す。

一八九六（明治二九）年一月一四日、旧広島城内にある第五師団司令部内の法管部で開廷した軍法会議[118]は次の八名を無罪としたが、その者らは次の通りである。

楠瀬幸彦・陸軍中佐、京城守備隊第一八大隊長の馬屋原務本・少佐、一八大隊付中隊長：石森吉猶・大尉、同：高松鉄太郎・大尉、同：鯉登行文・大尉、第一中隊長：藤戸与三・大尉、第二中隊長：村井右宗・大尉、第三中隊長：馬来政輔・大尉[119]。

また、同年一月二〇日に広島地裁の予審終結決定書で免訴となった政府関係者及び民間の事件関与者は次の通りである。

三浦梧楼・朝鮮公使（予備役陸軍中将）、岡本柳之助・宮内府兼軍部顧問、浅山顕蔵・朝鮮国補佐官、佐瀬熊鉄・医師、渋谷加藤次・内部顧問官、大浦茂彦・通訳官、蓮元泰丸・通訳官、堀口九万一・領事館補、杉村濬・公使館一等書記、鈴木重元、柴四

郎・衆議院議員、安達謙蔵・漢城新報社長、国友重章・漢城新報主筆、小早川秀雄・編集長、新聞記者の菊池謙譲（熊本）、佐々木正（熊本）、牛島英雄（熊本）、宮住勇喜（熊本）、吉田友吉（岩手）、山田烈盛（東京）。朝鮮で事業を推進していた佐々正之（熊本国権党を創設した佐々友房の弟）。安達や佐々の熊本国権党関係では、広田止善、平山岩彦、沢村雅夫、片野猛雄、隈部米吉、前田俊蔵、家入嘉吉、松村辰喜、佐藤敬太がいる。次は自由党壮士団だが、この六人の背後に法部顧問として年俸三六〇〇円で朝鮮政府に雇用された星亨がいた。高橋源次（別名・寺崎泰吉、神奈川）、中村楯雄（熊本）、田中賢道（熊本）、平山勝熊（熊本）、藤俊顕（福岡）、難波春吉（神奈川）。警察・巡査では、事件当日、道案内を主導した荻原秀次郎・外務省警部や横尾勇太郎・外務省巡査のほか、境益太郎、白石由太郎、渡部鷹次郎、成相喜四郎、小田俊光、木脇祐則・外務省巡査がいる。

一方、第一一連隊の田上覚一大尉、河内中尉、宮本竹太郎少尉、岡本、穂積、牧特務曹長の関与は今一つ判然としない。また、日清戦争で先陣を切った大島義昌少将率いる混成第九師団の参謀だった長岡外史が総指揮をとったという説もあるが、証拠の確定に至っていない。さらに政治家であった星亨と写真家・村上天真も現場にいた可能性もあるが、この点も確定に至っていない。

三、おわりに

本稿の二章で述べたように、四つの局面を司馬は「雲」から排除した。小説であるのだから、一般的いえばそれは非難されることではないだろう。しかし、司馬「明治論」でみたように、明治の「国民」は、明治政府と一体の存在とみなされたとき、史実における不都合な局面は、意識的に避けられざるを得なかった。このうち①一八九四（明治二七）年夏以降の第二次東学農民戦争については、「雲」連載時に朝鮮史研究でも未開拓であったという事情を考慮しなければならない。一九八〇年代から、第一次東学農民戦争の研究が進捗するにつれて、第二次東学蜂起についての研究もすすんだのである。しかし残る②一八九四（明治二七）年一一月の旅順の虐殺、③一八九五（明治二八）年五月以降の台湾植民地戦争、④一八九五（明治二八）年一〇月の閔妃殺害事件については、「雲」連載時においても、かなりの研究が蓄積されており、『「明治」という国家』やそれを受けての雑誌「世界」の対談時点では、研究はさらに深化していたのである。しかし、そうした段階にあっても司馬の「明治論」と「日清戦争」の基本構図は、「雲」と同様であった。

したがって、司馬にとって「日清戦争」とは、「国民」あげて支持した栄光の帝国主義戦争であった。戦争における戦いの場面は、大半が交戦状態と秋山好古の優れた戦略能力や豪放磊落な性向に置かれた。そうした場合、他民族への虐殺・暗殺と征服の実態などといった明らかな不条理の史実は排除されなければならなくなったのである。

六巻本で刊行された『坂の上の雲』が文庫化されて今年で四六年を迎える。歴史分野のベストセラー小説の筆頭にあげられても不思議でないほど〝充実〟した小説ではある。しかしながら、司馬遼太郎の『坂の上の雲』及び『「明治」という国家』が展開する「明治論」と「日清戦争」は、小説や歴史講話の形をとりながら、間違った「明治論」と戦争観を社会に浸透させているとの危機感を今回一層強くしたのである。

【註】

（1）朝鮮人墓標を〝再発見〟した以降は試行錯誤をへて、二〇二二年九月に「宇奈月にある韓国大邱出身・呂野用さんの墓標追悼実行委員会」（代表：宋有宰富山大学人文学部講師）を発足させて取り組んでいる。また、同年一〇月九日の呂野用さんの命日には「宇奈月の呂野用さんの墓標追悼八五周年の集い」を開催した。当日、三〇頁からなるパンフレットも発行した。

（2）真珠の養殖で有名な英虞湾が三重県にあることから生じた誤解と思われる。

（3）北陸中日新聞の取材記事が二〇二二年一二月二一

日付け社会面で報道された。
(4) 司馬『明治という「国家」』p7
(5) 拙稿「兵士の戦場と郷土の戦争認識─明治・大正期の富山県東部の場合」(法政大学大原社会問題研究所雑誌No.764、二〇二二年六月号) p6－7。
(6)「雲(二)」p155
(7)「雲(二)」p155
(8)「雲(八)」「あとがき四」p315
(9)「雲(二)」p156
(10) 司馬遼太郎『明治という「国家」』p272
(11) 司馬『明治という「国家」』p272
(12) 司馬『明治という「国家」』p273
(13) 土佐(高知)の士族民権結社を中心に、中国・四国・九州の士族が一八七五(明治八)年に結成したが、間もなく自然消滅した民権政社。佐々木克『日本近代の出発』(集英社、一九九二年) p88
(14) 新井勝紘「自由民権と近代社会」『日本の時代史22 自由民権と近代社会』(吉川弘文館、二〇〇四年) p50は、一八八四(明治一七)年の全国四七道府県の集計を示し、「仮に一社平均一〇人いたとしても二万人となる。二〇人とすれば四万人を超えてしまう」とその巨大なエネルギーは「明治藩閥政府にとって潜在的な脅威になったに違いない」と指摘する。
(15) 江村栄一によれば、一八七四年以降の建白・請願の署名数は三一万九三〇〇人である。一八八〇年末の二〇歳以上、五〇歳未満の男子人口は約七六九万八〇〇〇人であるから、その約四%が署名した。当時は普通、一戸一人の署名で交通通信の制約がある点を考慮すれば、現代に換算すると約三千万人に相当するとみられる。佐々木克、前掲書p96。
(16) 大日方純夫『「主権国家」成立の内と外』(吉川弘文館、二〇一六年) p124。中央の政党と連動して結成された民権結社とともに、大量の憲法草案も見つかっており、これらを軽視するわけにはいかない。
(17) 政党は警察署に届け出て、その認可をうけなければならなくなった。大日方純夫、前掲書p128
(18) 大日方純夫、前掲書p128
(19) 大日方純夫、前掲書p129
(20) 大日方純夫、前掲書p130
(21) 大日方純夫、前掲書p130
(22)「雲(八)」「あとがき一」
(23)「雲(二)」p26
(24) 同前p26
(25) 同前p27
(26)『世界』一九九五年六月号、p37－38
(27)『明治という「国家」』p57

(28)『明治という「国家」』ｐ１６９
(29)『明治という「国家」』ｐ２８７
(30) 前掲「世界」p34　司馬の発言
(31) 前掲「世界」p34　司馬の発言
(32) 前掲「世界」p31　坂野潤治の発言
(33)「日清戦争」「根岸」「威海衛」「須磨の灯」「渡米」「米西戦争」「子規庵」「列強」
(34)「雲（二）」p49
(35) 第五師団（野津道貫師団長）、第三師団（桂太郎師団長）に予備砲廠、野戦電信隊二個で編成。野津は、のちに山県の後を継いで第一軍司令官となる。
(36) 第一師団（東京、山地元治中将）、混成第十二旅団（第六師団。長谷川好道少将）、第二師団（仙台、佐久間佐間太中将）で編成。
(37)「雲（二）」p47－48
(38) 大江志乃夫「植民地戦争と総督府の成立」（『近代日本と植民地2』岩波書店、一九九二年）p3
(39)「雲（八）」「あとがき四」p314
(40) 先行研究としては、中塚明『司馬遼太郎の歴史観』（高文研、二〇〇九年）や中塚明／安川寿之輔／醍醐聡『「坂の上の雲」の歴史認識を問う』（高文研、二〇一〇年）が重要である。前者は、「司馬が書かなかった日清戦争の三つのキイ」（p85）として朝鮮王宮占領・東学第二次蜂起・朝鮮王妃殺害事件をあげている。また後者は、「日清戦争に熱狂した福沢と晩年の能天気な人生総括」（ｐ１５０－１５１）において、「福沢は、日清戦争の日本軍の不義・暴虐を象徴する朝鮮王宮占領・旅順虐殺事件・明成皇后暗殺・雲林虐殺事件などについて、もっぱらそれを隠蔽・擁護・合理化・激励する戦争報道を通し」たと指摘した。
(41) 日本軍が進出した地域に兵站陣地を造り、軍用道路を整備し、軍用電信線を架設したエリア
(42)「接」とは、もともと「群れ」を意味したが、東学の祖・崔済愚が地域ごとに一五～一六人の「接主」を任命したことから、東学の組織を示す用語になった（中塚明、井上勝生、朴孟洙『東学農民戦争と日本』（高文研、二〇一三年）p39）
(43) この年の一二月に逮捕され処刑された全琫準は、法廷で再び挙兵した理由を尋問されて、「貴国は開化と称して、一言も民間に伝えることもなく、触れ文を出さずに軍隊を率いて都に入り、夜半王宮に討ち入り、国王を驚かせた。そのため一般庶民らは忠君愛国の心で憤りにたえず、義軍を集めて、日本人と戦おうとしたのだ」（原文は漢字。「全琫準供草」、韓国国史編纂委員会『東学乱記録』下、ｐ５２９、中塚明『司馬遼太郎の歴史観』（高文研、二〇〇九年、ｐ１１３）と

義挙の理由を明言した。
(44) 全琫準のほかに金開南、孫化中がおり、珍島にはこの第二次東学戦争で鎮圧され梟首された朴仲辰という指導者がいた。中塚、井上、朴前掲書p57
(45) 崔済愚が任命した大「接主」がまとめる中間的な組織。
(46) 姜孝叔「第二次東学農民戦争と日清戦争—防衛研究所図書館所蔵資料を中心に」(千葉大学人文社会科学研究科博士論文、二〇〇六年)p18－20。
　本資料は、法政大学社会学部の愼蒼宇教授が便宜を図って下さり、閲覧することができた。記して感謝したい。
(47) 第一軍第五師団参謀『元帥上原勇作伝』
(48) 同前
(49) 一中隊は約二二〇人。
(50) 仁川兵站監部日誌「南部兵站監部陣中日誌」、朴宗根『日清戦争と朝鮮』(青木書店、一九九二年)
(51) 同前
(52) 一一月三〇日、星州で東学党一名捕縛、大邱の司令官が仁川兵站監に「処分方を伺う」と「東学党なる事、自白せしならば、監司に引き渡し、極刑に処せしめよ」の回答であった。
(53) 井上公使の要請に対し伊藤総理は、「軍隊派遣の件、承知す。三中隊は、来る三〇日、出帆の船にて京城へ派遣し、なおまた三中隊を便船次第、派遣のはずなり」(『駐韓日本公使館記録三』)と返電した。
(54) 中塚明・井上勝生・朴孟洙『東学農民戦争と日本』(高文研、二〇一三年)p77
(55) 趙景達は、「全体の犠牲者は、三万人を優に越えていたのは確実であり、……負傷後死を加えれば、五万人に迫る勢いであったと推定される」としている(『異端の民衆反乱』岩波書店一九九八年、p317)。中塚・井上・朴前掲書『東学農民戦争と日本』p96。原田敬一は、日清戦争の犠牲者は、「日本人約二万人、清国人約三万人、朝鮮人約三万人以上」としている(『日清戦争』吉川弘文館、二〇〇八年、p284)。
(56) 一ノ瀬俊也『旅順と南京』(文春新書、二〇〇七年)p10
(57) 同前p26
(58) 第二軍の法律顧問として従軍していた。
(59) 秦郁彦、佐瀬昌盛、常石敬一監修『世界戦争犯罪事典』(文芸春秋、二〇〇二年)p28
(60) 同前p29
(61) そのありさまは、「首は斬して見えず、手足は散々断たれ、腹は裂きて胃の腑を取り除き、石を塡めて充たしめ、甚しきは陰茎を切断して有りければ、その惨状悲哀見るもの涙流するも、兼ねて覚悟の我れ等軍人、見るや涙は化しても益々胆力を盛にし、切歯扼腕勇々憤々に堪えず」と悲憤慷慨した。
(62) 一ノ瀬俊也、前掲書p76－77
(63) 一ノ瀬俊也、前掲書p88
(64) 一ノ瀬俊也、前掲書p89
(65) 関根が所属した小隊のうち二個分隊が「旅順口岸水雷営に泊するや、時に敵兵海中に居る能わずして上陸するや、直に捕獲射撃する隊は数列あり」と海から陸にあがった清国兵を皆殺しにした記述がある。一ノ瀬俊也、前掲書p89
(66) 歩兵第二連隊第二大隊第五中隊所属の兵士。
(67) 『千葉県の歴史　資料編　近現代1（政治・行政1）』（一九九六年）に抄録が掲載されている。
(68) 一ノ瀬俊也、前掲書p91・92
(69) 一ノ瀬俊也、前掲書p95
(70) 幸運にも逃走に成功した清国兵の運命も同様であった。金州城にいる日本の「守備兵に遭遇したるため、また残余まで射撃せられ、その死傷数千に及ぶべく」とある。
(71) 「雲（二）」p102－104
(72) 「雲（二）」p109
(73) 「雲（二）」p111
(74) 「雲（二）」p314
(75) 「雲（二）」p314
(76) 「雲（二）」p315
(77) 原田敬一は『日清・日露戦争』（岩波書店、二〇〇七年）p95で「台湾征服戦争」と規定している。
(78) 原田敬一、前掲書p96。『公爵松方正義伝』によると一八九四年冬のことで、天津から北京を占領するより台湾占領を提案し、それが実現されないのは「百年の遺憾千秋の失敬このことと存候」と述べたとされる。
(79) 吉岡吉典『日本の侵略と膨張』（新日本出版社、一九九六年）p68
(80) 山本四郎「小川又次稿『清国征討案』について」。原田敬一『日清戦争』（吉川弘文館、二〇〇八年）p244
(81) 大江志乃夫「植民地戦争と総督府の成立」p6『岩波講座近代日本と植民地2』岩波書店、一九九二年)
(82) その最後で最大の蜂起は一九三〇（昭和五）年の霧社事件であった。
(83) 黄昭堂『台湾民主国の研究』（東大出版会、一九七〇年）p60
(84) 台湾上陸当初、樺山は台北に無血入城できたことから台湾平定を楽観視し六月一〇日、「島の南部にては多少の戦争は免れざるべし」（伊藤博文編『秘書類纂台湾資料』原書房、一九七〇年、p24）と政府に打電していたが、数日をへて抗日武装抵抗の激しさに驚愕し、増派を求めたものである。

(85) 原田敬一『日清戦争』（吉川弘文館、二〇〇八年）p276－p279

(86) そのため予備役に退いていた高島鞆之助陸軍中将を現役に復帰させ台湾副総督に任命した。

(87) したがって台湾研究者は、台湾民主国は五月二五日から一〇月一九日までの一四八日間であったとする。

(88) 一八九六年三月三一日には新しく台湾総督府条例（勅令第八八号）、台湾総督府評議会章程（同第八九号）などを制定公布した。

(89) 日本側の、台湾の抗日武装勢力に対する蔑称。「総督府側が「土匪」と呼ぶ集団は、ときとして日本軍が守備している都市や部隊を襲撃するほどの武力を持つ抗日武装勢力であった」（近藤正巳「台湾における植民地軍隊と植民地戦争」p49、坂本悠一編『地域のなかの軍隊7』吉川弘文館、二〇一五年所収）

(90) 日本軍は歓迎に出た約五〇人をも殺害した。

(91) 近藤正己、前掲「台湾における植民地軍隊と植民地戦争」p72

(92) 当時の台湾高等法院高野孟矩院長は次のように証言している。「漫然兵隊を出して六日間を要し七十余庄の民家を焼き良匪判然たらざる民人三百余人を殺害し附近の民人を激せしめたるは全く今般暴動蜂起の基因と認められ故に土匪何百人又何千人と唱ふるもの其実際を精査すれば多くは良民の父を殺され母を奪れ兄を害せられ又子を殺され妻を殺され弟を害せられたる其恨に激し又家屋及所蔵の財産悉皆を焼尽され身を寄する処なく彼等の群中に投したるもの実に十中七八に位し真に強盗として兇悪を極むる輩は十中に三に過ぎざる。」苫地治三郎『高野孟矩』一八九七年、pp252－253。「日本「武士道」の謎を暴く」（台湾日本綜合研究所長　許介鱗）p4

(93) 住民地域を治安状態に応じて「危険」「不安定」「安全」の三域に区分したうえで、軍隊・憲兵・警察で分担、担当した。

(94) 飯塚一幸『日本近代の歴史3　日清・日露戦争と帝国日本』p9

(95) 同前p52。『山縣有朋関係文書』

(96) 「謝恩宣誓の式」。

(97) 一八九九年二月の幕僚会議で討伐対象の「土匪」を軍隊が主となって掃討する「土匪討伐」と、憲兵と警察が主となる「土匪捜索」との二種に分けた。

(98) 保甲制とは、日本人警察の下で民家一〇戸を一甲、一〇甲を一保とし、各戸に連帯責任をもたせ治安維持、相互監視、公衆衛生、アヘン予防、道路交通の保全を義務付けた。
(99) 黄昭堂『台湾総督府』(教育社歴史新書、一九八一年) p81
(100) 飯塚一幸、前掲書 p10
(101) それに続き、新興製糖、塩水港製糖、明治製糖、大日本製糖、帝国製糖などの会社ができた。黄昭堂『台湾総督府』p82
(102)「雲(二)」列強 p315
(103)『明治廿七八年在韓苦心録』(杉村陽太郎、一九三二年) p183
(104) 第五師団歩兵第一一連隊第一八大隊で、京城守備隊の任務についたのは一八九四(明治二七)年一一月。戦時に特別に召集された。
(105) 金文子『朝鮮王妃殺害と日本人』(高文研、二〇〇九年)、p57-58
(106)『駐韓』七- p495
(107) 金文子、前掲書 p80
(108) 面積は四一・九 ha であった。
(109) 当時は、朝鮮の日本公使館付警察官。
(110) 当時は、朝鮮政府宮内顧問官。
(111) 金文子、前掲書 p15
(112) 中塚明『近代日本と朝鮮』(三省堂、一九七七年) p69
(113) 原奎一郎編『原敬日記第一巻官界・言論人』(福村出版、一九六五年) p226
(114)『日本外交文書』第二八巻第一冊三六五文書。中塚明、安川寿之輔、醍醐聡・前掲書 p113
(115)『原敬関係文書』第一巻、書翰篇一(日本放送協会、一九八四年) p242-243
(116) 金文子、前掲書 p180
(117) 金文子、前掲書 p16
(118) 金文子、前掲書 p201
(119) 金文子、前掲書 p203

第2節　朝鮮の「米騒動」期と三・一独立運動

「米騒動」期の朝鮮米価は日本による三重の原因で暴騰した。第一に、日本が外米よりも（ジャポニカ種で）味が内地米と同じなので朝鮮米を買いたがった。第二に、明治以来、朝鮮を日本米価の調節用買い付け地として来た。そして第三に、日本がシベリア出兵用の米も全部、植民地朝鮮から調達したからである。この問題の草分け研究である、吉岡吉典「米騒動と朝鮮」『朝鮮史研究』41〜56号（一九六五〜六六年）の要旨を見ることから始めよう。

(1) 吉岡論文の要旨

朝鮮農民の大半は日本に併合された一九一〇（明治四三）年からの「土地調査事業」と称する略奪政策で土地を失い、日本や中国領内へ流れたが、技術もなく言語・習慣も違う日本では殆ど日雇い労働で、四八％が土工で賃金は日本人の半分だったから、米価が騰貴すれば街頭騒擾に加わらざるを得なかった。神戸「米騒動」では七名が検挙され、因島（広島県）でも五人が引致され、宇部炭坑での軍隊発砲による一三名の死者中にも朝鮮人が居り、指揮官が「白い服を狙え」と指示していた。日本では関西から北九州に集中し、出身が釜山・慶尚南道・全羅南道など半島南半に偏る（北半からは中国領内などへ向かったらしい）。朝鮮内では米価は奔騰していても、抑圧されていたためか街頭騒擾は日本よりは後れる（以上41号掲載）。

朝鮮米価は日本のシベリア出兵用の買付けで大騰貴。『京城日報』九月二〇日には「某将校談」が出ている：「出征軍の食糧　米は朝鮮米、……　出兵軍隊の食糧たる白米及び麦又は馬糧とも一粒だに内地産は絶対に輸出しては居らない、又購入もしていない」。軍隊通過による値上がりもあって、釜山では一個一銭八厘だった鶏卵が四銭に暴騰した。政府は朝鮮米の内地移入も促進し、三井物産は台湾米を五万四千石買付けたが朝鮮では一一万八五〇〇百石買付け、鈴木商店にも五月末に約二〇万石の買い付けを極秘裡に命じ令したため、朝鮮米は平生内地米より五〜六円低いのに差が無くなってしまった（以上45号）。

日本語新聞『京城日報』の記事であるが、一九一八年後半の朝鮮では、賃上げ争議が七件あげられており他にもあったようである。貼紙による煽動は八月一〇頃から五例記されているが、うち三例は在韓日本人による。街頭騒擾は八月二二日の木浦に一例あったが、暴動化が二八日に京城で起った。救済会が米を九カ所で廉売し各所で一〜二千人が来ていたが、鐘路小学校で売り終わろうとしたところ老婆が悪態をつき、（警官が手荒だった可能性もあるが）押されて倒れた際に息が絶えたふりをしたので、暴行したと群衆が怒りだして二百人が巡査と衝突し、署長以下多数の署員が駆けつけたが野次馬も加わって千名に増え、漢城キリスト教青年会の三人が煽動的な演説をして学校も破壊した。警務総監部・憲兵隊司令部からも駆けつけ、二九日正午までに一〇九名を検挙した（以上48号による）。

内地米と味が同じ朝鮮米は日本へ運び「朝鮮人には外米を」というのが日本政府の考えだったから、一八（大正七）年には一七三万石、翌年は二八〇万石が日本へ運ばれ、朝鮮では外米・豆粕・大豆・馬鈴薯と混ぜる粗食会（別名「経済食試食会」）が開かれた。日本の「米騒動」が朝鮮の三・一独立運動の直接要因とは言えないが、日本民衆の力が支配層に大きな打撃を与えたことは、朝鮮民衆にも励ましとなったろう（一九六〇年の日本の安保闘争も、南鮮学生の李承晩政権打倒に励ましになったという）。伊藤博文とともに朝鮮植民地化に最も関った寺内正毅の内閣を「米騒動」は打倒したからである。陸軍大将寺内正毅は明治四三年七月に、数十隻の軍艦を率いて仁川に入港し、八月二二日に「朝鮮併合」の調印を強要して、自ら初代朝鮮総督になった人物である。「米騒動」で総辞職し静養中だった寺内は、朝鮮に三・一独立運動が起こると病状が悪化した。長谷川朝鮮総督も辞職し、新総督斎藤実《まこと》も九月二日ソウルの南大門で爆弾を投げつけられた。朝鮮の労働争議は（官庁資料で見ても）一七年の八件一一〇〇余人から、一八年の五〇件六一〇〇余人に数倍化し、一九年には更に増加している（以上56号による）。

以上の吉岡の研究については、幾つか問題がある。①街頭の米騒擾が木浦・ソウルしかおこらなかったのは何故か。②事実上総督府が支配する日本語新聞『京城日報』だけが資料である。③三・一運動に日本の「米騒動」が励ましに成ったと云うのは日本人の想像に過ぎない。④韓国独立後の一九九〇年に李延銀が朝鮮語新聞『毎日申報』を資料に、吉岡の立場を発展させたが、この『毎日申報』も総督府の機関紙に他ならなかった。

（2）『論集Ⅰ』に掲載の趙景達「米騒動と植民地朝鮮」

目次は「はじめに／1　旧韓末期の食生活／2　武断政治期の食生活／3　民衆の忍耐／4　朝鮮の米騒動／おわりに」で、朝鮮語資料によって、吉岡吉典や李延銀の上記の問題点を見なおし、次のように指摘する。

日本の一八年の米騒擾の「影響が強くあったのだとすれば、朝鮮民衆は翌年に三・一運動を起こす力量を持っていたのだから、そうした運動を一年前倒しに起こしていても不思議ではない。そして三・一運動の際にも食糧暴動的な騒擾は何処にも起きていない。米騒動の影響があるというなら、これまた不思議なことである」。「武断政治の猛威に身をふせていたのは一面事実で」はあるが、「翌年には大決起するのだから、武断政治に怯えていたからでは必ずしもない」。「日本民衆に比べ朝鮮民衆の生活は遥かに困難の度合いが甚だしかったにもかかわらず」、「雑穀食に切替えることをしいられ、……甘受する忍耐力を身につけていたればこそ、簡単には決起することがなかったのだと解釈しなければならない」。

労働争議の中でも慶尚南道固城郡の漁場の賃上げ争議では、雇用主が日本人漁師を味方につけたので、朝鮮人漁師との間で乱闘になった。街頭騒擾では、一七年八月に全羅南道霊光郡住民が朝鮮人米商を踏み殺そうとした事件があったが、米を日本や他港に積出そうとしていたからであった。吉岡吉典が挙げていた木浦の鉄道工夫らの朝鮮人米商襲撃でも、日本人の精米所より高い値で売っていることに対する怒りがあった。唯一大暴動になったソウルの鐘路小学校廉売場の事件でも、老婆を日本人警官が手荒に扱ったという問題であった。このように激化した少数の事件はいずれも、日本人の行為または朝鮮人を裏切るもの、つまり民族意識を刺激したものであった。三・一運動が何よりも民族的憤激によるものだったことと合致している。

この趙論文は、日本の「米騒動」が朝鮮にも拡がって三・一運動にも影響したと想像していた従来の見地を排し、新しい視野を開いたものである。この論文の「二、三の語句についての私見」を筆者（井本）が『論集Ⅳ』二二八頁に掲載したが、それにも趙氏の賛同を頂けたようである。

第3節　日本の中国米買占めと五・四運動期の阻米運動

寺内内閣は三井物産を通じ、また在外公館から北京政府を通じて江蘇米の買い付け工作を行っていた。朝鮮で鈴木商店に米を大量買付けさせたと同じ一八年六月からである。しかし上海の業界など各層の抗議をうけて省議会は拒否決議を行い、安徽省議会にも共同拒否を呼びかけて頑強な抵抗が起こった。そのため日本は中国人を手先につかって江北地方で買わせ、海州から青島に回すなどの密輸入も行った。寺内内閣が倒れたあと原敬内閣も「外米を有らゆる手段にて取寄すべく」(『原敬日記』大正7・12、23)一二月に大倉組を通じて安徽督軍倪嗣沖に交渉したので、蕪子湖米輸入が一九年二月に決まる。

一九年四月のヴェルサイユ講和会議で、日本に山東利権を返させる要求が拒否されると、五月四日に北京の学生四千名が二十一ヶ条調印の責任者曹汝霖を殴打し、邸宅を焼き払ったのを機に、上海などを中心に抗議運動が全国に拡がったので、中国政府はヴェルサイユ講和条約の拒否と親日派要人の罷免を六月一〇日に決定した。

日本米価は総論の図2に見るように「米騒動」第三期の一九年端境期《はざかいき》にも騰貴しているため、原敬内閣は一八年夏のように街頭騒擾が拡がるのを怖れて、大陸沿岸一帯に米を買い漁ったから、五・四運動が起こっている中国に抗日阻米運動を引き起こした。シベリア出兵に中国に共同作戦を強要した日中軍事秘密協定が、この際利用された。輸出反対の中国民衆を欺くため中国側「参戦軍」の名義を用いた、「変則的手段」である(『原敬日記』大正8・1、7)。

しかしそれは中国に阻米騒動、学生団体による輸出反対の「査詢」、労働者の対米価賃上げストライキを呼び起こし、折から燃え上がりつつあった五・四運動と一体化して、東シナ海沿岸一帯に反日防穀運動を繰り広げることとなった。日本は大戦初頭に中国の山東省にドイツが持っていた利権を奪い、袁世凱に二十一ヶ条要求を受託させたが、中国では文学革命などの運動やロシア革命の影響もあって民衆の覚醒が進み、日本の侵略とそれに迎合する軍閥政権への憤懣が高まっていたのである。

この五四運動は中国を、新民主主義といわれる反帝国主義運動の段階へ飛躍させることになる。詳細は『論集II』掲載の堀地明「米騒動と中国　一九一八年江蘇米対日用輸出と江蘇省」と、『図説　米騒動と民主主義の発展』五〇八頁に記されている。

第4節 『論集Ⅰ』掲載 佐藤いづみ「東南アジア米輸出ネットワークと米騒動」の要旨

東南アジアでは宗主国の欧州諸国からの植民地的な戦時収奪と、「米騒動」期日本の帝国主義的買占め政策との双方に晒されて民衆が抵抗し、島嶼部では餓死までを出さざるを得なかった。以下の詳しい目次が内容の概要を示している。

はじめに
1 世界に広がる米の需要
2 東南アジアにおけるモノカルチャー経済とコメ輸出地帯形成
3 ラングーン米・シャム米・サイゴン米の輸出禁止と寺内・原内閣の外米輸入
（1） 一九一八年ラングーン米の輸出禁止
（2） 一九一九年サイゴン米とシャム米の輸出制限・輸出禁止
（3） 原敬内閣による外米買い上げ
4 第一次大戦後の東南アジア島嶼部における食糧危機
（1） 植民地からの戦時動員（税・兵・物資）と、増税に対する散発的反乱
（2） 東南アジア島嶼部における食糧危機：マレーとフィリッピンの植民地政庁の対応
（3） 蘭領東インド（インドネシア）政庁の食糧政策

5　蘭領東インドの島々に起きた餓死とジャワ島における強制供出に対する抵抗

まとめ

第5節　『論集Ⅱ』掲載　井本三夫「台湾の米騒動期と議会設置請願運動」の要旨

日本人の台湾侵略に対する罪悪感は朝鮮に対するより更に少ないようであるが、事は明治四年の「征台の役」の殺戮に始まる。台湾は一七世紀に明の遺臣の鄭成功がオランダ人を駆逐して清の支配を拒否していた時期もあって、独立心が強い。日清戦後一八九五年に清が手放すと「台湾民主国」の建国を宣言し、女子供までが武器をとって抵抗した。日本はその一万四千人を殺し、掃討戦に民家を焼き払い、村民を惨殺して植民地化したのである。そして義和団事の影響による再蜂起（一八九七～一九〇一年）の鎮圧でも、捕虜八〇三〇人のうち三四七三人を死刑にし、一九〇二年の討伐でも四〇四三人を殺し五三九人を死刑にした（細川嘉六『植民史』一一五頁）。更に辛亥革命の影響で〇七年以後に生じた苗栗《びょうりつ》事件で二〇名を死刑にし、西來庵事件でも一千名を殺し一千名を死刑にしている。

「台湾民主国」を宣言した一族である林献堂は、日本で清国の立憲維新運動の梁啓超に会って日本の政治家を動かすことを考えた。台湾を視察した板垣退助が、「同種同文の台湾人が参政権も言論の自由も高等教育も与えられていない」、と「台湾同化会」の設立を訴えてくれたので、首相の大隈重信や知名人の賛助文が集まり、新聞・雑誌も台湾問題を取り上げるようになった。板垣が再び渡台して一九一四年一二月に五百人の「台湾同化会」が発足し総督府の高官も出席していたが、板垣が去ると総督府は「会計乱脈」などと難癖をつけ、一五年一月には「公安ヲ害スルモノと解散させてしまった。しかしそれを見通していた蒋渭水らの層も既に育っており、後に見るように不屈の抵抗を続けて行くのである。

台湾の米は朝鮮米のように日本人の好むジャポニカ種でなかったが、日本の一八九八年の日清戦後米騒動期に神戸向けに売れてからは、ジャポニカ種の育成も盛んに成った。したがって日本の一九一三年の元号交替期米騒動には台湾の米価も高騰し、第一次大戦末には台湾も「米騒動」に巻き込まれることに成った。総論の図5に見るように台湾米は一七年から日本への移入量が急増している。一九一三〜一七年の台湾産米が平均して年四八〇万石で日本移出八一万石弱だったのが、一八年には一一四万石、一九年には一二六万石と年産の四分の一も日本へ移出するようになったので、七月価格の一九〇九〜一三年平均を一〇〇とすると一八年には食品全体平均は一四九、台湾米は一六四に騰貴していた。

このため生活難が拡がり一八年後半・一九年には、台北・台中・新竹などの都市を中心に各地で有志の募金で米の廉売・施米が行われ、打狗支庁などでは米商へ戒告し、新竹・台南・嘉義などでは支庁の警務課が価格協定をむすばせた。しかし日本本土でのような街頭騒擾が見られなかったのは、日本人経営の『台湾日報』で見ているからかもしれないが、朝鮮と同様、植民地民衆の抑圧された心理によるのではないかと思われる。

しかし台湾も大戦下の輸出ブームで、殊に随一の輸出品の砂糖では商社・地主は大儲けしていたから、投機で物価が上がり賃上げ争議と組合結成が活発化した。また林献堂・蒋渭水らが二一年創めた「台湾文化協会」は「台湾議会期成同盟会」の活動を開始し、やがて「台湾民衆党」の結成から、「台湾共産党」の結成まで進んでゆく。これ等については『図説　米騒動と民主主義の発展』の五五七〜五六一頁に詳述されている。

第四章　大戦後デモクラシーとその限界

植民地米依存で大陸侵略・敗戦へ

第1節　普通選挙法と治安維持法の抱合せ成立

原敬の政友会内閣は、自他ともに認めるように「米騒動」で政権につけたのであったが、その「米騒動」を主導した労働者・勤労市民が要求する、普選選挙法を阻止しようとする政権であった。そしてそれに時間を稼がせたのが、憲政会・国民党など大戦前は護憲運動の側にあった旧中間層・中小ブルジョワジーの政党だったことは、日本の民主主義運動の中心的な担い手が、大戦前とは異なって労働者・農民など勤労者の側に移ったことを示している。しかしそちらにもまだ組織上の問題があった。

「米騒動」第二期の全国的民衆蜂起に励まされて、第三期には新旧の社会主義者の中にも話し合いの機運が生じ、二〇年一二月には日本社会主義同盟が生まれ、労働運動との結合も始まっていた。しかし当時の思想的流れは、ロシア革命を主導したレーニンのボルシェヴィズム（多数派の意）もあったが、日本ではまだ無政府主義の流れを汲むアナルコ・サンジカリズム（無政府・組合主義）の方が主導権を握っていた。国家権力を否定するとの主張から議会の政治闘争を無視し労働者の階級的組織は組合だけとして、日常的な組織活動・大衆運動は不用とする立場である。これが日本社会主義同盟を通じて労働運動にも拡がったので、総同盟（大日本労働総同盟友愛会）も二一年から普選運動をやめて二二年一〇月の大会で普選主張を削り、水平社も二三年三月の第二回大会で普選要求を否決してしまった。

第一章第3節（4）で見たように普選運動は、原敬内閣による妨害とアナルコ・サンジカリズムによる政治放棄で沙汰止みになっていたが、二二（大正一一）年七月に創立された日本共産党による批判と、「大衆の中へ」「政治否定から政治的対抗へ」の呼びかけが反響を呼んだ。共産党自身は弾圧下の変遷で二六年一二月の再建まで活動できなかったが、原敬首相の死による政友会内の派閥抗争の一方、憲政会の見解変化で野党側の普選案が統一されて、普選運動は盛り返した。護憲三派内閣が成立し、大戦前の護憲運動に対比される「第二次護憲運動」で二五（大正一四）年三月二九日に普通選挙法（改正衆議院選挙法）が成立し、有権者は一挙に四倍に跳ね上がって、本土人口の二〇％に達することが出来た。

しかし三週間前の三月七日に治安維持法も成立させられていた。一九〇〇（明治三三）年にできた治安警察法は「一年以下ノ軽禁固ニ処ス」であり、一九二三年六月の第一次共産党事件の判決は最高禁固一〇カ月であったが、治安維持法では「国体の変革又は私有財産制度を否認する目的」とする「結社」加入行為に対し、一〇年以下の懲役又は禁固と一挙に高められていた。しかも四一年には最高刑を死刑にするよう改悪され、残虐な拷問を行う「特高警察」など組織の強化と相まって、戦前・戦中に悪業を尽くすことになる。以上の詳細は『図説　米騒動と民主主義の発展』五三八～五四〇頁に記されている。

前述のように「米騒動」は労働者主導する市民戦期であったが、それによって生じた大戦後デモクラシーは日本の「上からの近代化」ゆえの旧構造を、部分的にしか廃棄することが出来なかった。

米穀に対し歴代の内閣は、応急的に投機・買占めの取り締まりをするだけで、米関税を廃して輸入量を増す事、すなわち地主層の持ち米の値を下げるようなことは一貫して避けて来た。しかし「米騒動」が起こって寺内内閣が倒れ、大陸沿岸一帯を米買いに駆け回らなければならなくなったので、一八年に設置された臨時国民経済調査会の後身で一九年にできた、臨時財政経済調査会で食糧供給策が検討された。開墾・土地改良事業への財政補助などを行って米麦生産に努力すること、植民地でも助成を行って内地へ移出を増大する常平制度を設けて米麦の需給調整を行うことを訴え、一九年に「開墾助成法」を制定して、米作付面積を増やすため一五ヶ年の二五万ヘクタール開拓資金の利子補給を行うことになった。また戦後恐慌で米価が急落したのを機に、「需給不均衡ヨリ生スル急激ナル米価ノ騰落ヲ緩和」するための「米穀法」が、二一年に作られた。原内閣が以前の内閣と異なり、このように米価の決定権を握って地主層の利害に触れるようになったのは、「米騒動」で勤労者の力が示され、資本家たちが支払う賃金の基幹部分を占める米価の平準化を望むようになったからである。（参考文献：川東竫弘『戦前日本の米価政策史研究』ミネルヴァ書房、一九九〇年、第二章）。

第2節　震災時、朝鮮人など大虐殺は権力が意図して政策的に仕組んだ国家犯罪

一九二三（大正一二）年九月一日の一一時五八分四四秒にマグニチュード7・9の激震が起こって、五回の余震があり、大火災が発生して二八万一千余戸が全焼し、死者が九万一千余に達した。この関東大震災時の、朝鮮人など大虐殺の歴史を調べだして意外だった以上に愕然としたのは、権力側の行動・弁明が震災直後から非常に整っており、それと対照的に国民の側からの批判が、戦前には僅かしかなかったことである。早くも九月一日の夕方から警官（時には軍人）が朝鮮人の放火・殺人を流言しはじめ、内務省警保局や埼玉県内務部長が朝鮮人取り締まりの指令を発した。二日には朝鮮人暴動を事実であると内務省警保局が認定し

たばかりか、戒厳令が東京市と隣接五郡に発せられ、三日には東京府と神奈川県に対して戒厳令が発せられ、二日・三日に東京へ弘前・仙台・金沢・宇都宮の陸軍部隊から、横浜には海軍陸戦隊と第一師団から援軍が送られ、四日には埼玉・千葉両県にも戒厳令が発せられた。戒厳令は国内で軍事力を行使するものであるから、内務大臣もしくはそれ以上の権力者の決定であることが明確に顕れている。

そして一〇月二〇日には司法省までが「信憑性の分析表」なるものを発表し、被害者の朝鮮人を犯人に仕立て挙げているばかりか、その合計は一三八〜九名で所在・生死が不明のものが大部分であると、死者六六六一人以上の二％程度に矮小化し隠蔽している。しかも死亡者は国民による誤殺であると、軍隊・警察の責任を隠蔽している。一一月一三・一四日の荒川の河川敷などのように、大規模な死体隠しが行われ、三二四〇人の遺体が見つかっていない。政府側の以上のような徹底ぶりと対照的に、国民の側からの批判は、戦前には民本主義の吉野作造[1]と日本植民通信社[2]による批判の他は、一般には入手し難かったプロレタリア運動誌『進め』2—9掲載の安光泉「朝鮮人虐殺を省みて」しか確認できない。つまり一般の日本人はみな騙されていて、朝鮮人が暴れたからやり返したまでだ、と思っていたのである。

そして戦後も朝鮮戦争が有って対朝鮮意識が複雑だったせいか、研究が始まるのがおそく、やっと一九五八年一一月になって斎藤秀夫の論文[3]が出るが、「朝鮮人さわぎ」という否定的題名のものであった。それが「朝鮮人虐殺」という今日の認識に達するのは、四〇周年の一九六三年に、姜徳相[4]、羽仁五郎、吉岡吉典[5]、松尾尊兊[6]たちが、「朝鮮人虐殺」と書いたからである。つまり加害者と被害者の転倒を糺すのに四〇年もかかっていたのである。

その後に成された多くの日本人研究者の研究が、虐殺の実態・実数・実行者・残酷さの追及・調査など、実践的なものであるのは、日本人自身の誤り・差別意識に対する、真摯な反省が込められているからであろう。しかしその一方で、体制側の前記のような徹底が何処から何故生じたものか、については穿った見解が見られない。例えば朝鮮人のメーデー参加など無産者運動などとの提携に警察たちが神経をとがらしていたというが、だからといって平《ひら》警官が大々的なデマを飛ばすような、だいそれた謀略計画を立て得るとは思えない。戒厳令までが発せられているということは、そのような権限をもつ内務大臣以上が関わっていることなのである。

その点において、姜徳相による指摘は実相を穿ったものと思われる。彼のこの問題に関する研究は度々発表されているが、二〇二一年六月に亡くなったので、二三年八月四日から発売の遺稿集に掲載の、二〇一四年六月に発表された姜論文(7)が最も新しく詳しいと思われる。以下では主にその記述により、部分的に同著者の一九七七年の論文(8)を引用する（その際は七七年論文～頁と付記)。

九月一日午前一一時五八分の強震後、午後二時三〇分に警視庁が炎上し、次々もたらされる報告は「全焼の警察署二五、駐在所二五四……警察力はその機能を失ったに等し」く（七七年論文二七九頁）、警視総監赤池が「宮城前を歩み見れば避難の人陸続として……諸方にて『水は有りませんか』々々と質問をかけられ……跣足の人も随分多く……。今や宮城前に集まれるは無慮三〇万……上野・芝・靖国神社境内に集まれるもの五万乃至一〇万……。これ等の人々にして……飢えを叫ぶ時は……何事が勃発するか(9)」と驚き、内務大臣の水野錬太郎をも案内した。水野も驚きの声を上げ「食糧暴動を誘発し、一たび秩序の破壊されるときその患害の波及するところは」先年の「米騒動の比でない」と云っているところへ、浅草区役所から「七万人集合し、糧食欠乏の為暴動を起こさんとするの情勢」と連絡が入った。

この際「常軌を逸した非常の決断としての戒厳令の発布が成されねばならない」と水野内相は官邸に戻り、「省員を臨時に招集し……種々協議を」始めた（七七年論文二八一頁上段)。「問題は単に暴動が起るかも知れないという危機感だけでは戒厳令公布の理由たりえないし、たとえ発布しえても食糧難に悩む国民の胃の腑を満足させることが出来ないことにあった。したがって一方では戒厳法の趣旨に合致し、一方に飢餓に瀕した国民の不満をそらすには内乱または暴動を捏造流布……することがもっとも早道である……、その意味で日本国民の偏見と妄像を刺激し、容易に有りそうな事と信じさせるのに朝鮮人暴動説ほど都合のよいものはない」(七七年論文二八一頁末〜二八二頁)。

内相水野錬太郎・警視総監赤池濃は、三・一独立運動が起ったときの朝鮮総督府の政務総監と警務総監、つまり三・一運動弾圧の最高責任者であり、東京府知事宇佐美勝夫も朝鮮総督府の内務長官であった。三・一運動弾圧は(朴殷植『朝鮮独立運動の血史』によれば)死者七五〇四人・負傷者一五九六一人・被囚者四六九四八に達した。今は中国の朝鮮族自治州になっている間島(延辺)は、朝鮮が日本に併合される前の義兵たちが籠った所だったので、三・一運動が起こり上海に臨時政府が出来ると元気づいて武装闘争を再開し、影響が沿海州一帯に及んだ。『シベリア出兵憲兵史』で最も勇敢に抵抗したと書かれているのも、ニコライエフスク港事件の主勢力も朝鮮人ゲリラだった。したがって日本軍はその拠点である間島に攻め込んで殺戮の限りを尽くした。主権を持つ中国政府からの損害賠償要求書には、死者三一〇三名・捕縛者二三八名・強姦七六名・焼家二五〇七戸、焼かれた学校三一、焼かれた教会七棟とある。そして震災時の日本では、この間島作戦時の朝鮮駐屯軍司令官大庭二郎が筆頭の軍事参議官、三・一運動時の憲兵隊司令官石光真臣が第一師団長、シベリア出兵軍の高級参謀武田額三は野重砲第七連隊(これが市川江東地区での朝鮮人虐殺を始める)の連隊長で、三・一運動時の京畿道揚坪憲兵派出所隊長だった甘粕正彦が、大杉栄・伊藤野枝と甥の子供まで殺すことになる。震災時の首都圏は朝鮮・間島・シベリア侵略の当事者たちで固められていたのである。

前述のように水野内相・赤池警視総監らは、飢餓に瀕した国民の暴動方向を逸らし戒厳法に合った手段として、朝鮮人暴動という妄像を捏造流布するほど都合よいものは無いと、九月一日の夜半に戒厳についての勅令を起草、二日（午前八時頃）閣議決定し、午前中に摂政の宮の裁可を得て緊急勅令三九八号として、戒厳令を二日午後発表した。水野は敵は朝鮮人とはっきり言っており、内務省警保局長後藤文夫の電文も「朝鮮人ハ各地ニ放火シ、不逞ノ目的ヲ遂行セントシ、現ニ東京市内ニ於テ爆弾ヲ所持シ、石油ヲ注ギ放火スルモノアリ……既ニ東京府下ニハ一部戒厳令を施行した」と極めて具体的で、その起草は二日朝と見られる。したがって二日午前一〇時頃「昨日来ノ火災ノ多クハ不逞鮮人ノ放火又はノ投擲ニヨルモノ」との流言が急に拡り出した。

警察官が「朝鮮人は殺しても構わないと二日午前一〇時頃から触れ回っていた」との、多くの証言がある。「二日午前一〇時市ヶ谷士官学校……に『不逞鮮人来襲すべし』との掲示が出され、同時刻巣鴨付近で『官服着用の警官が来て』『井戸に毒を投ずるものがあるから注意せよ』と風評を立て、茗荷谷で『学校を中心に放火掠奪を擅にする不逞の徒がある』との謄写版の刷物を」役人・警官が配布している（七七年論文二八三頁上段末数行）。当事朝鮮人は関東一円に二万人しかおらず、殆どが工事現場とともに消えて、日常見られない状況だったので、それが「放火した」「井戸に毒を入れた」などという流言が自然に現われる筈はなかった。また突然「町のおっちゃん」が人を殺せるものではないので、形成された自警団なるものも中核は、在郷軍人など既に朝鮮・間島・シベリアで朝鮮人敵視教育を受けて来た者で形成されたと思われる。

そして実際には戒厳軍が殺戮を主導したのであるが、途中で官憲犯罪であることは隠蔽すべきと気づき、水野内相は惚けに変わった。鮮人暴動の「流言蜚語がどこからともなしに行われているとのことであった……場合が場合ゆえ結局戒厳令を施行するよりほかあるまいということに決した[10]」と言うように成り、自警団による殺害として残されることになった。例えば下野新聞（九月六日）は「東京府下大島附近は、多数の鮮人と支那人とが空家に入り込み、……又社会主義者は、市郡に居る大多数の鮮人や支那人を煽動」と書いている。加藤直樹・山田昭次対談[11]は次のように書いている。実に残酷な殺し方をした。竹やりで殺したり、火の燃えている中に投げ込んだり。女性に対する殺し方は更に残酷だった。……しかし反対の例もある。千葉県東葛飾郡法典村丸山部落の農民たちは、二人の朝鮮人と日常的に付き合っていたので、他の部落から殺しに来た時には朝鮮人を守った。小さな工場などでも工場主が平素から一緒に働いている朝鮮人をかくまった。生活の中で「人間同士」と感じていれば、偏見など吹っ飛んでしまうものなのである。

震災の年の年末の国会で二人の代議士が、朝鮮人に謝罪しないのかと質問し、首相の山本権兵衛は「目下調査中」と答えたが、その後調査も謝罪も無い。戦後の池田内閣期にも共産党議員の質問に対しても首相は「寡聞にして存ぜず」と答えたきりである。以上のように日本の支配層の意図的捏造宣伝が無ければ、全く起らなかった国家犯罪なのであるから、この事件を日本民衆の行為かのように言うのは全くの誤りである。『論集Ⅳ』には姜徳相論文の詳しい紹介がある。

【註】

（1）『中央公論』一九二三年一二月、『圧迫と虐殺』一九二四年刊
（2）『植民』３―２掲載、一九二四年
（3）斎藤秀夫「朝鮮人さわぎ」『歴史評論』99号
（4）姜徳相『歴史学研究』一九六三年七月
（5）羽仁五郎『歴史評論』一九六三年九月号、吉岡吉典の同誌同号の論文
（6）松尾尊兊『思想』一九六三年九月・六四年二月

（7）姜徳相『大原社会問題研究所雑誌』二〇一四年六月号「特集　関東大震災90年」
（8）姜徳相「関東大震災における朝鮮人虐殺の実態」『論集日本歴史　第12巻　大正デモクラシー』一九七七年
（9）赤池濃「大震災当事に於ける所感」『雑誌　自警』大正一二年一一月
（10）「水野錬太郎談話」帝都復興秘録所収
（11）『関東大震災』もうひとつの記録」ＴＢＳラジオ、姜徳相ほか『関東大震災と朝鮮人虐殺』論叢

第3節　朝鮮「産米増殖計画」と抗日パルチザンの形成

(イ)植民地米依存への切り替え

国際的に昂騰していた米を一九年までは大量に買い込めたのは、「大戦景気」で二七億円の債権国になっていたためだったが、大戦が終って貿易収支は赤字にもどり二〇年には戦後恐慌が来て、二三年の関東大震災で外国為替相場も低落したので、輸入は難しくなった。また米は東南アジアが殆ど唯一の輸出地帯であったが、水利・灌漑が不備でその年の気象次第で、いつも輸入できるものではなかった。一方日本の小作争議件数は「米騒動」第二期の一八年秋から十倍に跳ね上がっており、原内閣は選挙地盤の地主層に文句を言われるので、小作争議対策にもなる自作農創設に生かせる国内開墾の方で行こうと初めは考えた。けれども都市化などで耕地面積は減少傾向であるし、本土より植民地の方が土地買収費・労賃ともに格段に安く、外米輸入よりも安いので、朝鮮米増殖の方向に内閣の方針は変わった。「米騒動」で露呈した矛盾を、「上からの近代化」ゆえの遺制である前近代的地主制という根本原因の除去ではなく、植民地米依存という誤った方法で

■図8　国内米国需給の趨勢（1910-34年）

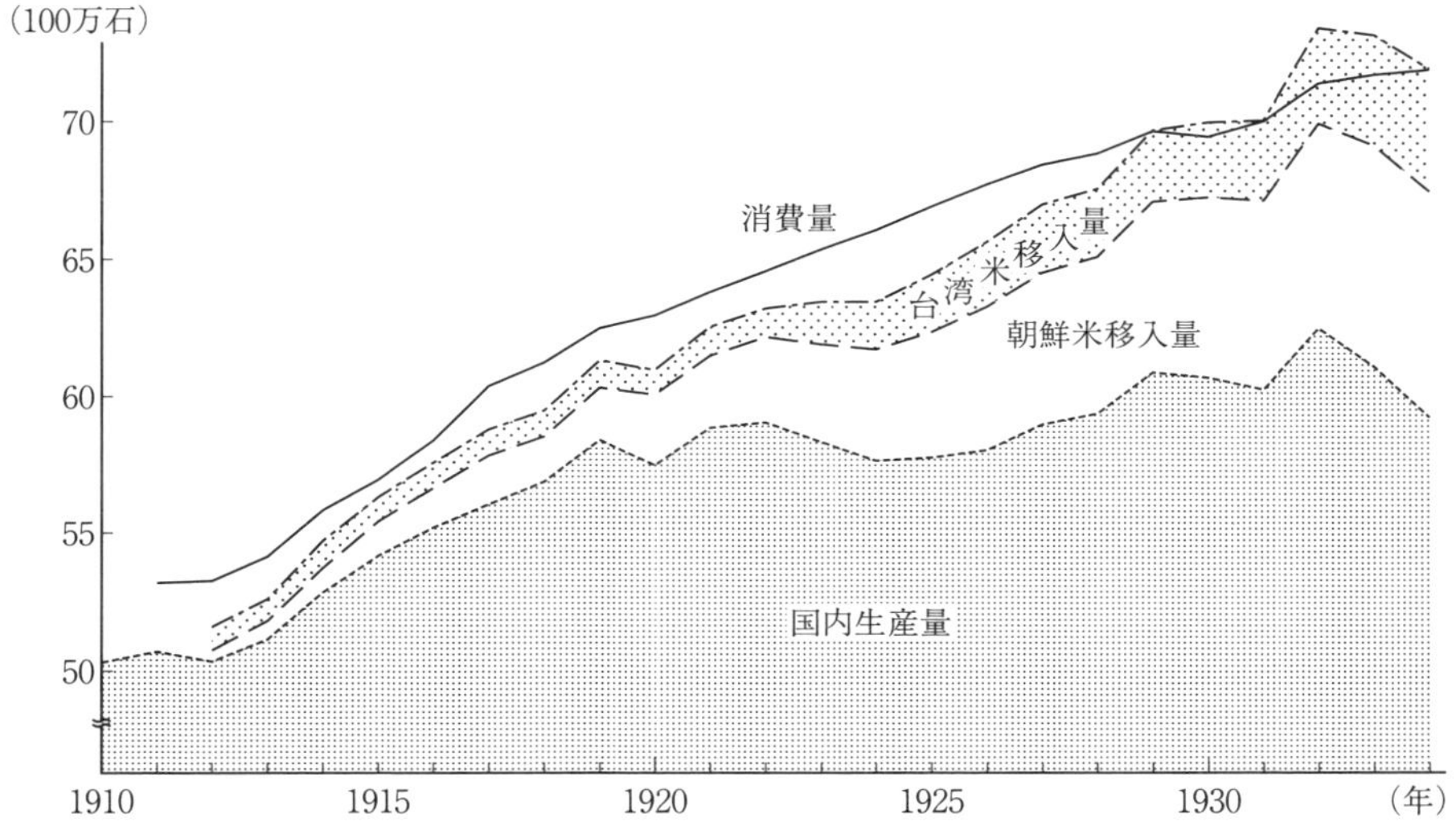

出典：農林省農務局『米穀要覧』（1928年版），食糧管理局『米麦摘要』（1942年）。
注：数値はすべて5カ年移動平均値。

済まして行くことになったのである。

(ロ)朝鮮産米増殖計画という日本への移出増

朝鮮総督府は一九年の「三・一独立運動」の激動を経験し、再考せざるを得なかったから、朝鮮人地主階級を対日協力者に培養しようと、本土への食糧移出と引き換えに政府から低利資金を斡旋して、朝鮮での産米増殖計画への支持を得ようとする。二六年に議会の可決を経て政府による巨額の低利資金が斡旋され、農事改良（品種改良・優良種普及・肥料増施・耕種法改善）と三五万町歩の土地改良事業が一四カ年、八二二万石の増収を見込んで始められた。土地改良事業の方は二九年までは計画を上回る着手面積、したがって竣工面積も三三年度までは高い成績を収めたが、以後急速に低下した。昭和恐慌と豊作で米価が低落して中止論が起こり、また恐慌で政府斡旋資金の供給が低下したためである。それで新規着手は三四年までで中止になったが、農事改良の方は三七年度までの累計では計画を上回る一八一％という実績を収めた。

したがって「朝鮮産米増殖計画」のもつ意味は小さくない。水田面積の六割以上が灌漑設備を持って旱魃に強くなり、施肥ことに鉱物質肥料とともに耐肥性・耐病性・耐旱性に富み、収量の増大をもたらす優良品種が急速に普及された。苗仕立法の改良、正条植えや適期刈り取りの普及、深耕の奨励や稗抜きの励行、そして収穫後の乾燥調整の改良も行われた。二〇年代末の朝鮮での反当り収量・総収穫量の増加とともに、日本への移出量が図8のように増え、それによって日本の消費に占める輸入（外）米の割合が減った。日本での朝鮮米の消費は大都市に集中しており、とりわけ大阪では五〇％を越え、東京でも三三年には二二％に達した。このように普及したのは、ジャポニカ種で日本人の嗜好にあった上に生産費が安く、しかも日本からの移植過程で少数の優良品種に統一されていたため、大量的に精米・輸送・販売されたからである。したがって朝鮮米が日本市場で一三・九％に達した二六～九年頃には、東京深川のような中央市場で見る限り、米価変動が端境期にも非常に縮小された。つまり日本米価の平準化に大きく貢献し、日本の食糧問題は一時的にもせよ、植民地米依存で解決されたように見えた。そして三〇年代以降の日本の全面侵略つまり一五年戦争への突入は、この基盤の上に始められるのである。

㈧火田民と抗日パルチザン

しかしその蔭で朝鮮民衆の方は極度の貧窮に陥っていた。封建遺制のもとで耕作農民は平均五割もの現物小作料を取られる隷属状態にあり、貧困で生産性が低かったから、一般の銀行はもとより「産米増殖」事業で斡旋される農業金融にも資格的に排除されていた。土地改良・農事改良の資金・機会は地主層に集中し、地主はそれで上昇した生産性を口実に小作料をさらに上げて、事業費を小作農民に転嫁する。耕作農民は移

■表８　植民地下朝鮮における米の需給

（米の１人当たり消費量が日本では朝鮮から取ってきて増えるのに朝鮮では減る。日本人の半分以下しか食べられなくなる。）

	産　額	輸移入	輸　移　出					朝鮮消費総量	朝鮮での人口	朝鮮での一人当り消費量	比　較 日本内地での一人当り消費量
			輸出総額	露領への仕向分	移出総額	日本内地へ仕向分	再輸移出量				
	1000石	1000石	1000石	1000石	1000石	1000石	1000石	1000石	1000人	石	石
1910		1	276	(14. 8)	537	(507)					
11	10.406	13	253	(110.0)	308	(308)		9,857	14,056	0.701	0.979
12	11.568	10	241	(4.9)	309	(281)		11,029	14,827	0.744	1.068
13	10.865	248	191	(4.0)	668	(623)	0	10,254	15,459	0.663	1.056
14	12.110	266	231	(1.8)	1,092	(1,091)	0	11,053	15,930	0.694	1.036
15	14.131	31	254	(4.0)	2,116	(2,114)	1	11,790	16,278	0.724	1.118
16	12.846	18	415	(59.6)	1,194	(1,193)	0	11,256	16,648	0.676	1.070
17	13.933	65	524	(141.9)	1,067	(1,067)	1	12,406	16,669	0.731	1.102
18	13.688	75	172	(5.0)	1,963	(1,962)	0	11,628	17,059	0.682	1.105
19	15.294	46	76	(5.9)	2,675	(2,675)	0	12,588	17,150	0.747	1.157
20	12.708	61	107	(10.8)	1,894	(1,893)	0	10,768	17,289	0.623	1.143
21	14.882	40	202	(15.9)	3,207	(3,206)	0	11,514	17,453	0.660	1.201
22	14.324	170	68	(5.5)	2,961	(2,960)		11,465	17,627	0.650	1.087
23	15.014	122	30	(0.8)	3,875	(3,873)		11,231	17,885	0.628	1.147
24	15.175	464	27		4,673	(4,664)	10	10,928	18,068	0.605	1.122
25	13.219	890	12		4,549		4	9,544	19,016	0.502	1.129
26	14.773	772	8		5,543		0	9,995	19,104	0.523	1.134
27	15.301	891	13		6,153		0	10,025	19,138	0.524	1.102

イ）産額には前年秋の収穫を書く。

ロ）消費量中には前年度よりまたは後年への持越前を加算せず。

資料出典：米国統計表および鉄道調査「米に関する経済調査」による。人口は総督府統年報による。

出米市場にかかわる金融・分配・流通のどの過程からも排除され、高率小作料をとられる仕組みになっていたから、「春窮」に落ちていった。食いつなぐための麦も絶える三〜五月には、野山で新芽、草の根、木皮を集めざるをえないのである。「春窮」は日本に近い朝鮮南部に多いが朝鮮全体でも、小作農では六八・一％、自作農でも半分近い農民が春窮状態にあった。

朝鮮全体としても米の生産高が一・二七倍になる三一年までの一五年の間に、日本への移出量は四・六倍にもなっており、朝鮮民衆自身は米を食べるのを減らして雑穀を食べる生活に戻っていたのである。表8に見るように、日本本土での一人当たり消費量が一・一石まで増えていく間に、朝鮮でのそれは〇・五石まで半減して行っている。二〇世紀前半の日本人の生活は、一般庶民のそれと雖も、朝鮮民衆の犠牲の上に築かれていたのであることを日本人は忘れてはならない。

多くの朝鮮民衆が日本に働きに来ざるを得なくなったが、農民の場合は山林原野に入って、かろうじて焼畑によって生きてゆく「火田民」になった者も多かった。そしてその中から、間島など中国・ソ連との国境地帯に集って抗日パルチザンとなり、日本帝国主義に抗して朝鮮の独立をめざす人々の集団が形成されて行ったのである。

「米騒動」は労働者が主導する下からの近代化ではあったが、それによって生じた大戦後デモクラシーは、日本の「上からの近代化」ゆえの旧構造を完全に廃棄することは出来ず、そのため「米騒動」の原因だった前近代的地主制をのこして、植民地米依存で大陸侵略に乗り出して行き、敗戦の破局に至るのである。「米騒動」は「下からの」市民戦期ではあったが、このように限界の大きなものだったことをも意識しておかねばならない。

終章　『論集Ⅲ』「世界の食糧騒擾」の要点

（1）「農業以前に飢饉が存在した証例はなく」、「原始的種族の栄養状態に関する研究には、臨床学的に見て食糧不足がみられたことがない」。未開社会の調査で最も印象的なことは、採集し捕獲した者に所有者意識が全く見られず、全員に分割される真正の共同体であることである。したがって有史期の人類の飢えは生産力の未発達ではなく、逆に発達による余剰が所有・階級を生んだ結果である事が考古学的に証明されているのである。

（2）都市は非農業人口が集住する区域で、広い地域の農民にその生産物を手放させ、恒常的に運んで来させる権力機構が形成されていなければ存在するはずがないから、徹底した抑圧機構としての国家が成立して始めて都市が生まれる。一万年近くも前の新石器時代まで遡れるが、幾つもの国家が従属・連合して帝国などと称すると一つの都市だけが首都と称するようになる。

（3）都市は広大な農耕地域からの収奪物を集積する処だから、「飢饉」時には飢民が都市へ向かって押し寄せるので、彼等に賑給して兵にし、乱を起こし王朝の交替を図る者も見られる。一方都市内では、収奪農産物の分配流通で商業が発生し貧富の差が拡大するので、投機的値上げに対し食糧騒擾が発生する。

（4）地中海世界は夏季の雨量を欠いて穀作に適せず平野も少ないので、葡萄酒・オリーブ油・陶器など手工業品を輸出して黒海方面などから小麦を輸入する、穀物輸入の商工文明であった。殊にアテネとローマは、古代に一般的だった家内奴隷・家父長制以上に労働奴隷制を用い、その奴隷と穀物生産に植民都市を建設したが、その穀物輸送が海賊・奴隷反乱・異民族侵入などで乱れると、穀価が吊り上げられ、食糧騒擾が多発した。三〜四世紀のイタリア北半やフランドルの毛織物業の商工・貿易都市でも、羊毛と穀物の双方を輸入していたので、穀物の輸入停滞期に手工業労働者を中心に頻発した。これら全てに共通な原因は都市国家であって、輸入に携わって穀価を吊り上げる支配層を掣肘する、他の政治勢力が無かったことである。手工業時代のプロレタリヤがそれに抗し、フィレンツェその他で短期とはいえ民主的共和制を樹立し、その上にルネッサンスの花を咲かせた。

（5）食糧騒擾が一三世紀に生じた背後には、日本中世にも影響した寒冷期があった。北極周辺を回る冬の偏西風が蛇行・南下するからで、一四世にも起きて北イタリアの小麦価格を騰貴させた。しかしペストが一三四八から断続的に繰り返して欧州人口を三分の一も減らしたので、賃銀が上昇して食糧騒擾は一五世紀末まで殆ど見られなかった。

（6）一五世紀の第四四半期から人口が再び増えたので、賃金が下り穀価が上がった。「新大陸」発見と喜望峰迂回のインド航路開拓で貿易の中心が地中海から大西洋へ移り、「新大陸」の銀と欧州毛織物の輸出で貨幣資本が急増して「価格革命」（銀表示の物価が一六世紀中に三〜四倍に高騰）が起った。穀価上昇で地代が上がったので、英国では土地の生産性を増そうと「囲い込み」が起り、人口増とマニュファクチャーの成長で穀価が不安定になり、食糧騒擾が一五一六年頃から始まった。しかし国内価格が一定以上のときは輸出を認めない穀物政策が緩められつつも機能していたので、それ以上食糧騒擾は増えていない。フランスでも一五七一年六月の勅令で穀物輸出の規制権が国王に掌握されて以来、穀物流通は君主の集権体制内にあり、輸出向け特権工業が労賃を下げられるよう、低価穀物を要求するのに従っていたので、食糧騒擾はまだ重大化せずにいた。英仏など王権が強固な国ではこのような政策がとれたことが、イタリアやフランドルのような貿易商が政権を握っている都市国家で、食糧騒擾が早くから頻発したのと異なる理由である。一六世紀後半のイスタンブールでも、飢餓や食糧暴動が発生していないのは、オスマン朝が王政下で総合的な食糧政策を講じていたからであろう。

（7）地の利を得て交易が発達したオランダは、穀物をバルト海方面や北フランスから輸入していたから、カソリックのスペイン支配から独立する初期市民革命と謂われる過程で、一五六六年にカルヴァン派長老会が民衆の穀価暴騰への怒りをカソリック教会攻撃に向かわせた。七一年からのネーデルランド各地の悲惨でも、ドルトレヒト市などで、「貧民は宗教的理由よりも経済的困窮の結果暴動を起こし」八一年独立宣言に至る。

（8）欧州が中国の絹・絹織物・綿織物・陶磁器などを輸入する見返りとして送られた銀で、東アジアも「新大陸」を含む銀の流通圏に入り、一六世紀後半からは欧亜がグローバルに繋がった。中国でも食糧騒擾が万暦年間の初めに江蘇省（一五八〇年）、福建省（一五九四年）から起っている。

（9）日本近世では市民的成長が抑圧され、欧州では中世末に崩れ去った封建的な生産物地代がまだ続き、それに立つ石高制だったため、領主・士族層は米の換金率が良くなるよう米価の「相場」を高く保とうと、買占めの摘発はおざなりで、米騒動の原因となった。一三世紀末からのカイロで上（北）エジプトがスルターン、アミール（軍司令官）たちへの物納制だったため、問屋商人に横暴を働いたのと共通性がある。

（10）日本近世で封建的な生産物地代がまだ続き、それに立つ石高制だったため、領主・士族層は米の換金率が良くなるよう米価の「相場」を高く保とうとそのような政策は米生産への刺激をなくし、流通量を抑える結果を生み、江戸・大坂への回米を要求する幕府と津止め（藩外移出禁）を要求する地方民衆との間で、米をとりあう結果を招いた。米騒動は唯一の国際港として都市発達の早かった長崎では、元禄を過ぎる頃から連続的に起こり出すが、他で目につき出すのは享保後期（一七三〇年代）からで、一七六八（明和五）年の新潟湊騒動は自治権獲得という歴史的意義を有し、明和～天明期に特徴的なたたかいであった。

（11）『近世都市騒擾史（原田智彦全集別巻）』に掲載の都市の米騒動を、年次を縦軸に都市名を横に並べる表に作って見ると、享保・天明・天保の三大飢饉期には、大坂・江戸を中心とする東海側米移入（大消費）地帯に横並びする。ところが縦並びをする、つまり飢饉期でなくても米騒動が多いのは、能登半島周辺と越後・佐渡、「西回り航路」沿いの米移出地帯で、その地方の「北前船」が米を積出すのを見せつけられるからである。

近江商人の進出で敦賀小・小浜から始まって、加賀「百万石」の回米で能登外浦に拡大し、佐渡金銀山と江戸を繋ぐ新潟湊周辺でも発展した。大船禁止令で一枚帆だったので、能登の内浦つまり富山湾へ入ると抜け出るのが厄介だったから、能登先端の輪島から佐渡・新潟へ直行したので、越中は安政五年の「三州大一揆」以前は米騒動が少なかった。越中が北陸の（街頭型）米騒動の中心になるのは、加賀に取られていた越中米が廃藩置県で戻って来てそれを北海道に運ぶようになる明治前期である。しかしそれも鉄道の進入とともに西から消えて、第一次大戦末（大正）の米騒動期には富山県東半などに残っていた。

（12）西欧で産業革命後に食糧騒擾が消えていったのは、労働者に払う賃金の基幹部である食糧価格と平準化する必要から、穀物輸入の自由化などで農業ブルジョワジーを抑えたからである。食糧騒擾の西欧型終焉と名付ける。

（13）その進んだ西欧から中・東欧などへの影響は「東廻り」で「上からの近代化」を結果した。一般に外圧下の共同体が君主などを結束の表象に掲げて対抗的に改革を図る、「対抗集権制」と呼ぶべき例は古今東西の歴史に極めて多い、文化人類学的法則といえよう。外圧が苛烈に過ぎず「対抗集権」で生き残れた際の改革が「上から」に成るのだとすれば、西欧との差が比較的少なかった中・東欧諸国などが、「上からの近代化」になった理由が説明できる。つまり「東回り」の「上からの近代化」は、「対抗集権制」の一九世紀欧州版に他ならない。

(14) 西欧からの影響でも、民族絶滅政策の後に奴隷を持ち込んだ「新大陸」への「西回り」や、その奴隷を運び出し植民地化の徹底した喜望峰経由の「南回り」は、「東回り」と大いに異なる。つまり経路ごとの地理的歴史条件で大いに異なるので、ウオーラステインの周縁・半周縁で済ます同心円的な世界システム論は単純に過ぎ、経路別近代化論に替える必要がある。「極東」といわれる太平洋沿岸の日本は、西欧とは地球の正反対の側にあり、「西回り」「南回り」「東回り」の諸勢力が再び出会う地域であった。その諸勢力のきわどいバランスの上に、(古代的)天皇制への「復古」を標榜して、薩長閥主導の「上からの近代化」を行ったのが、日本での「上からの近代化」だった。

(15)「上からの近代化」だった非西欧諸国は市民革命は経ておらず、旧支配者の大土地所有層が産業資本家に横滑りしたため、穀物輸出で儲けることも止めなかったので、西欧のように食糧騒擾が無くならなかった。日本の場合も多くの地主が会社株主になる形で産業資本家を兼ねる一方、収穫の半ばにも達する高額小作料を現物で取る前近代的小作制度が許されていた。取り上げた小作米を出来るだけ高く売れるよう米に輸入関税を掛けさせていたから米騒動が無くならなかった。但し移植産業革命で生れた労働者が争議型で主動するように変わっていたので、米移出地帯や被差別部落など歴史性の強い地帯に残る街頭型より一〇カ月前後も早く始まっていたのが、真実である。

(16) 第一次大戦で主戦場になった欧州列強が世界市場から手を引いたので、米日などに未曽有の貿易黒字が生じたが、日本の産業革命は製造機を英米などからの輸入に頼る移植だったから、戦時でそれが輸入出来なくなると拡大再生産が頭打ちになり、未曽有の貿易黒字が「金余り」に転じた。それで投機横行の物価騰貴になったのであるが。中でも投機性が最も激しかったのが、取り上げた小作米を出来るだけ高く売ろうと地主層が政府に輸入関税をかけさせていた米だった。つまり外圧期の「上からの近代化」だったための旧構造が、外圧後退期に露呈して、「下から」の近代化で補う戦いが生じたのが「米騒動」だったのである。

(17) 本書総論で述べたように、片山潜は一七年夏に『国際社会主義評論』に「日本の労働運動」を連載し、それを単行本で出す一八年七月九日に書いた序文には、「日本の昨年における無数のストライキ」は「生活必需品の価格がずんずん上がったことに」対するもので、日本は「わたしの生涯に一度もなかった」画期的な時期にあると規定している(岩波文庫版、三〇四頁)。「米騒動」が一八年ではなく一七年から、労働者階級の主導で始まっていたことを指摘していたのである。彼は続く一八年一二月の論文でも、後のソビエトに移ってからの三〇年代の論文でもそれを強調している。それが細川資料・井上らの『研究』によって、一八年夏の街頭騒擾だけに、誤認されていく過程については総論で述べた。

(18) 英国の「絶対王制」は国内価格が一定以上のときは輸出を認めない規定を設けており、それが何度か緩められつつも一六七〇年までそれが廃止されていなかったから、食糧騒擾は増えずにいた。しかしピューリタン革命で「絶対王制」が倒れると、一六七二年から逆に奨励金まで出して輸出するように変わったので、一七〇〇年代前半のイギリスは穀価高騰国・食糧騒擾多発期だった。それで消費者民衆は商業資本を抑えるため「絶対王制」期の王令(Book of orders など)を引き合いに出して、宣伝する手段に利用した。ところがそれが、支配層も一般にモーラル・エコノミーを認めているかのように誤用され、支配層のお墨付きに拠る「正当性」で行動する、「代執行」が民衆運動かのような誤説が国際的に流行し、日本にまで入ってきた時期がある。

(19) 近世米騒動は街頭型が主要形態で、そこで民衆の側にモーラル・エコノミーが見られるのは、安丸良夫の民衆道徳論以前からも知られていた。また世直し期などに、領主階級が不当な蓄財者への制裁行為を容認した時期はあったが、一般には民衆蜂起には極めて厳しい法的処置がとられていた事実が知られていたから、支配層にもモーラル・エコノミーがあってそれを「代執行」するのが民衆運動の「正当性」かのようにいう誤説にはあまり引っかからなかった。しかし近代米騒動が前記のように、細川と井上ら『研究』によって矮小化されていたため、労働者階級が主導する第一次大戦末「米騒動」までが、民衆の「モーラル・エコノミー」中心かのような誤りを生じていた。それに対する批判は『論集Ⅲ』の「世界の食糧騒擾」の第八章に詳論されている。

【編者】**井本三夫**（いもと・みつお）
1930年生まれ。元・茨城大学理学部教授。2024年４月10日逝去。
主要著作：『北前の記憶』(桂書房，1998年)，『図説 米騒動と民主主義の発展』（共著，民衆社，2004年)，『水橋町（富山県）の米騒動』(桂書房，2010年)，『米騒動という大正デモクラシーの市民戦線――始まりは富山県でなかった』(現代思潮新社，2018年)，『米騒動・大戦後デモクラシー百周年論集』Ⅰ・Ⅱ（編集，集広舎，2019年)，『米騒動・大戦後デモクラシー百周年論集Ⅲ　世界の食糧騒擾と日本の米騒動研究』(単著，集広舎，2022年)，『米騒動・大戦後デモクラシー百周年論集 Ⅳ』（編集，集広舎，2022年)

【執筆者】
加藤正伸（かとう・まさのぶ）
1958年生まれ。歴史教育者協議会会員。宮城県歴史教育者協議会常任委員。
主要著作：『明日の授業に使える小学校社会科３・４年生』(共著，大月書店，2011年)

中川正人（なかがわ・まさと）
1938年生まれ。歴史教育者協議会会員。
主要著作：「米騒動と民衆運動の展開」（渡辺信夫『宮城の研究６』清文堂，1984年)，「米騒動と仙台」(『仙台市史 特別編 市民生活』1997年)，「宮城県の米騒動」(『図説 米騒動と民主主義の発展』民衆社，2004年)

村上邦夫（むらかみ・くにお）
1956年生まれ。東京歴史科学研究会会員，黒部川扇状地研究所研究員。元教員。
主要著作：「兵士の戦場と郷土の戦争認識」（法政大学大原社会問題研究所雑誌 №764号 2022年７月)，「明治政府の対外膨張政策の批判的検討」(井本三夫編『米騒動・大戦後デモクラシー百周年論集Ⅳ』所収)，「横浜事件と NPO「細川嘉六ふるさと研究会」の“新解釈”」(井本三夫編『米騒動・大戦後デモクラシー百周年論集Ⅳ』所収)

吉田文茂（よしだ・ふみよし）
1954年生まれ。高知県社会運動史研究会副会長。
主要著作：『透徹した人道主義者　岡崎精郎』(和田書房，2008年)，高知県部落史研究会編『高知の部落史』(共著，解放出版社，2017年)，村越良子・吉田文茂『教科書をタダにした闘い――高知県長浜の教科書無償運動』(解放出版社，2017年)，四国部落史研究協議会編『四国の水平運動』(共著，解放出版社，2022年)，水野直樹編『植民地朝鮮と衡平運動――朝鮮被差別民のたたかい』(共著，解放出版社，2023年)

井本三夫先生遺稿集『米騒動・大戦後デモクラシー百周年論集 総集編』刊行委員会

（2024年10月１日発足／五十音順）

〈共同代表〉

井竿富雄 （山口県立大学国際文化学部教授）

堀地 明 （北九州市立大学外国語学部教授）

村上邦夫 （東京歴史科学研究会）

〈委員〉

加藤正伸 （宮城県歴史教育者協議会）

中川正人 （宮城県歴史教育者協議会）

新田昌司 （富山県歴史教育者協議会）

松浦晴芳 （富山県歴史教育者協議会）

吉田文茂 （高知県社会運動史研究会）

米騒動・大戦後デモクラシー百周年論集 総集編

「米騒動」は労働者主導で一九一七年春から

井上らの『研究』が一八年夏の街頭騒擾に限ったのは誤り

❖

2025年４月15日 第１刷発行

編 者 井本三夫

出版協力 井本三夫先生遺稿集刊行委員会

発 行 者 川端幸夫

発 行 集広舎

〒812－0035 福岡市博多区中呉服町５番23号

電話 092（271）3767 FAX 092（272）2946

制 作 合同会社花乱社

印刷・製本 モリモト印刷株式会社

ISBN978-4-86735-058-4